Journalistische Praxis
Herausgeber der Reihe:
Walther von La Roche und Gabriele Hooffacker

*Gewidmet meinen Lehrern
Hans-Joachim Netzer und Bernhard Pollak,
stellvertretend für alle, die sich Mühe gaben,
aus mir einen Journalisten zu machen.*

Walther von La Roche

Einführung in den praktischen Journalismus

Mit genauer Beschreibung aller Ausbildungswege
Deutschland Österreich Schweiz

18., aktualisierte und erweiterte Auflage

Mitarbeit: Klaus Meier
und Gabriele Hooffacker

Econ

3. Auflage 2010

Econ ist ein Verlag der Ullstein Buchverlage GmbH

ISBN 978-3-430-20045-5

© Ullstein Buchverlage GmbH, Berlin 2008
© Paul List Verlag, 1975
Alle Rechte vorbehalten.

Umschlaggestaltung: Jorge Schmidt, München
Autorenfoto: © Hella Neubert
Satz: Leingärtner, Nabburg
Druck und Bindung: CPI – Clausen & Bosse, Leck

Inhalt

Vorwort zur 18. Auflage 9

Die Tätigkeiten des Journalisten 13
  Recherchieren und Dokumentieren 13
  Formulieren und Redigieren 16
  Präsentieren 20
  Organisieren und Planen 23

Die Arbeitsfelder des Journalisten 26
  Presse 27
  Rundfunk 30
  Online-Medien 33
  Crossmediales Arbeiten 35
  Nachrichtenagenturen und Informationsdienste 37
  Presse- und Öffentlichkeitsarbeit 39
  Ressorts 43
  Vom freien Mitarbeiter zum Chefredakteur 45

Wie der Journalist zu seiner Story kommt 53
  Quellen 53
  Recherche 57
  Hilfsmittel 66

Die journalistischen Darstellungsformen 73

Die Nachricht 75
  Aktualität 79
  Allgemeines Interesse 84
  Aufbau 92
  Mitteilung (Verständlichkeit) 112
  Objektivität 132

Weitere informierende Darstellungsformen 149
  Bericht 149
  Reportage 153
  Feature 159
  Interview und Umfrage 163
  Korrespondentenbericht und analysierender
  Beitrag 169

Meinungsäußernde Darstellungsformen 173
  Kommentar 173
  Glosse 176
  Rezension 178

Wege in die Redaktion 180
  Die ersten Schritte 180
  14 Wünsche des Redakteurs
  an einen neuen Mitarbeiter 185

Publizistische Grundsätze (Pressekodex) 190
  Präambel 190
  Pressekodex 191

Rechtsfragen der journalistischen Praxis 195

Die Ausbildungswege 200

Die Zugänge über die Hochschule 203
  Fachstudium und Journalismus 207
  Studienbegleitende Journalistenausbildung 209
  Bachelor- und konsekutive
  Master-Studiengänge Journalistik 212
  Nichtkonsekutive Master-Studiengänge
  und Aufbaustudiengänge Journalistik 222
  Journalistik als Nebenfach 227
  Andere praxisorientierte Vollstudiengänge 228
  Studium der Publizistik-
  und Kommunikationswissenschaft 229
  Film- und Fernsehakademien 232

Das Volontariat 235
  Volontariat bei Zeitung und Zeitschrift 235
  Volontariat bei Funk und Fernsehen 241
  Andere Volontariate 243
  Praktika und Hospitanzen 245
  Kurse für Volontäre und Berufseinsteiger 247

Die Journalistenschulen 251
  Offene Journalistenschulen 252
  Verlags-/senderinterne Journalistenschulen 255
  Lehrgänge zur beruflichen Weiterbildung 258

Journalistenausbildung – do it yourself 261
  Bücher, Zeitschriften, Newsletters 261
  Lernen durch Mitarbeit 263
  Kurzkurse 266
  Fernlehrgänge 270
  Wettbewerbe und Stipendien 271

Österreich 275
  Der Arbeitsmarkt 275
  Wege in die Redaktion 279
  Kuratorium für Journalistenausbildung/
  Österreichische Medienakademie 283
  Weitere Ausbildungsinstitute 285
  Universitäten und Fachhochschulen 286

Schweiz 294
  Der Arbeitsmarkt 294
  Wege in die Redaktion 296
  MAZ – Die Schweizer Journalistenschule 300
  Weitere Ausbildungsinstitute 304
  Universitäten und Fachhochschulen 309
  Medienadressen, Schnupperlehren,
  Berufsregister 315

Quellen und Anmerkungen 319

Register 323

Vorwort zur 18. Auflage

Wie arbeitet man als Journalist? Wie wird man Journalist? Die völlig neu bearbeitete 18. Auflage beschreibt beides: zunächst die Regeln des journalistischen Handwerks, dann das immer dichter werdende Netz der Ausbildungswege.

Die Medien und die journalistischen Arbeitsbedingungen in den Medien verändern sich rasch. So beziehen Journalisten z. B. neben der eigenen journalistischen Arbeit auch Reaktionen und Beiträge der Leser, Hörer, Zuschauer oder User stärker in redaktionelle Produkte mit ein.

Natürlich hat sich das Buch in jeder Hinsicht (etwa bei der Internet-Recherche) auf das digitale Arbeiten von heute eingestellt. Und das neue Berufsfeld Online-Journalismus hat nicht nur in den Beiträgen über Online-Medien und crossmediales Arbeiten seinen Platz.

Zur Ausbildung ein paar Stichwörter: Immer mehr Hochschulen stellen auch ihre journalistischen Studiengänge auf Bachelor- und Master-Abschlüsse um. Das Kapitel »Zugänge über die Hochschule« ist so umfangreich wie bisher in keiner Auflage, weil sich von Jahr zu Jahr immer mehr Fachhochschulen und Universitäten neue Studienangebote einfallen lassen. Die Zahl der Journalismus-Studiengänge im weitesten Sinn hat sich gegenüber der 2006 erschienenen 17. Auflage, also in zwei Jahren, noch einmal um die Hälfte erhöht.

Praktika gelten zunehmend als Alternative zum Volontariat. Einige Verlage ersetzen das Volontariat inzwischen durch die Ausbildung an einer hauseigenen Akademie, an der die Auszubildenden angestellt werden. Praxisprojekte gehören an Journalistenakademien und Journalistenschulen heute zum Standard.

Vorwort zur 18. Auflage

Im Buch informieren eigene Beiträge über Lehrgänge zur beruflichen Weiterbildung in Nachbarschaft zu den Journalistenschulen sowie über Kurzkurse und Fernlehrgänge.

Die Situation von Medien und Ausbildung in Österreich und der Schweiz wird in jeweils einem eigenen, übersichtlich gegliederten Kapitel dargestellt.

Im Zeitalter des Internet, wo man sogar die kleinsten Details auf neuestem Stand selbst abrufen kann, besteht der Nutzen des Ausbildungsteils in diesem Buch vor allem in Zweierlei: in der erläuterten *Übersicht* über die Medien- und Ausbildungslandschaft und in der beratenden *Orientierung*, was jeweils für den einzelnen Leser entsprechend seinem bisherigen Lebenslauf und seinen Wünschen hilfreich sein könnte.

Zu jedem Eintrag ist die Webadresse angegeben. Und von den Webseiten zu diesem Buch (*www.journalistische-praxis.de/pj/*) kann man direkt per Link über die Ausbildungswege surfen. Auch Aktualisierungen sowie über das Buch hinausgehende Zusatzinformationen findet man dort. Das Symbol 🖳 weist jeweils auf Online-Ergänzungen hin.

Es gibt Kriterien journalistischer Qualität, Kriterien für Aktualität, Attraktivität, Verständlichkeit und andere Elemente des Journalismus, die der künftige Journalist kennen muss, gleich ob er später als Lokalreporter bei der Zeitung, als Nachrichtenredakteur beim Radio oder am Newsdesk einer Online-Redaktion arbeitet. Und es gibt handwerkliche Regeln, wie man diesen Kriterien in der Praxis möglichst nahe kommt. Das Buch will den Leser mit den Grundlagen journalistischer Arbeit vertraut machen, die allen Medien gemeinsam sind und auch in Zukunft Bestand haben. Dieses Ziel, vor über 30 Jahren im Vorwort zur ersten Auflage formuliert, hat, so meine ich, über alle Veränderungen hinweg seinen Sinn behalten.

Ein Lehrbuch, das wie meines mit einer Fülle von Textbeispielen arbeitet, spiegelt in vielen Fällen die Zeitläufte, aus denen die

Vorwort zur 18. Auflage

Beispiele stammen. Kurzfristiges Aktualisieren durch Austauschen von Auflage zu Auflage bringt wenig, weil z. B. Joschka Fischer ebenso schon Vergangenheit ist wie Hans-Dietrich Genscher. Und der neue Außenminister ist abhängig davon, wie lange die Koalition hält. Unsere Leser sind also freundlich eingeladen, die Personen in ihren echten zeitgeschichtlichen Zusammenhängen zu akzeptieren und sich dabei etwa in Erinnerung zu rufen (oder erstmals zu erfahren), wie listenreich und dauerhaft sich Franz Josef Strauß und Helmut Kohl belauert haben.

Dank für ihre wichtige Mitarbeit an der Neuauflage sage ich vor allem Dr. Gabriele Hooffacker und Prof. Dr. Klaus Meier.
Für Anregungen, Informationen und Material danke ich Prof. Dr. Udo Branahl, Beate Füth, Josef Ohler, Rainer Tief und Dr. Peter Zschunke.
Für ihre Beiträge zum Österreich-Kapitel danke ich Konrad Mitschka, Werner Müllner, Prof. Dr. Heinz Pürer, Dr. Meinrad Rahofer und Prof. Dr. Thomas Steinmaurer, für die Betreuung des Schweiz-Kapitels Sylvia Egli von Matt, Karl Lüönd und Prof. Dr. Roger Blum.
Meiner Frau danke ich für ihr sorgfältiges Korrekturlesen.

München, im März 2008　　　　　　　　　　Walther von La Roche

Die Tätigkeiten des Journalisten

Wer ist Journalist? Zunächst ein paar Befunde: Journalist kann sich nennen, wer Lust dazu hat. Die Berufsbezeichnung ist nicht geschützt; es gibt kein gültiges Berufsbild, keine Mindestvoraussetzung der Qualifikation, nichts.
Wie viele Menschen arbeiten hauptberuflich als Journalisten? Die Schätzungen für alle Medien und Berufe (z. B. von Presse bis Pressestellen) liegen nach Angaben der Journalistenverbände und der Bundesanstalt für Arbeit zwischen 70 000 und 100 000.[1] Zur Konjunkturlage steht mehr im Kapitel »Die Arbeitsfelder des Journalisten«.
Was tut ein Journalist? Er trägt jeweils an seinem Platz dazu bei, dass die Medien ihre Aufgabe erfüllen können: zu informieren und zu kommentieren. *Den* Journalisten zu beschreiben ist in einer Zeit immer größerer Medienvielfalt, stärkerer Arbeitsteilung und Spezialisierung natürlich nicht möglich. Wir können hier nur zusammenzählen, was Journalisten alles tun, damit am Ende Informationen und Kommentare als fertige Produkte an die Öffentlichkeit gelangen.

Weiterführende Literatur:
Siegfried Weischenberg/Hans J. Kleinsteuber/Bernhard Pörksen (Hrsg.), Handbuch Journalismus und Medien (UVK, Konstanz 2005 – günstiger als Sonderausgabe des DJV, *www.djv.de*)

Weiterführende Webseiten:
Deutscher Journalisten-Verband (Hrsg.), Berufsbild des Journalisten *(www.djv.de)*
Deutsche Journalisten-Union Bayern, Berufsbilder (*www.dju-bayern.de*)

Recherchieren und Dokumentieren

In der Wildschönau in Tirol kamen wir beim Weißbier ins Reden. Nach einer halben Stunde fragte mich mein Gegenüber: »Sind Sie Journalist?« »Ja«, gab ich erstaunt zu, »aber wie sind Sie draufgekommen?« – »Ich hab' mir halt gedacht, weil Sie alles so genau wissen wollten und so besonders gefragt haben ...« Es gibt gute und gut verdienende Journalisten, die sich mit dem Formulieren hart tun und trotzdem unersetzlich sind in ihrem Beruf, weil sie recherchieren können.

»Recherchieren ist wichtiger als Schreiben«, stellt der erfahrene Reporter und Korrespondent Willi Kinnigkeit[2] fest und nennt das Recherchieren »eine journalistische Tätigkeit, die zu den interessantesten Aufgaben gehören kann«.
Zum gleichen Ergebnis, dass der Stil, das Schreibenkönnen allein nicht den Journalisten macht, kommt der Gründer der »Abendzeitung« und der ersten Journalistenschule nach dem Krieg, der langjährige Chefredakteur der »Süddeutschen Zeitung«, Werner Friedmann: »Das Entscheidende ist keineswegs die Lust zum Fabulieren (die den Schriftsteller auszeichnet), sondern das Vermögen, ein Gespür für das öffentliche Interesse zu haben, richtig zu sehen, richtig zu hören und all das unverzerrt in gedrängter Form zu Papier zu bringen, was man am richtigen Ort gesehen und gehört hat[3].«

Recherche, das Wort kommt aus dem Französischen und bedeutet auch als journalistischer Fachausdruck ziemlich genau das, was das Wörterbuch übersetzt: Nachsuchung, Untersuchung, Aufsuchung, Nachforschung.
Fast genauso häufig wie auf die »Lust zum Fabulieren«, die Werner Friedmann auf ihren Platz verweist, stoße ich auf die Vorliebe fürs Kommentieren. Nichts gegen einen gescheiten, ansprechend formulierten Kommentar. Aber ich bin sicher, dass unser Publikum von uns Journalisten vor allem das will und braucht, was wir an Informationen heranschaffen, unsere Ansichten dagegen erst in zweiter Linie.

Einer Sache nachgehen, Fakten aufspüren und zusammentragen und Stellungnahmen einholen, das kann viel Arbeit machen, aber es schafft erst die Grundlage für eine sorgfältige Information und einen soliden Kommentar. Ich habe es oft erlebt, dass uns für einen Beitrag nicht der Mann (oder die Frau) gefehlt hat, der ihn »macht«, sondern der Rercheur, der erst einmal fahndet, ob etwas in dem Thema steckt, und wenn ja, was aus ihm zu machen ist.

Mit dem Recherchieren fängt der Journalismus an; mehr darüber im Kapitel »Wie der Journalist zu seiner Story kommt«.

Eine besondere Art der Recherche leistet die Dokumentation. Die Dokumentare graben nicht neue Geschichten aus, sondern verwalten das bereits vorhandene Wissen. Inzwischen haben Datenbanken Zug um Zug das klassische Papier- und Mikrofilmarchiv abgelöst.

In Häusern mit eigener Dokumentationsabteilung muss der Journalist nicht selber suchen, sondern lässt suchen (von den Dokumentaren). Was hat Joschka Fischer in den letzten zwei Jahren seiner Amtszeit über die Europäische Union gesagt, fragt der Schreiber, und erhält eine vollständige Zusammenstellung aller Zitate, die dem Dokumentar erreichbar sind. Nützlich ist es, wenn der Dokumentar nicht nur das Gewünschte *zusammenstellt*, sondern später den fertigen Beitrag auf Richtigkeit *überprüft* (verifiziert), bevor er gedruckt oder gesendet wird.

In den meisten Redaktionen müssen die Journalisten dagegen selbst in den Datenbanken recherchieren. In Zeitungshäusern zum Beispiel liegen alle Zeitungsartikel – zumindest der letzten Jahre – digitalisiert und gut recherchierbar vor. Viele weitere Datenbanken und Archive können inzwischen über das Internet angezapft werden. Darüber mehr im Kapitel »Wie der Journalist zu seiner Story kommt«, Beitrag »Hilfsmittel«.

Die meisten Journalisten leisten bei der Vorbereitung eines Beitrags auch ein Gutteil Dokumentation, indem sie ihr persönliches Archiv heranziehen. Das kann zum Beispiel eine systematische Sammlung vieler Quellen und Adressen auf dem eigenen Computer sein. Bedingung für ein gutes persönliches Archiv ist die Dokumentation der eigenen Rechercheergebnisse, denn auch über den aktuellen Beitrag hinaus können Notizen und Dokumente später für eine neue Geschichte wieder gebraucht werden. In neuartigen Redaktionssystemen können solche Rechercheergebnisse direkt beim veröffentlichten Beitrag redaktionsintern gespeichert und eventuell auch Kollegen in der Redaktion, die am gleichen Thema arbeiten, zur Verfügung gestellt werden. Man spricht dann vom *Wissensmanagement* in einer Redaktion.[4]

Das Wort Dokumentation bezeichnet auch – Anlass zu Missverständnissen – eine journalistische Darstellungsform, die vor allem Aktenauszüge und sonstige dokumentarische Texte (bei der Presse) sowie Originalaufnahmen (bei Funk und Fernsehen) verwendet. Dokumentation bedeutet in diesem Zusammenhang Darstellung des für ein Problem oder Ereignis einschlägigen Materials.

Formulieren und Redigieren

Information und Meinungsäußerung geschehen in bestimmten journalistischen *Darstellungsformen*. Wer kurz informieren will, schreibt eine Nachricht; wer mehr Stoff und Platz hat, einen Bericht. Für Anschaulichkeit und Authentizität sorgen Reportage, Interview und Umfrage, für Vertiefung das Feature und der analysierende Beitrag.

Wer kurz seine Ansicht über ein Problem mitteilen will, schreibt einen Kommentar oder eine Glosse; für Längeres gibt es in Zeitungen den Leitartikel. Im kulturellen Bereich verquicken sich Information und Kommentierung in Gestalt der Rezension.

Den Grundtypen der journalistischen Darstellungsformen ist ein großer Teil dieses Buches gewidmet.

Redigieren ist der Oberbegriff für jene journalistischen Tätigkeiten, die darauf abzielen, aus dem eingegangenen Material eine konsumierbare inhaltliche und formale Einheit zu gestalten. Redigieren, das ist

- Auswählen,
- Bearbeiten und
- Präsentieren des Stoffes

in der dem Medium entsprechenden Form. (Einen Überblick über die vielen Möglichkeiten der Präsentation liefert der nächste Beitrag.)

Auswählen zu müssen ist das Schicksal jedes Journalisten, wo er auch arbeitet, was er auch tut. Wer recherchiert, muss auswählen; wer formuliert, muss auswählen; wer redigiert, muss auswählen. Man ordnet die Tätigkeit des Auswählens vor allem dem Redakteur zu, deshalb beschreibe ich sie im Zusammenhang mit dem Redigieren.
Meistens hat der Redakteur mehr Material auf seinem Tisch, als er verwenden kann.
Die Nachrichtenagenturen liefern ein Vielfaches dessen, was am nächsten Tag in der Zeitung stehen kann, und obwohl Radio und Fernsehen viel häufiger neue Nachrichten bringen, können auch sie (grob geschätzt) nur gut ein Viertel der in den Agenturmeldungen behandelten Themen berücksichtigen.

Allein die Deutsche Presse-Agentur (dpa) in Hamburg sendet über ihren Basisdienst täglich rund 800 Meldungen und Berichte[5] mit bis zu 200 000 Wörtern. Im Format DIN A4 wären das rund 480 engzeilig beschriebene Seiten. Der *Basisdienst* besteht aus dem bearbeiteten Material der Ressorts Politik Deutschland, Internationale Politik, Wirtschaft, Sport und Modernes Leben (für die Bereiche Vermischtes, Wissenschaft, Medien und Kultur). Hinzu kommen zwischen 80 und 200 Meldungen des regional zuständigen dpa-*Landesdienstes*, von denen es in Deutschland zwölf gibt. Nach welchen *Kriterien* der Redakteur auswählt, beschäftigt uns in in einem Beitrag über die Nachricht.

»Seltsam ist das ja schon«, hat die Witzfigur Graf Bobby einmal gesagt, »dass auf der Welt jeden Tag gerade so viel passiert, wie in eine Zeitung hineingeht.«
Manchmal passiert auch nicht so viel, zum Beispiel im »Sommerloch« (»Sauregurkenzeit«) in einer Kreisstadt. Alles ist in Urlaub, keine Stadtratssitzungen, keine Vereinsabende, keine Richtfeste – so gut wie nichts.

Die Tätigkeiten des Journalisten

Da wird dann aus der Auswahl die Beschaffung um jeden Preis. Der Lokalredakteur wird unter den weniger aktuellen bis zeitlosen Reserven suchen. Wohl jeder Redakteur, egal in welchem Medium und in welchem Ressort, hat hierfür einen Notnagel-Ordner mit Ideen und Texten für magere Zeiten. Anregungen liefert auch ein Blick in die (eigenen und Konkurrenz-)Sommerausgaben der Vorjahre.

Ruhige Zeiten bieten die Chance unbefangener Themensuche. Jetzt kann man (freier als in der Saison der »Muss«-Termine und Ereignisse) Situationen aufspüren, Problemen nachgehen und Leute vorstellen, von denen sonst kaum die Rede ist. Was sich in dieser Zeit des Atemholens in der Zeitung entwickelt, könnte weiterwirken für den Rest des Jahres.

Bearbeiten muss der Redakteur jeden Beitrag unter zwei Gesichtspunkten:
- Stimmt der *Inhalt?*
- Stimmt die *Form?* (Aufbau, Stil, Rechtschreibung, nicht zuletzt Länge.)

Vom Bildschirm-Manuskript...

Formulieren und Redigieren

Der Mitarbeiter, der einen Beitrag abliefert, darf sich nicht damit zufrieden geben, dass der Redakteur schon noch alles korrigie-

Banker aus Lohr verhaftet: Betrugsverdacht
Bundesweit sechs Personen festgenommen

LOHR (PK) Ein langjähriges Vorstandsmitglied der Raiffeisenbank Lohr ist bei einer bundesweiten Großaktion der Stuttgarter Staatsanwaltschaft am Dienstag verhaftet worden. Die Ermittler aus Baden-Württemberg durchsuchten zeitgleich 50 Wohn- und Geschäftsräume im Großraum Stuttgart, Worms, Limburg, Lohr und Leipzig. Sechs Hauptverdächtige im Alter von 28 bis 49 Jahren wurden auf Grund bestehender Haftbefehle festgenommen, darunter der 49-jährige Banker aus Lohr.

Den Beschuldigten wird Geldwäsche sowie schwerer bandenbeziehungsweise gewerbsmäßiger Betrug im Zusammenhang mit der „Überfinanzierung" von Immobilien vorgeworfen. Insgesamt wurden Ermittlungen gegen 20 Personen eingeleitet, darunter befindet sich auch noch ein ehemaliger Vorstand der Raiffeisenbank in Lohr. Den Gesamtschaden gibt die Kripo mit rund 14 Millionen Euro an.
→ Franken & Bayern Seite B 3

Mit der Aura eines Weltstars
WÜRZBURG Nana Mouskouri gab das letzte Konzert ihrer Tournee im Würzburger Congress Centrum. Einige Plätze blieben zwar leer, der Auftritt wurde trotzdem zu einem großen Fest. Viele Besucher stürmten vor die Bühne, um die Sängerin mit der Aura eines Weltstars zu feiern. → Kultur   FOTO NORBERT SCHWARZOTT

Höhere Beiträge auf breiter Front
Auch bei Barmer und KKH steigen die Sätze – DGB mahnt schnelle Reform an

BERLIN (AP/RTR/DPA) Beitragserhöhungen und kein Ende: Auch Millionen Versicherte der größten deutschen Krankenkasse, der Barmer Ersatzkasse (BEK), sowie der Kaufmännischen Krankenkasse (KKH) müssen ab 1. Januar mehr für ihre Gesundheitsversorgung zahlen, wie beide Kassen am Mittwoch ankündigten.

Angesichts immer neuer Hiobsbotschaften mahnte der Deutsche Gewerkschaftsbund eine schnelle Gesundheitsreform an.

Um wie viel der Beitragssatz der Barmer Ersatzkasse mit ihren acht Millionen Versicherten steigt, wird der Verwaltungsrat am heutigen Donnerstag entscheiden. Derzeit liegt der Satz bei 14,5 Prozent.

Während die Deutsche Angestellten-Krankenkasse DAK die Beiträge – wie berichtet – zum 1. Januar von 14,5 auf 15,2 Prozent anhebt, plant die KKH eine Erhöhung um 0,3 auf 14,8 Prozent. KKH-Verwaltungschef Klaus Balzer machte allein die Einzahlung in den internen Finanzausgleich der Kassen, den so genannten Risikostrukturausgleich, für die Erhöhung verantwortlich. Ohne die Ausgleichszahlung hätte die KKH nach eigenen Angaben 2002 neun Millionen Euro Überschuss gehabt.

Im Streit um den Tarif-Modell mit Selbstbehalt handelte die Techniker Krankenkasse mit Gesundheitsministerin Ulla Schmidt aus, dass nur freiwillig versicherte – also gut verdienende – TK-Mitglieder teilnehmen dürfen. Die Teilnehmer müssen zudem mindestens zwölf Monate bei der TK versichert gewesen sein. Schmidt hatte das Modell heftig kritisiert. Sie stimmte ihm nur mit den Nachbesserungen zu, weil es bereits genehmigt gewesen sei. Mit dem Tarifmodell können Versicherte zu Jahresbeginn 240 Euro ausgezahlt bekommen. Im Gegenzug müssen sie bis zu 300 Euro im Jahr selbst für ihre Versorgung zahlen.

DGB-Vizechefin Ursula Engelen-Kefer forderte Schmidt auf, bei der anstehenden Gesundheitsreform Tempo zu machen. „Wir müssen im nächsten Jahr zu einer Entscheidung kommen", sagte sie in Berlin. Nach Vorstellung der Gewerkschaften sollen die Ärzte künftig von den Kassen „leistungsgerecht" honoriert werden. Dazu sollten „objektive" Qualitätsstandards erarbeitet werden. Die Kassen sollten Patienten auch umfassend über die Qualität von Ärzten und Kliniken informieren dürfen.

Insgesamt solle die Reformdebatte nicht mehr über Leistungskürzungen, Selbstbehalte oder Versorgungsverschlechterung geführt werden, sondern über inhaltliche Verbesserungen bei gleichzeitiger Effizienzsteigerung. Die Reformdebatte habe derzeit leider „den Charakter eines Untergangsszenarios".
→ Bericht

Schwarzarbeit blüht
„Neun Millionen in Schattenwirtschaft tätig"

BERLIN (DPA) In Deutschland tauchen immer mehr Menschen in illegale Jobs ab. Nach einer aktuellen Untersuchung des Schwarzarbeit-Experten Prof. Friedrich Schneider wird die Schattenwirtschaft im kommenden Jahr um sieben Prozent auf ein Rekordniveau von 380 Milliarden Euro steigen und das erwartete Wirtschaftswachstum um mehr als das Vierfache übersteigen. „Damit ist die Schattenwirtschaft mit Abstand am meisten boomende Wirtschaftszweig in Deutschland", sagte Schneider in Berlin. Während die offizielle Wirtschaft in die Krise schlitterte, blühe die Schwarzarbeit, hieß es. Eine Trendwende sei angesichts der geplanten weiteren Abgabenbelastungen und der Streichung von Vergünstigungen nicht in Sicht. Inzwischen mache die Schattenwirtschaft 16,5 Prozent des deutschen Bruttoinlandsproduktes aus. Es könne davon ausgegangen werden, dass weit mehr als neun Millionen Beschäftigte zumindest teilweise in der Schattenwirtschaft tätig sind.

Droht mit einem harten Tarifstreit: ver.di-Chef Frank Bsirske. FOTO AP

Bsirske: Harter
Protest im öffentlichen Dien

BERLIN (DPA) Unmittelbar vor einem neuen Anlauf zur Lösung des Tarifkonflikts im öffentlichen Dienst hat ver.di-Chef Frank Bsirske weitere Protestaktionen angekündigt. „Wir sind entschlossen, für unsere Interessen in die Auseinandersetzung zu gehen", sagte Bsirske am Mittwoch auf einer Kundgebung in Berlin. „Dieser Winter kann hart werden". Auch in Bayern, Mecklenburg-Vorpommern, Hessen und Niedersachsen kam es zu Warnstreiks. Die öffentlichen Arbeitgeber wollen

---

Unterm Strich

Luftraumsteuerfahndung

Von KARL ANDERLOHR

Als „Luftraumsteuer" werden ironisch die Gebühren bezeichnet, die viele Gemeinden – auch die Stadt Lohr – dafür erheben, dass Ausleger, Markisen und Vordächer von Geschäfts- und Privathäusern in den öffentlichen Stra... nicht sein, wenn man zwei Leute für eine solche Aktion abstellen könne. Der Aufwand stehe in keinem Verhältnis zum Ertrag. Damit züchte man nur Ärger bei den Betroffenen. Bau- und Rechtsamtsleiter Hans Joachim Hüftlein hinwegen sieht in der... beobachtet, die durch die Stadt gingen, um Markisen und Vordächer zu fotografieren. In den folgenden Tagen hätten die betroffenen Hausbesitzer dann schriftliche Aufforde...

... zum Aufmacher der Titelseite

ren und hinbiegen werde. Vor allem inhaltliche Fehler sind für den Redakteur viel schwerer zu entdecken, als sie für den Berichterstatter von vornherein zu vermeiden sind. Das beginnt mit falsch geschriebenen Namen (Maier oder Mayer? Johann oder Johannes Schulze?) und endet bei den viel wesentlicheren Fragen:
- Was an dem Thema ist wichtig?
- Was kann ich weglassen?
- Was hat der Mitarbeiter ganz übersehen?

Rückfragen kosten Zeit, sind oft in der Eile überhaupt nicht mehr möglich. Der Redakteur muss sich also auf den Mitarbeiter verlassen können.

Und die Stilkorrekturen? Und die Kommafehler? Kleine Verbesserungen anzubringen gehört zum Job des Redakteurs. Aber einen hingeschluderten Artikel völlig umschreiben zu müssen, das sollte ein fähiger Mitarbeiter seinem Redakteur nicht zumuten. Auch im eigenen Interesse nicht; denn der unter Zeitdruck gesetzte und deshalb nervöse oder ärgerliche Redakteur könnte in der Hitze des Gefechts gerade die beste Formulierung, das schönste Detail verderben oder wegfallen lassen.

Von der Gefahr einmal ganz abgesehen, dass der Redakteur einen solch miesen Lieferanten, sobald er kann, durch einen brauchbaren ersetzen wird.

Präsentieren

Jedes Medium hat seine besonderen Formen und Möglichkeiten der Präsentation, die Zeitung andere als die Zeitschrift, der Hörfunk andere als das Fernsehen oder das Internet. Weil wir in diesem Buch hauptsächlich die allen Medien gemeinsamen handwerklichen Probleme besprechen wollen, muss ich mich für die Möglichkeiten der Präsentation auf einen Überblick beschränken.

Die Zeitung hat vor allem auf drei Gebieten Variationsmöglichkeiten. Erstens bei der Seitenaufteilung und beim *Umbruch*: Wie viele Spalten (vier, fünf, sechs?) soll die Seite haben? Wie gestalte ich die Überschriften über die Artikel? (Mehrere gleich hohe Zeilen untereinander oder große Oberzeile und kleinere Unterzeile[n]?) Die Spielarten des Überschriftengestaltens scheinen beinahe grenzenlos; schauen Sie einmal verschiedene Blätter darauf an! Welche Schriften verwende ich (Schriftart, Schriftstärke: z. B. Grotesk, Antiqua, mager, fett, kursiv) und in welchen Größen?

Zweitens lassen sich die Mittel der *Illustration* einsetzen: Fotos, Landkarten, Infografiken, Reproduktionen von Dokumenten und Unterschriften usw., Initialen, Karikaturen. Vor allem Zeitungen, die im Straßenverkauf ihren Hauptabsatz haben, beschäftigen für jede Ausgabe Layouter, die anhand der vorliegenden Themen und Illustrationsunterlagen jeder Seite ein Profil geben und damit den Journalisten für ihre Beiträge (manchmal recht enge) Grenzen setzen.

Drittens (und damit hätten wir auch beginnen können): die *Herstellung*. Welches Format? Welches Papier? Wo verwende ich Schwarzweiß, wo Farbe?

Der Hörfunk kann den Text von einem Sprecher (z. B. dem Autor) oder auf mehrere Sprecher verteilt lesen lassen, kann Statements (Stellungnahmen in Monologform), Interviews und Diskussionen im Originalton (O-Ton) der Gesprächsteilnehmer bringen, kann mit Geräusch- und sonstigen O-Tonaufnahmen einen Beitrag anschaulicher machen, kann live senden oder Vorproduziertes abspielen, kann Musik verwenden (z. B. als sog. Musikbett, das man unter kürzere Texte legt), kann sich akustischer Signale (Pausen- und Stationserkennungszeichen, Jingles als Ankündigung, Brücke oder Trennung, Piepston für die Zeit etc.) bedienen, kann mit der Ton-Blende, Verzerrungs- und Halleffekten arbeiten. Siehe den Abschnitt »Radio (Hörfunk)« im Kapitel »Die Arbeitsfelder des Journalisten«

Das Fernsehen kann (neben der Verwendung mancher bereits beim Hörfunk erwähnter Techniken) den Sprecher im »On« (für den Zuschauer sichtbar) oder im »Off« (unsichtbar, zu einem anderen Bild) agieren lassen. Häufig werden Realbilder mit animierten Schriftbändern (Bauchbinden) oder gänzlich künstlichen Hintergründen kombiniert (Blue-Box, virtuelles Studio). Grafiken werden heute in aufwendigen 2D- und 3D-Animationen als eigenständige Inserts erstellt. Siehe den Abschnitt »Fernsehen« im Kapitel »Die Arbeitsfelder des Journalisten«.

Im Internet lassen sich alle Präsentationsmittel – Text, Foto, Ton, Video und Animation – kombinieren. Das bringt neue Herausforderungen an den Journalisten mit sich. Zwar steht der Text noch im Mittelpunkt des Online-Journalismus, aber die Online-Journalisten entwickeln das multimediale Erzählen allmählich weiter. Mehr zu den neuen journalistischen Formen im Beitrag »Online-Medien« im Kapitel »Die Arbeitsfelder des Journalisten«.

Zunächst werden Sie es in keinem Medium mit den komplizierten Techniken zu tun haben, sondern mit den *Grundformen*: Sie werden Berichte, Interviews und Reportagen zu machen haben. Um die richtige Präsentation Ihrer Beiträge kümmert sich zu Anfang der Redakteur; von ihm und mit ihm werden Sie dann Ihre eigene Kenntnis der Präsentationsformen desjenigen Mediums erweitern, für das Sie arbeiten. Dann allerdings sollten Sie einer guten Präsentation Ihr Augenmerk widmen.

Gut ist die Präsentation, wenn sie
- *Aufmerksamkeit* erregt und
- das *Verständnis* erleichtert (durch Übersichtlichkeit, Hervorhebung des Wesentlichen und durch Ergänzungen eines Textes im Wege von Illustration, O-Ton usw.).

Weiterführende Literatur:

Peter Brielmeier/Eberhard Wolf, Zeitungs- und Zeitschriftenlayout (UVK, Konstanz 2000)

Michael Meissner, Zeitungsgestaltung. Typografie, Satz und Druck, Layout und Umbruch (3. Auflage, Econ Journalistische Praxis, Berlin 2007)

Markus Reiter, Überschrift, Vorspann, Bildunterschrift (UVK, Konstanz 2006)

Wolf Schneider/Detlef Esslinger, Die Überschrift. Sachzwänge, Fallstricke, Versuchungen (4. Auflage, Econ Journalistische Praxis, Berlin 2007)

Organisieren und Planen

Journalistische Produkte entstehen nicht aus der Hand eines einzelnen Journalisten, der allein vor sich hin arbeitet. Zeitungen und Zeitschriften, Fernseh- und Radiosendungen werden immer in *Redaktionen* erarbeitet. Mehr dazu in den Beiträgen »Ressorts« und »Vom freien Mitarbeiter zum Chefredakteur« im Kapitel »Die Arbeitsfelder des Journalisten«.

In den Redaktionen gibt es vielfältige Tätigkeiten, die zunächst einmal nichts mit Schreiben, Bearbeiten oder Präsentieren zu tun haben, sondern viel mit Teamarbeit und Management: die Themenplanung für die nächsten Ausgaben und Sendungen zum Beispiel oder die Entwicklung von neuen redaktionellen Konzepten.
In regelmäßigen Konferenzen in der Redaktion wird kurz- oder langfristig geplant; Kontakte mit freien Mitarbeitern müssen geknüpft, die Zusammenarbeit verschiedener Abteilungen (Ressorts, Technik, Anzeigen und Vertrieb) muss koordiniert werden.

Immer wichtiger wird der Kontakt mit dem Publikum: Hörer- und Lesertelefone müssen betreut werden, zur traditionellen Form des Leserbriefs kommen neue Kommunikationsmöglichkeiten per Internet. In einigen Zeitungsredaktionen gibt es inzwischen einen sogenannten »Ombuds-Redakteur«, der ausschließlich für die Klagen, Sorgen und Anregungen der Leser zuständig ist.

Auf Augenhöhe mit dem Publikum zu sein ist ein Kriterium für guten Journalismus. Journalisten müssen sich zunehmend mit den Kommentaren und Meinungen ihres Publikums auseinandersetzen und dürfen nicht von oben herab als oberschlaue Nachrichtenkönige und Besserwisser berichten. Vor allem das Internet bietet neue Möglichkeiten: von der Integration des so genannten User Generated Content ins redaktionelle Angebot (User-Blogs, Nutzer-Kommentare und -Bewertungen, Fotos und Videos von Nutzern) bis zu Redaktionsblogs, in denen Journalisten über die Zwänge ihrer Arbeit berichten und diskutieren (vgl. z. B. blog.tagesschau.de). Darüber mehr im Beitrag »Online-Medien«.

Regelmäßige Redaktionskonferenzen: Tageszeitungen haben in der Regel zweimal am Tag eine Konferenz. Am Vormittag stellen die Ressortleiter die wichtigsten Themen ihrer Ressorts vor, Themen und Autoren der Kommentare werden besprochen. Unter dem Vorsitz des Chefredakteurs ist es das Hauptziel dieser Redaktionskonferenz, die Ressorts zu koordinieren und »Doubletten« zu vermeiden. Doublette: Mehrere Ressorts behandeln unkoordiniert dasselbe Thema oder Ereignis – doppelt gemoppelt. Am Nachmittag oder am Abend wird dann in einer Konferenz kurz vor Redaktionsschluss die Titelseite geplant, die Hauptschlagzeilen werden formuliert.
Redaktionskonferenzen gibt es bei allen Medien in ähnlicher Weise. Die Fernsehredakteure der ARD zum Beispiel sitzen in den einzelnen ARD-Anstalten über ganz Deutschland verteilt. Deshalb werden in der telefonischen Schaltkonferenz jeden Mittag die Themen für die aktuellen Sendungen am Abend koordiniert und beispielsweise auch der Autor für den Tagesthemen-Kommentar festgelegt.
Neben diesen *Koordinationsaufgaben* gehören in die Redaktionskonferenzen auch die *Programm- oder Blattkritik* sowie die allgemeine *Information* zwischen Kollegen.

Für neue Redaktionsmodelle werden die Begriffe *Newsdesk* und *Newsroom* verwendet: Gemeint ist eine Koordinations- und Produktionszentrale, in der alles zusammenläuft, was die Redaktion an Material zur Verfügung hat. In Zeitungsredaktionen werden dort alle Seiten verschiedener Ressorts oder Lokalredaktionen gemeinsam koordiniert und produziert. Am Newsdesk können zudem mehrere Medien crossmedial abgestimmt und bedient werden – mehr dazu im Beitrag »Crossmediales Arbeiten«.

Die meisten Managementaufgaben haben die *Chefredakteure* und *Ressortleiter* – sie kommen oft gar nicht mehr dazu, eigene

Beiträge zu recherchieren und zu verfassen. Aber auch die einzelnen *Redakteure* müssen ihre Arbeit koordinieren und immer wieder im Team arbeiten: bei Zeitungen und Zeitschriften mit den Layoutern der Seiten oder bei der Tätigkeit am Newsdesk, beim Fernsehen mit Kameramann und Cutterin.

Freie Journalisten müssen ständig Kontakte zu Redaktionen halten und neu aufbauen; sie sind darauf angewiesen, ihre eigene Arbeit zu vermarkten. Die Zusammenarbeit in einem *Journalistenbüro* kann den Erfolg steigern und die Kosten senken. Mehr dazu im Beitrag »Vom freien Mitarbeiter zum Chefredakteur« im folgenden Kapitel.

Weiterführende Literatur:
Kurt Weichler, Redaktionsmanagement (UVK, Konstanz 2003)

Die Arbeitsfelder des Journalisten

Unsere wichtigsten Arbeitsfelder, die sogenannten tagesaktuellen Medien, werden genutzt wie nie. Im Durchschnitt schauen die Deutschen über 14 Jahre täglich 220 Minuten Fernsehen, hören noch eine Minute mehr Radio, lesen 28 Minuten Tageszeitung und arbeiten 44 Minuten mit dem Internet. Zählt man Zeitschriften (12 Minuten), Bücher (25), CD/LP/MC/MP3 (45) und Video/DVD (5) noch hinzu, kommt man mit der Langzeitstudie »Massenkommunikation VII«[5a] auf eine Mediennutzung von 600 Minuten pro Tag. Die Zahlen beziehen sich auf 2005 und werden alle fünf Jahre erhoben; jedenfalls das Medium Internet dürfte dann mit seiner Minutenzahl dem Jahr 2010 optimistisch entgegensehen.

Ein für die Gesellschaft unentbehrliches Arbeitsfeld sind die Tageszeitungen geblieben. Als Rückkanal für die gedruckte Zeitung kann der Mobilfunk dienen. Leser können über das Handy nicht nur jederzeit wichtige redaktionelle Inhalte empfangen, sondern abstimmen, ihre Meinung sagen oder als Leserreporter Informationen und Bilder schicken.

Es gibt neue und mehr Zielgruppen-Zeitschriften, und die Fachzeitschriften beschäftigen stärker als früher journalistisch ausgebildete Mitarbeiter und Redakteure.

Das Internet als wirklich neues und bemerkbar wichtiger werdendes Medium hat mit dem Online-Journalismus neue Arbeitsplätze geschaffen, vor allem in den Online-Redaktionen von Zeitschriften, Zeitungen, Funk und Fernsehen.

Digitale Radiosender experimentieren mit kleinformatigen Videos (»visual radio«), begleitenden Datendiensten und speziellen Angeboten für immer stärker differenzierte Zielgruppen.

Das Netz der Öffentlichkeitsarbeit von Unternehmen, Verbänden, Institutionen und Behörden wird stetig dichter und professioneller.

Weiterführende Literatur:

Claudia Mast (Hrsg.), ABC des Journalismus. Ein Handbuch (10. Auflage, UVK, Konstanz 2004)

Klaus Meier, Journalistik (UVK, Konstanz 2007)

Presse

Zeitungen sind mit etwa 14 000 fest angestellten Redakteuren und 3 000 hauptberuflichen freien Mitarbeitern[6] das mit Abstand größte Arbeitsfeld für Journalisten. Hinzu kommen die Nebenberufler und gelegentlichen Mitarbeiter.
Als *Tageszeitungen* gelten – im Unterschied zu *Wochen-* oder *Sonntagszeitungen* – alle Blätter, die mindestens zweimal pro Woche erscheinen und aktuell ohne thematische Begrenzung (Universalität) berichten.[6a] Die verkaufte Gesamtauflage der Tageszeitungen betrug 2007 rund 20,8 Millionen Exemplare.[7] Knapp ein Viertel davon machten die acht Boulevardblätter (*Straßenverkaufszeitungen*) aus, allen voran »Bild« mit etwa 3,5 Millionen. Einen relativ kleinen Anteil an der Gesamtauflage steuern die zehn überregionalen Abonnementzeitungen bei: u. a. »Süddeutsche Zeitung«, »Frankfurter Allgemeine«, »Frankfurter Rundschau«, »Die Welt«, »die tageszeitung«. Der weitaus dickste Brocken entfällt auf die 118 lokalen und regionalen Tageszeitungen.
Die Auflage der Zeitungen nahm in den vergangenen Jahren kontinuierlich ab (vgl. die Tabelle), dennoch lesen im deutschsprachigen Raum noch rund drei Viertel der Bevölkerung eine Tageszeitung.

Die größten Tageszeitungen in Deutschland

Zeitung	Auflage 2001/02	Auflage 2006/07
Bild, Hamburg	4 230 000	3 548 000
Westdeutsche Allgemeine (WAZ), Essen	560 000	459 000
Süddeutsche Zeitung (SZ), München	443 000	431 000
Hannoversche Allgemeine Zeitung (HAZ), Hannover	420 000	389 000

Die Arbeitsfelder des Journalisten

Zeitung	Auflage 2001/02	Auflage 2006/07
Rheinische Post, Düsseldorf	411 000	383 000
Frankfurter Allgemeine Zeitung (FAZ), Frankfurt	400 000	361 000
Freie Presse, Chemnitz	380 000	309 000
Augsburger Allgemeine, Augsburg	360 000	339 000

Quellen: Schütz 2001, IVW 3/2002; Schütz 2007, IVW 3/2007

Mehr als 1 500 Zeitungsausgaben (die sich mindestens im Lokalteil voneinander unterscheiden) erschienen im Jahr 2007. Die im Lokalen noch relativ reich gegliederte Presse schlüpft unter ganze 136 »Mäntel«, die sogenannten »Publizistischen Einheiten«, die mindestens die Seiten 1 und 2 des aktuellen politischen Teils selbst herstellen. Es gibt also 1 524 lokale Ausgaben, aber nur 136 Politik-, Wirtschafts- oder Sportredaktionen in der deutschen Tagespresse.

Die meisten Zeitungsjournalisten sind deshalb im Lokalen tätig (rund zwei Drittel). Der Bedarf – vor allem auf dem Lande – ist groß. Lokalredakteure brauchen nicht auf die Kollegen in der »großen Politik« zu schielen. Sie wissen (ebenso wie ihre Verleger), dass die Stärke der Tageszeitungen gegenüber Konkurrenzmedien hauptsächlich in ihrer Lokalberichterstattung und ihrer Orientierungsfunktion für die Leser liegt. Neue redaktionelle Konzepte machen dies deutlich: Lokale Themen stürmen die Seite 1 der Zeitung, im Aufmacher wird nicht mehr das wiedergekäut, was die Leser bereits am Vorabend in der Tagesschau gesehen haben.

RTL-Chefredakteur Peter Kloeppel erzählt: »Ich war überall da, wo etwas los war: beim Kaninchenzüchterverein, bei den Förstern, die Anfang des Jahres die Meisenkästen sauber machten, bei den Sitzungen des Karnevalsvereins. Es war eine aufregende Zeit, es waren wichtige Jahre. Wer das nicht gemacht hat, kann es im Job des Journalisten eines Tages schwer haben.«

Lokalredakteure sind die Zielgruppe eines intensiven Fortbildungsangebots. Vor allem auf Initiative und mit Unterstützung des Lokaljournalistenprogramms der Bundeszentrale für politische Bildung *(www.de/lokaljournalistenprogramm)* in Bonn werden mit dem *Projektteam Lokaljournalisten* praxisnahe Modellseminare angeboten. Das Programm wird durch das Magazin »drehscheibe« mit Themen- und Recherchetipps für Lokalredaktionen *(www.drehscheibe.org)* ergänzt.

Anzeigenblätter: Den Vorteil der Bürgernähe, der die Beliebtheit der Lokalpresse ausmacht, nutzen auch die etwa 1 300 lokalen und regionalen Anzeigenblätter, die meist wöchentlich erscheinen und kostenlos verteilt werden (Auflage im Jahr 2007 mehr als 88 Millionen Exemplare)[8], aber eine sehr unterschiedliche Qualität im redaktionellen Teil aufweisen. Nur bei wenigen Anzeigenblättern arbeiten ausgebildete Journalisten.

Am Kiosk verkauft werden *Offertenblätter* mit meist kostenlos aufgenommenen Anzeigen.

Zeitschriften – dieses Arbeitsfeld ist erheblich buntscheckiger und kaum zu überschauen. Insgesamt werden fast 10 000 Titel mit einer Gesamtauflage von 400 Millionen Exemplaren geschätzt.[9]

Die bekanntesten sind die *Publikumszeitschriften*, die in *General-* und *Special-Interest-Zeitschriften* eingeteilt werden. General-Interest: von Nachrichtenmagazinen über Fernsehzeitschriften bis zu den Illustrierten. Enorm gewachsen ist der Markt der Special-Interest-Zeitschriften, die sich eine bestimmte Zielgruppe herausgreifen und sich mit Trends, Freizeitsportarten oder Hobbys beschäftigen.

Fachzeitschriften wenden sich an eine Berufsgruppe, *Konfessionelle Zeitschriften* an die Angehörigen der Glaubensgemeinschaften. Daneben entstehen in Public-Relations-Abteilungen von Unternehmen oder Verbänden immer mehr *Mitglieder-, Mitarbeiter-* oder *Kundenzeitschriften*.

Die Arbeitsfelder des Journalisten

Weiterführende Literatur:

Bundesverband Deutscher Zeitungsverleger, Jahrbuch »Zeitungen« (Berlin, jährlich)

Edigna Menhard/Tilo Treede, Die Zeitschrift. Von der Idee bis zur Vermarktung (UVK, Konstanz 2004)

Heinz Pürer/Johannes Raabe, Presse in Deutschland. (3. Auflage, UVK, Konstanz 2007)

Volker Wolff, ABC des Zeitungs- und Zeitschriftenjournalismus (UVK, Konstanz 2006)

Rundfunk

ist der Oberbegriff für Hörfunk und Fernsehen. In Deutschland gilt seit der Einführung von Privatradio und Privatfernsehen die sogenannte *duale Rundfunkordnung*, also das Nebeneinander von öffentlich-rechtlichem und privatem Rundfunk. Mit »privat« werden nicht nur die kommerziellen Sender bezeichnet, sondern auch die nicht kommerziellen Lokalradios, »Freien Radios« und »Offenen Kanäle«. (*www.bok.de, www.freie-radios.de*)

Beim öffentlich-rechtlichen Rundfunk ist für jedes Land der Bundesrepublik eine Rundfunkanstalt zuständig, allerdings meist eine der jetzt vier *Mehr*länderanstalten MDR, NDR, RBB und SWR (z. B. der MDR für Sachsen, Sachsen-Anhalt und Thüringen). Trotzdem wird jedes Bundesland in einem Extra-Programm und durch jeweils ein *Landesfunkhaus* spezifisch bedient. So hat z. B. die Vierländeranstalt NDR in Hamburg, Hannover (Niedersachsen), Kiel (Schleswig.Holstein) und Schwerin (Mecklenburg-Vorpommern) ein Landesfunkhaus für Radio und Fernsehen. Nach dem Zusammenschluss von SFB und ORB zum Rundfunk Berlin-Brandenburg (RBB) bleiben noch als Landesrundfunkanstalten: Bayerischer Rundfunk, Hessischer Rundfunk, Radio Bremen, Saarländischer Rundfunk und Westdeutscher Rundfunk.

In den meisten Ländern gibt es für Hörfunk und Fernsehen *Regionalstudios*, beim Hörfunk des HR z. B. in Darmstadt, Fulda, Gießen und Kassel. Regional*korrespondenten* hat der HR außerdem in Eltville, Erbach, Limburg, Marburg, Hanau, Korbach, Bensheim und Witzenhausen sowie ein Landtagsstudio in Wiesbaden. Viele der HR-Hörfunk-Regionalkorrespondenten haben inzwischen eine Ausbildung zum Videoreporter und arbeiten bimedial. (*www.ard.de* und *www.zdf.de,* dazu die Jahrbücher von ARD und ZDF sowie die Webseiten der Rundfunkanstalten)

Beim privaten Rundfunk sind Radio- und Fernsehprogramme nicht, wie bei den Rundfunkanstalten, unter einem Dach.
Privatradios gibt es als (wenige) bundesweite, als landesweite Sender (z. B. Antenne Bayern) mit regionalen Korrespondentenbüros und in vielen Ländern auch als Regional- und Lokalradios.
Privates Fernsehen findet nicht nur auf Bundesebene statt, sondern in einer weit größeren Zahl als regionales oder (besonders stark) lokales Programmangebot.
Sehr informativ (mit einer Datenbank aller deutschen Sender und Links zu den Landesmedienanstalten) sind die Online-Seiten der Arbeitsgemeinschaft der Landesmedienanstalten – ALM. (*www.alm.de*)

Radio (Hörfunk): Wer beim Radio Erfolg haben will, muss mit seinem Hörer reden können. Der Radio-Journalist hat den einen Partner, zu dem er ins Zimmer oder ins Auto kommt (»in radio you have an audience of one« – alte BBC-Regel). Ihn muss er ansprechen, mit seiner Stimme und mit seinen Worten, frei formuliert oder mit einem fürs Gehörtwerden geschriebenen Text. Der Radio-Journalist muss Gespräche führen können, im Studio und am Telefon, er sollte ein Gespür für die akustischen Möglichkeiten seines Mediums entwickeln, »radiofon« denken können.
Was aus dem Lautsprecher kommt, regt die Phantasie des Hörers an und lässt bei ihm Bilder (von Sprechern und Sachen) entstehen, die an Intensität und Individualität das reale Bild im Fernsehen übertreffen. Und: Radio ist noch immer das schnellste Informationsmedium, obwohl das Fernsehen durch leichtere Ausrüstung und bessere Übertragungsmöglichkeiten erheblich aufgeholt hat.
Nicht nur die Diskjockeys, sondern auch die journalistischen Moderatoren von Magazinen müssen (zunehmend auch in den aktuellen Programmen der öffentlich-rechtlichen Rundfunkanstalten) ihre Sendungen selbst fahren, die Reporter ihre Beiträge

selbst schneiden. Die Digitaltechnik hat die Arbeit mit dem Tonband abgelöst.
Radio und Fernsehen bieten ausgewählte Beiträge in eigenen Mediatheken im *Internet* an und ermöglichen so die zeitsouveräne Nutzung auch auf portablen Geräten. Einige Sender erlauben bereits das Zusammenstellen individueller Programmabläufe nach den Interessen der jeweiligen Nutzer, die sich aus dem Gesamtangebot nach ihren persönlichen Profilen eigene »Playlisten« komponieren können. Das lineare Programm der althergebrachten Radio- und Fernsehsender kann so zum Beispiel nach Themen sortiert neu und individuell genutzt werden.

Fernsehen: Wer als Hospitant, Praktikant oder Volontär für ein paar Monate beim Fernsehen mitarbeitet, hat gewöhnlich weniger und spätere Erfolgserlebnisse als sein Kollege beim Radio, der oft schon nach wenigen Tagen seinen ersten O-Ton-Beitrag im Sender bringt. Technik und Organisation eines Fernsehbetriebs sind komplizierter, zum Text tritt das Bild hinzu, – wer da mit einem Beitrag ins Programm kommen will, muss sich *gründlich vorbereitet* haben. Er sollte als Hobby-Filmer oder Fotograf bereits optische Erfahrungen gesammelt und sich schon bei einem anderen Medium umgesehen haben.
Auch beim Fernsehen hat die Digitaltechnik in allen Phasen der Produktion Einzug gehalten; und mit dem *Videojournalisten (VJ)* ist so etwas wie ein neuer Berufszweig entstanden: Er nutzt als Ein-Mann-Team selbst die immer handlicher werdende Aufnahmetechnik, ist also nicht nur fürs eigentlich Journalistische zuständig, sondern auch für Kamera, Licht und Ton sowie schließlich für die Bearbeitung bis zum fertigen Beitrag.
Einige Stichworte aus dem Handbuch »Fernseh-Journalismus« skizzieren, was man für eine Mitarbeit beim Fernsehen lernen und kennen/können muss: In Bildern erzählen – Bildsprache – Bildaufbau – Bildschnitt – Texten – Von der Ideenskizze zum Drehbuch – EB-Ausrüstung – EB-Aufzeichnung und -Bearbeitung – Journalistischer Arbeitsplatz Studio – Mit elektronischen Tricks informieren – Journalistischer Arbeitsplatz SNG und Ü-Wagen – Darstellungs- und Sendeformen.

Rundfunk

Weiterführende Literatur:
Walther von La Roche/Axel Buchholz (Hrsg.), Radio-Journalismus. Ein Handbuch für Ausbildung und Praxis im Hörfunk (8. Auflage, List Journalistische Praxis, Berlin 2004)

Martin Ordolff, Fernsehjournalismus (UVK, Konstanz 2005)

Gerhard Schult/Axel Buchholz (Hrsg.), Fernseh-Journalismus. Ein Handbuch für Ausbildung und Praxis (6. Auflage, Econ Journalistische Praxis, Berlin 2006)

Online-Medien

bieten Information, Service und Unterhaltung in Netzwerken wie dem weltweiten Internet an – für die Nutzung auf dem Computer-Bildschirm. Durch den Erfolg des World Wide Web sind seit mehr als zehn Jahren Arbeitsplätze für aktuell arbeitende Journalisten in Online-Redaktionen entstanden: Zeitungen, Zeitschriften oder Rundfunkanstalten sowie Unternehmen bieten *Internet-Magazine* mit Nachrichten oder programmergänzenden Informationen an, die ausschließlich über das weltweite Datennetz abrufbar sind.

Es existieren zwar keine exakten Zahlen, Fachleute schätzen aber, dass es in Deutschland etwa 2500 Online-*Journalisten* gibt[9a], und mindestens genauso viele Öffentlichkeitsarbeiter, die Online-*PR* betreiben. Hinzu kommen mehrere tausend Journalisten, die das Internet *nebenbei* bedienen, überwiegend aber für Print- oder Rundfunk-Medien arbeiten (mehr dazu im folgenden Beitrag »Crossmediales Arbeiten«).

Bereits 63 Prozent der Deutschen ab 14 Jahre (40,8 Millionen) nutzten 2007 das Internet. Vor allem bei Jugendlichen (96 Prozent) und jungen Erwachsenen (94 Prozent) ist die Internet-Nutzung sehr weit verbreitet.[9b]

Der Online-Journalismus hat neue journalistische Formen hervorgebracht, die herkömmliche Medien nicht bieten können: Die riesigen Speichermöglichkeiten von Computern heben die Platzbeschränkung von Medien auf, der Nutzer kann die Informationstiefe individuell wählen, mit Hintergrundinformationen,

Archiven und Service-Datenbanken. Hinzu kommen die permanente Aktualisierungsmöglichkeit, die multimediale Präsentation und die Interaktivität – verstanden als neue Kommunikationsmöglichkeit mit den Nutzern.

Zu den aktuellen Online-Trends gehören die Einbindung von Videos in Websites sowie die Beteiligung von Nutzern. Jeder Internet-Nutzer kann inzwischen sehr leicht selbst Beiträge im Internet veröffentlichen: zum Beispiel als *Weblog* – einem Tagebuch im Netz – oder als Beteiligter an einer *Foto- oder Video-Community*, wie etwa »YouTube«.

Das Interesse der Internet-Nutzer, sich am »Mitmach-Internet« zu beteiligen, wächst, wenn auch insgesamt die Zahl der aktiven Nutzer, die selbst Inhalte beisteuern, im Verhältnis zu den passiven Konsumenten noch relativ klein ist.[9c] 47 Prozent der Online-Nutzer haben schon in der »Wikipedia« gelesen, 34 Prozent Videos aus Community-Portalen wie »YouTube« gesehen und elf Prozent in Weblogs gesurft. Sechs Prozent dieser »Wikipedia«-Nutzer haben dort selbst schon einen Beitrag geschrieben und sieben Prozent der Videoportal-Nutzer eigene Videos eingestellt. Das sind hochgerechnet auf ca. 40 Millionen Online-Nutzer in Deutschland immerhin gut eine Million aktive Wikipedianer und knapp eine Million Videoproduzenten.

Auch am Internet-Journalismus können sich die Nutzer beteiligen. Sie reagieren auf journalistische Beiträge, indem sie sie kommentieren oder bewerten. Oder sie reichen selbst Textbeiträge, Foto-Schnappschüsse oder kurze Videosequenzen ein.

Wer für Internet-Magazine arbeiten will, muss neben Kenntnissen der alten und neuen journalistischen Möglichkeiten auch technisches Verständnis für Computer und Produktionssoftware sowie Erfahrung mit der Recherche im Internet mitbringen. Inzwischen gibt es Volontariate, Aus- und Weiterbildungsseminare und Studiengänge, die speziell auf die Arbeit als Online-Journalist vorbereiten.

Online-Medien

Teletext: Nicht auf dem Computer-, sondern auf dem Fernsehbildschirm erscheint der Video- oder Teletext, der als Teil des Fernsehprogramms in der sogenannten Austastlücke ausgestrahlt wird. 95 Prozent der Haushalte in Deutschland besitzen einen Fernseher mit Videotext. Jeder größere Fernsehsender hat eine eigene *Teletext-Redaktion*, oft wird mit freien Mitarbeitern zusammengearbeitet. In vielen Sendern sind inzwischen Online-Redaktion und Teletext-Redaktion zusammengelegt – man arbeitet dann crossmedial (siehe den folgenden Beitrag).
Die Journalisten müssen kurz, knapp und unter Zeitdruck formulieren. Eine Teletextseite hat nur Platz für etwa 650 bis höchstens 750 Zeichen.[10]

Weiterführende Literatur:
Gabriele Hooffacker, Online-Journalismus. Schreiben und Gestalten für das Internet (2. Auflage, List Journalistische Praxis, 2004)
Klaus Meier (Hrsg.), Internet-Journalismus (3. Auflage, UVK, Konstanz 2002)

Weiterführende Webseiten:
Magazin zum Thema: www.onlinejournalismus.de

Crossmediales Arbeiten

gehört für immer mehr Journalisten – vor allem für Online-Journalisten – zum Tagesgeschäft. Meist haben diese Journalisten ein *Schwerpunktmedium* und arbeiten mindestens einem anderen Medium zu. So schreibt ein Zeitungsjournalist zum Beispiel aktuelle Kurzfassungen seiner Print-Beiträge fürs Internet. Oder ein Online-Journalist, der sich überwiegend um den Internet-Auftritt eines Radiosenders kümmert, ist auch für die Computersendung im Radioprogramm zuständig und produziert aktuelle Kurzmeldungen, die per SMS aufs Mobiltelefon übertragen werden. Diese Journalisten arbeiten dann *bi- oder trimedial.*

Crossmediale Redaktionen müssen die verschiedenen Medien – man sagt auch: *Plattformen* oder *Ausspielkanäle* – in ihre Arbeitsabläufe integrieren, also zum Beispiel weit vor dem Andruck der Zeitung an das Internet oder die mobile Kommunikation denken.

Die Zentrale von crossmedialen Redaktionen ist immer häufiger ein *Newsdesk* oder *Newsroom* (mehr dazu im Beitrag »Organisieren und Planen«). Am Newsdesk wird entschieden, welches Thema wann und wie für welches Medium aufbereitet wird. Die journalistischen Produkte – Texte, Fotos, Töne und Videos – werden in Rohform in Datenbanken gespeichert und können für verschiedene Plattformen aufbereitet werden.

Etwa die Hälfte der Zeitungsredaktionen in Deutschland arbeitet inzwischen mit Newsdesk- oder Newsroom-Modellen, in denen Print- und Online-Produktion miteinander verknüpft sind. Ein Beispiel ist der Axel-Springer-Verlag, der in Berlin einen Newsroom mit 56 Arbeitsplätzen eingerichtet hat. Dort werden die Ausgaben der »Welt«, der »Welt kompakt«, der »Berliner Morgenpost« und der »Welt am Sonntag« sowie die Online-Auftritte welt.de und morgenpost.de produziert.

Auch bei Radio und Fernsehen kommen crossmediale Redaktionsmodelle immer mehr in Mode. Beim Saarländischen Rundfunk zum Beispiel laufen die Fäden von SR 1, SR 2, SR 3, SR Fernsehen, Unser Ding, SR-Online und SAARTEXT in einem Newsroom mit 20 Arbeitsplätzen zusammen. Alle Planer und Chefs vom Dienst koordinieren und organisieren von dort aus die aktuellen Sendungen und Texte für alle Medienbereiche.

Diese gemeinsame journalistische Produktion verlangt von Journalisten, dass sie nicht nur *ein* Medium beherrschen, sondern in mindestens zwei Medien gleichzeitig denken können. Crossmediale Konzepte müssen dafür sorgen, dass die Plattformen einer Medienmarke *zusammenpassen*: www.sueddeutsche.de muss dann beispielsweise die Erwartungen erfüllen, die Leser der »Süddeutschen Zeitung« haben, wenn sie im Internet unterwegs sind. Oder www.tagesschau.de muss rund um die Uhr aktuelle Nachrichten im Internet bieten: in Text, Bild, Ton und Video – nach Möglichkeit schneller und ausführlicher, aber genauso seriös wie die »Tagesschau« im Fernsehen.

Weiterführende Literatur:
Christian Jakubetz, Crossmedia (UVK, Konstanz 2008)

Weiterführende Webseiten:
Multimediales Webdossier zum Thema »Crossmediale Zeitungsredaktionen in Deutschland«: www.ifra.com/newsplex_hda

Nachrichtenagenturen und Informationsdienste

beschäftigen eine erhebliche Zahl von Journalisten haupt- oder nebenberuflich, »*am Ort*« (beim Recherchieren der Meldungen) und »*am Tisch*« (beim Redigieren).

Die Deutsche Presse-Agentur (dpa) ist die in Deutschland mit Abstand größte Nachrichtenagentur. Sie beschäftigt im In- und Ausland rund 450 festangestellte Wort- und Bildjournalisten. In Deutschland beliefert dpa ihre Kunden mit einem *Basisdienst* (Meldungen und Berichte aus dem In- und Ausland über Politik, Wirtschaft, Sport und Modernes Leben; dazu gehört Vermischtes, Kultur, Wissenschaft und Medien), betreibt zwölf *Landesdienste* (regionale Nachrichten) und bietet verschiedene andere Dienste an, darunter auch *Hörfunk-, Video-* und *Online-Dienste* sowie seit 2007 einen *Kindernachrichtendienst*.

Außer der Zentrale in Hamburg und dem Bundesbüro in Berlin unterhält dpa noch rund 60 *Regional-* und *Landesbüros* in Deutschland. Im Ausland ist die dpa mit Büros und Korrespondentenplätzen in mehr als 90 Ländern vertreten.

Wer bei dpa als Redakteur oder Volontär angestellt werden möchte oder eine Hospitanz sucht, muss sich an die Chefredaktion in Hamburg wenden. Die Zahl der Bewerbungen übersteigt »um ein Vielfaches« die Zahl der Vakanzen. Über freie Mitarbeit wird in den jeweiligen Landesbüros entschieden. Der größte Bedarf besteht auf dem »flachen Land«. Grundsätzlich hängt die Möglichkeit zur Mitarbeit von dem vorhandenen Mitarbeiternetz und eventuellen Spezialkenntnissen des Anbieters ab.*(www.dpa.de)*

Auch die anderen Nachrichtenagenturen, die für deutsche Bezieher aus Deutschland berichten, haben Mitarbeiter in den größeren Städten der Bundesrepublik. Es sind dies:
- *Agence France Presse (AFP), Berlin* (www.afp.com)
- *Associated Press (AP), Frankfurt* (www.ap-online.de)
- *Deutscher Depeschendienst (ddp), Berlin* (www.ddp.de)
- *Reuters, Berlin* (www.de.reuters.com)

Spezialisierte Dienste ergänzen die allgemeinen Agenturen, die alle Themenbereiche abdecken. Sie liefern Nachrichten, Hintergrundgeschichten und Kommentare aus *bestimmten gesellschaftlichen Gebieten,* z. B. Sport-Informations-Dienst (sid), Evangelischer Pressedienst (epd) und Katholische Nachrichten-Agentur (KNA).

Als Student habe ich jede Woche ein paar Mark damit verdient, dass ich der Münchner Redaktion des Evangelischen Pressedienstes (epd) eine Nachricht oder einen Bericht (oder am liebsten beides) von Wochenend-Tagungen der Evangelischen Akademie in Tutzing lieferte.

Kleinere Informationsdienste, ebenfalls zu Fachgebieten (z. B. Tourismus, Technik), erscheinen täglich, wöchentlich oder monatlich. Ihre Zahl wird auf weit über 600 geschätzt[11]. Diese gegen Bezugsgebühr oder Abdruckhonorar gelieferten Informationsdienste dürfen nicht mit der Unzahl jener *Pressedienste* verwechselt werden, die von Pressestellen im Interesse ihrer Auftraggeber kostenlos zur Verwendung angeboten werden (vgl. den Beitrag »Presse- und Öffentlichkeitsarbeit«).

Weitere Informationen unter dem Stichwort »Nachrichtenagenturen« im Beitrag »Die Quellen«.

Weiterführende Literatur:

Peter Zschunke, Agenturjournalismus. Nachrichtenschreiben im Sekundentakt (2 Auflage, UVK, Konstanz 2000)

Presse- und Öffentlichkeitsarbeit

Wer in einem Unternehmen oder einer Institution in einer Pressestelle oder Presseabteilung, also »auf der anderen Seite des Schreibtischs«, arbeitet, ist ebenfalls journalistisch tätig: Denn die Aufgabe ist ebenfalls das Recherchieren, Auswählen, Aufbereiten und Präsentieren von Informationen (meist als sogenannte Pressemitteilungen) für die Kolleginnen und Kollegen in den Redaktionen, allerdings bestimmt durch die Interessen des Arbeitgebers bzw. Auftraggebers.

Die Bezeichnung Pressestelle nennt nur einen Teil der Adressaten; denn die Informationen werden nicht nur für die Presse, sondern auch für Radio, Fernsehen und Internet aufbereitet und geliefert. Entsprechende Abteilungen heißen in großen internationalen Konzernen deshalb immer öfter *Media Relations*. Die größte »Presseabteilung« in Deutschland ist das Presse- und Informationsamt der Bundesregierung. Wenn es auch unter der Leitung eines Staatssekretärs etwas mehr als 500 Mitarbeiter in Berlin und Bonn hat, seine beiden Hauptaufgaben sind dieselben wie die jeder Ein-Mann-Pressestelle: nach innen und nach außen zu informieren.

Information nach innen: Der Presse- oder PR-Referent beispielsweise eines Unternehmens wird für die Geschäftsführung verfolgen, was in der Öffentlichkeit über das Unternehmen geäußert wird: vor allem natürlich in den Medien, aber auch die Stimmungen und Meinungen der Bevölkerung. Er ist also eine Art Barometer, das die Geschäftsleitung vor Konflikten mit der Öffentlichkeit rechtzeitig warnen soll und darauf hinwirkt, dass riskante Entscheidungen vermieden werden, dass gesellschaftlicher Wandel und künftige Trends in die Unternehmenspolitik einbezogen werden. Mittel dieser *internen* Öffentlichkeitsarbeit sind neben persönlichen Gesprächen, Kontakten und Konferenzen auch Online-Kontakte, Mitarbeiterzeitschriften, Intranet und Firmen-TV.

Die Arbeitsfelder des Journalisten

Information nach außen: Die Mitarbeiter einer Presseabteilung beantworten Fragen von Journalisten, die über die Aktivitäten eines Unternehmens oder eines Verbandes recherchieren. Sie informieren aber auch von sich aus, wenn etwas für die Öffentlichkeit Wichtiges und Interessantes passiert: Sie veranstalten *Pressekonferenzen* und *Hintergrundgespräche*, versenden *Pressemitteilungen* oder geben gar einen regelmäßigen *Pressedienst* heraus. Mitunter werden auch *Kundenzeitschriften* (von Unternehmen) oder *Mitgliederzeitschriften* (von Vereinen und Verbänden) in der Presseabteilung produziert, das alles auch oft online.

Durch ein dichtes Netz von Kontakten pflegen Pressereferenten ein gutes Verhältnis zu Journalisten, die im betreffenden Fachgebiet arbeiten. Voraussetzung für diesen Beruf sind deshalb diplomatisches Geschick und Kontaktfreudigkeit. Wer in der PR arbeitet, vertritt die Interessen seines Arbeitgebers.
Der Erfolg der PR-Arbeit hängt davon ab, wie viel Vertrauen in die Zuverlässigkeit der gegebenen Auskünfte die Pressestelle bei den Journalisten erwerben konnte. Falsch-Informationen sind verpönt. Auch das Verschweigen wichtiger Geschehnisse bringt ein Unternehmen eher in Misskredit. Für alle in der PR Tätigen stellt der Deutsche Rat für Public Relations Verhaltenskodices zur Verfügung *(www.drpr-online.de)*.

Weitere Zielgruppen der PR: Public Relations, kurz PR, auch als Öffentlichkeitsarbeit bezeichnet, umfasst *mehr als Pressearbeit*: Neben die Journalisten in Presse, Rundfunk, Internet und Nachrichtenagenturen treten weitere Zielgruppen, darunter Kunden, Interessenten, Shareholder oder Mitglieder, Verbandsvertreter und Lobbyisten, Multiplikatoren im öffentlichen Dienst, in der Politik Aktive, weitere Bürgerinnen und Bürger.
An sie richten sich jeweils eigene PR-Aktivitäten, beispielsweise unter den Namen *Customer Relations*, *Investor Relations* oder *Public Affairs*. Die PR kann sich auf ein konkretes Produkt beziehen (*Produkt-PR*) oder auf das Unternehmen (*Corporate Communication*), auf unternehmensbezogene Themen (*Issue Management*), auf die langfristige Wirkung in der Öffentlichkeit

(*Image*) oder auf das über das Unternehmensziel hinausgehende Engagement des Auftraggebers (*Sponsoring*).

Gute PR kommt nie »aus dem Bauch heraus«: Grundlage ist eine langfristige Kommunikationsstrategie, die die Zielsetzungen und Interessen einer Organisation erst einmal festlegt und dann an die Öffentlichkeit vermittelt.

Die Öffentlichkeitsarbeit ist ein anerkanntes Berufsfeld mit einem eigenen Berufsbild, wobei der Bedarf an Mitarbeitern weiter wächst. PR-Fachleute arbeiten nicht nur als Angestellte ihrer unmittelbaren Auftraggeber, sondern auch in *PR-Agenturen*, die sozusagen außer Haus für ihre Auftraggeber Öffentlichkeitsarbeit machen; außerdem gibt es *selbständige PR-Berater*.

Organisiert sind die PR-Leute in der *Deutschen Public Relations Gesellschaft e. V.* (www.dprg.de) oder in der *Gesellschaft Public Relations Agenturen e. V.* (www.gpra.de). Eine Fachgruppe »PR und Organisationskommunikation« gibt es bei der *Deutschen Gesellschaft für Publizistik- und Kommunikationswissenschaft* (www.dgpuk.de). Der Deutsche Journalisten-Verband e. V. hat einen Fachausschuss »Presse- und Öffentlichkeitsarbeit« (www.djv.de). Diese Verbände geben auf ihren Webseiten Auskunft über Berufsbild, Aus- und Weiterbildungswege oder weiterführende Literatur.

Freiberufler arbeiten oft gleichzeitig in Journalismus und PR. Sie müssen, um als Journalisten glaubwürdig zu bleiben, transparent machen, für welchen Auftraggeber sie gerade arbeiten: für die Lokalzeitung, für die sie gerade berichten, oder für die politische Partei, bei der sie mitarbeiten? Für das örtliche Reisebüro, in dessen Auftrag sie Pressemitteilungen verfassen, oder für den Lokalsender, bei dem sie moderieren? Bezahlung von beiden Seiten anzunehmen führt zur Interessenkollision und verstößt gegen den Pressekodex *(www.presserat.de).*

Ausbildung: Während man früher oft nach einer journalistischen Tätigkeit ins Fach Öffentlichkeitsarbeit wechselte, führen heute viele Wege zum *direkten* Einstieg in den Beruf. Das kann ein Volontariat sein oder ein Studium mit entsprechenden Praktika, ein Fachstudium mit einer Zusatzqualifikation für die PR, ein berufsbegleitender oder Aufbaustudiengang oder eine Kombination davon.

Das Volontariat in der Öffentlichkeitsarbeit ist bislang nicht so gut geregelt wie im Journalismus. Zwar werden zunehmend Volontärs- und Trainee-Stellen mit einer Laufzeit von ein bis zwei Jahren angeboten, die Ausbildung beschränkt sich dabei aber in vielen Fällen auf ein »learning by doing« – mit einer relativ niedrigen Entlohnung. An den Volontär-Mustervertrag von DPRG und GPRA halten sich nicht viele Arbeitgeber (in der DPRG z. B. sind nur etwa zehn Prozent aller Berufsangehörigen Mitglied): Der Vertrag sieht einen Ausbildungsplan vor und den Besuch von Aus- und Weiterbildungskursen. Die DPRG empfiehlt, beim Vorstellungsgespräch darauf zu achten, »ob ein Ausbildungsplan vorliegt oder nur eine preiswerte Arbeitskraft gesucht wird«.[11a]

Ein ideales Volontariat schließt mit einer Prüfung zum PR-Assistenten oder zum PR-Berater an der Deutschen Akademie für Public Relations (DAPR) oder einer anderen zertifizierten Einrichtung ab. Die DAPR in Frankfurt am Main wird von der GPRA getragen. *(www.dapr.de)*

Studienmöglichkeiten für künftige PR-Berater werden immer zahlreicher, wenn auch noch selten Public Relations als Hauptfach im Vollstudium belegt werden kann. Die Universität Leipzig bietet jeweils zum Sommersemester einen eigenständigen Studiengang »PR/Kommunikationsmanagement« mit einem BA-Abschluss nach sechs Semestern an.

Nach Angaben der DPRG gibt es etwa 20 Universitäten im deutschsprachigen Raum, die einen Studienschwerpunkt PR integrieren – meist im Rahmen eines kommunikationswissenschaftlichen Gesamtangebots. Eine eindeutige fachliche Orientierung Richtung PR bieten zum Beispiel die Universitäten in Berlin, Lüneburg, Mainz und – wie oben erwähnt – Leipzig.

Die Fachhochschulen in Gelsenkirchen, Hannover und Osnabrück (Standort Lingen) haben eigenständige PR-Studiengänge. An der Hochschule Darmstadt kann der Schwerpunkt »Online-PR« im Online-Journalismus-Studium gewählt werden. Mitunter findet sich der Schwerpunkt »Kommunikationsmanagement« in betriebswirtschaftlichen FH-Studiengängen, etwa in Berlin (FHTW), Bielefeld (FHM), Calw (mit hoher Studiengebühr), Mainz, Nürtingen und Pforzheim.

Bei der DPRG können Informationen über nichtuniversitäre Ausbildungen in Akademien, Seminaren und Instituten erfragt werden.

Weiterführende Literatur:

Gernot Brauer, Wege in die Öffentlichkeitsarbeit. Einstieg, Einordnung, Einkommen in PR-Berufen (4. Auflage, UVK, Konstanz 2002)

Claudia Mast, Unternehmenskommunikation (Lucius & Lucius, Stuttgart 2002)

Deutsche Public Relations-Gesellschaft (Hrsg.), Qualifikationsprofil Öffentlichkeitsarbeit/Public Relations. Berufsfeld – Qualifikationsprofil – Zugangswege (Bonn o. J., wird von der DPRG verschickt)

Die Ressorts

Politik, Kultur, Lokales, Wirtschaft und Sport sind gewissermaßen klassische Ressorts in den Zeitungen; in den Funkhäusern finden sich diese Bereiche der Berichterstattung und Kommentierung natürlich genauso. Ressort meint zweierlei:
1. das Sachgebiet (Wirtschaft, Innenpolitik usw.),
2. die Organisationsform: eine selbständige Einheit von Fachzuständigkeiten und Mitarbeitern, deren Leiter in der Regel auch als Verantwortlicher im Sinne des Pressegesetzes für dieses Ressort im Impressum genannt wird.

Von der Größe und von den Organisationswünschen einer Zeitung oder Rundfunkanstalt hängt es ab, welche journalistischen Sachgebiete jeweils in einem Ressort vereinigt werden, ob zum Beispiel die gesamte Politik von einem Ressort betreut wird oder man sie auf mehrere kleinere Ressorts aufteilt: für Außenpolitik, für Innenpolitik, für Landespolitik, für Sozialpolitik usw. Die

Die Arbeitsfelder des Journalisten

Nachrichtenredaktion ist, obwohl sie es mit unterschiedlichsten Fachgebieten zu tun hat, meist ein selbstständiges Ressort.

In Ressorts bearbeitete Fachgebiete: Lokales, Regionales, Land, Bund, Europa, West, Ost, Vereinte Nationen (Sie sehen, da lässt sich immer weiter spezialisieren, und große Redaktionen bemühen sich auch darum, für jedes wichtige Problem unserer Zeit und unserer Gesellschaft wenigstens einen zuständigen Journalisten zu haben); Wirtschaft, Soziales, Recht und Justiz; Kultur mit allen denkbaren Spezialgebieten wie Musik, Ballett, Schauspiel, Film, Literatur, Bildende Kunst, Architektur und Städtebau usw.; Sport; Vermischte Nachrichten à la »Buntes aus aller Welt«.

Sondergebiete herkömmlicher Art: Mode, Kinder, Jugend, Bergsteigen (in Süddeutschland ein wichtiges Thema), Auto und Motor, Reise und Urlaub, das Radio- und Fernsehprogramm; zur Unterhaltung Rätsel, Schach und sonstige Hobbybeiträge; Fortsetzungsromane, Geschichten und Witze.
Sondergebiete eher neuerer Thematik: Medien, Schule und Hochschule, Gesundheit, Wissenschaft, Technik (auch: »Computer und Internet«), Service und Ratgeber-Journalismus.

Ressortübergreifende Teamarbeit wird in vielen Redaktionen immer wichtiger: Man versucht, vom »Ghetto-Prinzip« und vom »Kästchendenken« (jedes Ressort arbeitet nur für sich selbst) wegzukommen, um vielfältige Querschnittsthemen besser behandeln zu können. *Projektredaktionen* werden entweder kurzfristig für aktuelle Themen zusammengesetzt oder dauerhaft als Recherche- oder Reportergruppen – ohne bestimmte Ressortzugehörigkeit – fest installiert. Neuere Redaktionsmodelle sehen gar die Auflösung der Ressortgrenzen – etwa zwischen Politik und Wirtschaft – vor.

Welches Ressort ist das angesehenste? fragte mich einmal eine Studentin, als wir die ganze lange Ressort-Liste durchgegangen waren. Meine Antwort: Sport kann man nicht vergleichen mit Innenpolitik und Kultur; jedes Fachgebiet sollte in den aktuellen Medien vertreten sein, weil das Publikum ein breitgestreutes Angebot erwartet.

Unter Journalisten sind nicht selten die Ressorts angesehener, die sich mit der »großen Politik« oder mit der Wirtschaft befassen, Lokalredakteure landen in der kollegeninternen Ansehensskala weiter unten. Ganz anders sieht allerdings das Interesse des Publikums aus: Nach einer Allensbacher Untersuchung beachten 85 Prozent aller Zeitungsleser im allgemeinen immer den Lokalteil, weit abgeschlagen landet an zweiter Stelle die Innenpolitik mit 68 Prozent, den Kulturteil lesen gar nur 34 Prozent, auch für die Wirtschaft interessieren sich nur 34 Prozent regelmäßig.[11b]

Weiterführende Literatur:

Udo Branahl, Justizberichterstattung. Eine Einführung (VS Verlag für Sozialwissenschaften, Wiesbaden 2005)

Stephan Detjen, Redaktionshandbuch Justiz. Gerichte, Verfahren, Anwaltschaft (List Journalistische Praxis, München 1998)

Lutz Frühbrodt, Wirtschaftsjournalismus. Ein Handbuch für Ausbildung und Praxis (Econ Journalistische Praxis, Berlin 2007)

Winfried Göpfert (Hrsg.), Wissenschaftsjournalismus. Ein Handbuch für Ausbildung und Praxis (5. Auflage, Econ Journalistische Praxis, Berlin 2006)

Dieter Golombek/Erwin Lutz (Hrsg.), Rezepte für die Redaktion. Das Beste aus 25 Jahren Lokaljournalistenpreis. (Verlag Johann Oberauer, Salzburg/Bonn 2005)

Klaus Meier, Ressort, Sparte, Team. Wahrnehmungsstrukturen und Redaktionsorganisation im Zeitungsjournalismus (UVK, Konstanz 2002)

Peter Overbeck (Hrsg.), Musikjournalismus (UVK, Konstanz 2005)

Gunter Reus, Ressort: Feuilleton. Kulturjournalismus für Massenmedien (2. Auflage, UVK, Konstanz 1999)

Holger Weimann/Norbert Leppert/Frauke Höbermann, Gerichtsreporter. Praxis der Berichterstattung (ZV Zeitungs-Verlag Service, Berlin 2005)

Vom freien Mitarbeiter zum Chefredakteur

Das ist kein Erfolgsrezept nach dem amerikanischen Motto »Vom Liftboy zum Konzernherrn«, sondern soll andeuten, dass in diesem Beitrag von den Menschen die Rede ist, die in unter-

Die Arbeitsfelder des Journalisten

schiedlichen journalistischen Funktionen zu den redaktionellen Produkten beitragen.
Man kann, wie wir gesehen haben, die Journalisten nach ganz verschiedenen Gesichtspunkten gruppieren:
- nach ihren *Medien* bzw. *Arbeitgebern* (Zeitungs-, Radio-, Fernseh-, Online- oder Agenturjournalisten; Öffentlichkeitsarbeiter),
- nach ihren hauptsächlichen *Tätigkeiten* (Berichten, Redigieren, Kommentieren usw.),
- nach ihren *Fachgebieten* (Wirtschaftsjournalisten, Sportjournalisten, Feuilletonjournalisten usw.)

Schließlich kann man, und das soll in diesem Beitrag geschehen,
- nach dem *arbeitsrechtlichen Verhältnis* und
- der *Stellung innerhalb der Redaktion*

differenzieren.

Dem fest angestellten steht der freie Mitarbeiter gegenüber, dem *hauptberuflichen* der *nebenberuflich* tätige.
Auf freie Mitarbeiter kann, wenn auch in unterschiedlichem Umfang, keine Zeitung, keine Zeitschrift, kein Radio- und kein Fernsehprogramm verzichten.
Unter den hauptberuflichen Journalisten ist nur mehr jeder Vierte (früher jeder Dritte) ein freier Mitarbeiter. Immer weniger freie Journalisten können hauptberuflich vom Journalismus leben; sie verdienen ihr Geld in der Öffentlichkeitsarbeit oder in anderen Berufen.[11c]

Ein wichtiger Lieferant ist der »Freie« zum Beispiel für *Lokal-* und *Regional*zeitungen, weil die Sitzung des Gemeinderats in A-Dorf oder das Handballspiel A-Dorf gegen B-Dorf nur selten von einem festangestellten Redakteur aus der Kreisstadt »wahrgenommen« werden kann, wie das in der Fachsprache heißt. Zwar bekommt die Redaktion viele Berichte honorarfrei von Schriftführern und sonstigen Vereinsvorständen, also journalistischen Laien, aber für den Profi bleibt trotzdem oder gerade deswegen noch viel zu tun.
Freie Mitarbeiter braucht eine Redaktion auch für *Fachbeiträge*.

Freie Mitarbeiter, die den Betrieb einer bestimmten Redaktion kennen und sich darin bewährt haben, können nicht selten später auf dem Platz eines ausscheidenden Redakteurs landen.

Honorare: Das *Zeilenhonorar* ist bei der Presse überall übliches Abrechnungssystem für die Beiträge des freien Mitarbeiters. Hat er 20 Zeilen, kriegt er 10 Euro, wenn das Zeilenhonorar 50 Cent beträgt; hat er 50 Zeilen, kriegt er eben 25 Euro. Ergänzt wird diese simple Zeilenaddition mancherorts durch bestimmte *Pauschalsätze*, beginnend mit einem Mindestsatz (von – sagen wir – 10 Euro, auch wenn die Meldung ganz kurz ist) bis zu einem Seitenhonorar für eine ganz von dem Mitarbeiter gefüllte Seite. Buchbesprechungen und Kino- oder Musikkritiken haben oft ihren Pauschalpreis, aber die Zeilenzahl hat sich als Berechnungsgrundlage (wovon das »Zeilenschinden« kommt) bis heute gehalten. Nur in seltenen und besonderen Fällen berechnet sich das Honorar nach der aufgewendeten *Arbeitszeit* in Stunden oder Tagen.
Was bei der Presse die Zeile als Berechnungseinheit, ist beim Radio die *Minute* oder (z. B. als Tagessatz für Moderatoren) die *Schicht*.

Wie viel bezahlt wird, hängt ab von der Größe und Leistungsfähigkeit des Verlages oder des Rundfunksenders, oft auch vom Ressort (z. B. Feuilleton mehr als Lokalteil) und manchmal von der Wichtigkeit oder Prominenz des Mitarbeiters. Beim Hörfunk gilt das Gleiche; hier kann der freie Mitarbeiter schon froh sein, wenn ein kleinerer Lokalsender ihm pro Schicht 150 Euro bezahlt.

Der gelegentliche freie Mitarbeiter liefert nur ab und zu einen Beitrag, wogegen der *ständige* freie Mitarbeiter ein bestimmtes Berichtsgebiet (die Orte A- und B-Dorf, die Polizeimeldungen o. ä.) mehr oder weniger ausschließlich betreut. Je enger er mit seiner regelmäßigen Arbeit an die Redaktion gebunden ist (und die Redaktion an ihn), um so eher kann es passieren, dass er ein Pauschal- oder Garantiehonorar erhält.

Die Arbeitsfelder des Journalisten

Pauschalhonorar: ein fester monatlicher Betrag, der ungefähr dem Durchschnittshonorar eines Monats entspricht. Es wird ohne Rücksicht darauf bezahlt, ob der Mitarbeiter im jeweiligen Monat mit der Summe der eigentlich anfallenden Einzelhonorare unter oder über dem Pauschalhonorar liegt. *Garantiehonorar:* Die Monatspauschale ist Mindestzahlung; bringt der Mitarbeiter mehr, als mit der Pauschale abgegolten ist, so hat er Anspruch auf das überschießende Honorar.

Der hauptberuflich tätige freie Mitarbeiter gilt als *arbeitnehmerähnlicher freier Journalist,* wenn er im Durchschnitt der letzten sechs Monate mehr als ein Drittel seiner gesamten journalistischen Berufseinkünfte bei einem Zeitungsverlag bezogen hat. Für diese Berufsgruppe wurde ein Tarifvertrag abgeschlossen, der verbindlich *Mindesthonorare* festlegt. Seit 2003 beträgt das Zeilenhonorar entsprechend der Auflage bei Erstabdrucken für Nachrichten und Berichte 52 bis 92 Cent, für Reportagen, Glossen usw. 64 bis 128 Cent.
Als *Normalzeile* gilt die Druckzeile mit 34 bis 40 Buchstaben.

Als Honorar für Freie, die nicht arbeitnehmerähnlich arbeiten, also sozusagen die *eigentlichen* Freien empfiehlt die »Mittelstandsgemeinschaft Freie Journalisten« (MFJ) folgende Sätze pro Zeile (Stand 2006):
- für Nachrichten und Berichte zwischen 62 Cent (bis 10 000 Expl. Auflage) und 142 Cent (über 200 000),
- für Reportagen, Glossen usw. nach derselben Auflagenstaffel zwischen 73 und 170 Cent.

Eine weit gespannte Übersicht über Honorare (als grobe Orientierung) geben die für freie Journalisten zuständigen Abteilungen der Gewerkschaften DJV (www.djv.de/freie) und dju (dju.verdi.de/freie_journalisten).

Die Zeitungsredaktion: Der (fest angestellte) *Redakteur* ist, falls die Redaktion für eine Gliederung groß genug ist, gewöhnlich einem Ressort (z. B. der Lokalredaktion) fest zugeteilt. In Betrieben, die viele Redakteure beschäftigen, beginnt jetzt die Hierarchie: Die Redakteure haben als Chef den *Ressortleiter*. An der Spitze der gesamten Redaktion steht der *Chefredakteur*: Er organisiert die Redaktion und vertritt diese innerhalb des Verlags, hat die Entscheidungsbefugnis über den zu veröffentlichenden Stoff, repräsentiert die Zeitung nach außen und stellt – in Absprache mit dem Verleger – neue Redakteure und Volontäre ein. Wichtigste Stütze des Chefredakteurs, vor allem bei der Bewältigung des technisch-redaktionellen Tagesbetriebs, ist der *Chef vom Dienst*. Er informiert sich bei der Anzeigenabteilung, wie viele Anzeigen mit welcher Platzierung gebracht werden müssen, und verteilt den redaktionellen Raum auf die Ressorts. In Zusammenarbeit mit der Technik (den Computerexperten, die das Redaktionssystem betreuen, und der Druckerei) sorgt er dafür, dass die einzelnen Seiten und dann die ganze Zeitung rechtzeitig fertig gestellt werden. Es gibt Chefs vom Dienst, die sind Mädchen für alles, in manchen Häusern auch für die Vergabe von Hospitanzen und Volontariaten.

Die Gehälter werden zwischen dem Verlegerverband und den Gewerkschaften ausgehandelt und im Tarifvertrag festgelegt; sie staffeln sich nach Berufsjahren und nach der Stellung in der Redaktionshierarchie. Ein Redakteur verdient nach dem derzeit geltenden Tarifvertrag für Tageszeitungen zu Beginn 2 801 Euro brutto im Monat. Die Staffelung reicht bis zu Redakteuren in besonderer Stellung ab dem 15. Berufsjahr mit mehr als 5 000 Euro. Die Gehälter der Ressortleiter und Chefredakteure werden individuell vereinbart und liegen natürlich darüber. Die aktuellen Tarifverträge für feste und freie Journalisten werden von den Berufsverbänden und den Verlegerorganisationen im Internet zum Download angeboten (z. B. unter www.djv.de).

Bei den Rundfunkanstalten entspricht dem Ressort die *Abteilung* (Kultur, Sport usw.) mit einem Abteilungsleiter an der Spitze. Die journalistischen Abteilungen sind in ein oder zwei, manchmal auch drei *Hauptabteilungen* zusammengefasst. Es gibt dann z. B. eine mehr aktuell-politisch orientierte Hauptabteilung (Nachrichten, Zeitfunk, Politik, Wirtschaft, Sozialpolitik, Sport, Regionales)

Die Arbeitsfelder des Journalisten

und eine eher bildend-kulturell orientierte (mit Kirchenfunk, Schulfunk, Jugendfunk usw.). Der Hauptabteilungsleiter des aktuellpolitischen Bereichs trägt mancherorts den Titel Chefredakteur.
Der Rundfunk ist nicht nur akustische Zeitung, sondern auch Musikbox, Theater und Konzertsaal; deshalb gibt es neben den journalistischen Hauptabteilungen noch andere (z. B. für Musik und für Unterhaltung).
Die einzelnen *Hörfunkprogramme* verselbständigen sich zunehmend, bilden eigene Redaktionen und haben jeweils eigene Programmchefs, mancherorts auch Wellenchefs genannt. Wellenchefs und Hauptabteilungsleiter unterstehen, je nachdem, ob es sich um Fernsehen oder Hörfunk handelt, dem *Hörfunk- bzw. Fernsehdirektor*.
Die Endverantwortung für das Programm (natürlich gestützt auf die innerhalb der Hierarchie nach unten delegierte Verantwortung) trägt der *Intendant*; er vertritt die Anstalt gegenüber ihren Aufsichtsorganen Rundfunkrat und Verwaltungsrat.

Bei den Privaten ist die Redaktionsstruktur im Prinzip ähnlich – abhängig von Sendergröße und Programm. Und statt des Intendanten ist ein den Eigentümern verantwortlicher Geschäftsführer oberster Chef.

Zurück zu den Machern: Presse und Rundfunk haben neben den im Haus und in den Außenredaktionen oder Landes- und Regionalstudios tätigen festangestellten Redakteuren und Reportern auch noch Korrespondenten – als festangestellte oder freie Mitarbeiter.

Korrespondent sein kann man nicht nur im Ausland. Jede große Zeitung und jede Rundfunkanstalt hat ihre Berliner Redaktion, die eigentlich Korrespondentenbüro heißen müsste, weil dort ja nichts redigiert wird, sondern die »Redaktion« alle Berichte und Kommentare an die Zentralredaktion leitet. Keine Zeitung hat Korrespondenten in allen deutschen Landeshauptstädten; mehrere Bundesländer lassen sich auch von einem Platz aus beobachten, etwa der Südwesten von Stuttgart oder Mainz aus, der

Vom freien Mitarbeiter zum Chefredakteur

Norden von Hamburg oder Hannover, der Osten von Dresden, Leipzig oder Berlin.

Nur wenige Zeitungen leisten sich exklusiv für sie arbeitende *Auslandskorrespondenten;* auch die Rundfunkanstalten bedienen sich für weite Teile der Welt der gemeinsamen Nutzung von Korrespondenten im Verbund der ARD. Der politische Korrespondent wird an wirtschaftlich wichtigen Plätzen durch einen Wirtschaftskorrespondenten, an kulturell bedeutenden durch einen Kulturberichterstatter ergänzt.

Die meisten Privatradios stützen sich für die Berichterstattung über Ereignisse außerhalb des eigenen Sendegebiets auf die Inlands- und Auslandskorrespondenten von Radiodiensten.

Bildjournalisten sind für die Presse heute noch wichtiger als vor Einführung des Fernsehens. Das Publikum ist optisch verwöhnt und anspruchsvoll geworden; es erwartet auch bei der Lektüre Zusatzinformationen und Auflockerung durch gute Bilder. Als Abnehmer hinzugekommen ist das Internet.

Die Gehaltstarifverträge für Redakteure an Zeitungen und an Zeitschriften gelten auch für den Bild-Redakteur. Dieser kann seinen Job auch dadurch ausüben, dass er »mit eigenen Bildbeiträgen zur Berichterstattung und Kommentierung in der Zeitung beiträgt«[12].

Meine »Einführung in den praktischen Journalismus« ist für Bild-Journalisten insoweit einschlägig, als auch der Fotoreporter recherchieren und texten muss, z. B. die Facts für die an Stelle eines Berichts festgelegte erweiterte Bildunterschrift bzw. die Bildunterschrift selbst. Die speziellen Tipps für die Berufspraxis des Bildjournalisten stehen im Handbuch »Bildjournalismus heute« der »gelben Reihe« Journalistische Praxis.

Weiterführende Literatur:

Goetz Buchholz, Ratgeber Freie. Kunst und Medien (6. Auflage, Verlag ver.di, Hamburg 2002)

Deutscher Fachjournalisten-Verband (Hrsg.), Fachjournalismus. Expertenwissen professionell vermitteln (UVK Verlag, Konstanz 2004)

Deutscher Journalisten-Verband (Hrsg.), DJV-Handbuch für Freie (DJV-Verlags- und Service GmbH, Bonn 2007)

Die Arbeitsfelder des Journalisten

Svenja Hofert, Erfolgreich als freier Journalist (2. Auflage, UVK, Konstanz 2006)

Rolf Sachsse, Bildjournalismus heute. Beruf, Ausbildung, Praxis (List Journalistische Praxis, München 2003)

Martin Wagner, Auslandskorrespondent/in für Presse, Radio, Fernsehen und Nachrichtenagenturen (List Journalistische Praxis, München 2001)

Weiterführende Webseiten:
www.ratgeber-freie.de
www.mediafon.net

Wie der Journalist zu seiner Story kommt

Jeder Beitrag, der irgendwo erscheint oder gesendet wird, ist in mindestens drei Etappen entstanden: Zuerst war da eine *Idee*, ein Anlass für ein Thema; dann ist der Journalist *dem Thema nachgegangen* (indem er recherchierte, die Pressekonferenz, den Kongress besuchte usw.), und erst am Schluss hat er den *Beitrag* geschrieben bzw. aus Ton- oder Bildaufzeichnungen montiert.

Quellen

Das kann auf der Treppe passieren. Eine junge Frau erzählt, dass sie in Kur war und diesmal rasch ihre Einweisung durch die Sozialversicherung bekommen hat. »Ich weiß auch, warum«, fügt sie hinzu, »wegen der Rezession will kaum noch jemand bei seinem Chef den Eindruck erwecken, er sei nicht gesund genug. Viele haben Angst, dass man ihren Posten einspart und beantragen jetzt lieber keine Kur.« Ein Journalist, der solches hört (ob im Treppenhaus, in der Kantine oder bei der Geburtstagsfeier, egal wo), wird sofort überlegen: Stimmt das, was mir Frau X da erzählt hat? Können es die Versicherungsstellen bestätigen? Hat die Rezession wirklich solche Auswirkungen? Ein Thema ist entdeckt.
Wer viel mit Leuten spricht (und wenigstens ab und zu mit Bus oder Bahn fährt), wird mehr und hautnähere Themen finden, als wer die Welt nur durch die Windschutzscheibe und aus Zeitung oder Internet kennt.
Aber auch die bereits auf dem Schreibtisch liegenden Meldungen stecken meist voller weiterführender Fragen, die neue Themen liefern (vgl. Beitrag »Aktualität«).

»Gibt's bei Ihnen was Neues?« Wer ein Fachgebiet oder Berichtsgebiet bearbeitet, kommt auch dadurch auf neue Themen, dass er seine Informanten in regelmäßigen oder unregelmäßigen Abständen aufsucht oder anruft. »Gibt's bei Ihnen was Neues?« –

auf diese Frage würde wohl keinem von uns rasch etwas Berichtenswertes einfallen. Aber so fragt ein guter Journalist ja auch nicht. Er wird vielmehr den städtischen Baudirektor zum Beispiel darauf ansprechen, ob sich hinsichtlich der Baugenehmigung für den Kaufhausbau am Altmarkt etwas getan habe. Der Baudirektor wird entweder zu dieser Frage den neuesten Sachstand mitteilen oder er wird sagen: »Nein, da gibt's nichts Neues. Der Antrag liegt immer noch beim Denkmalamt, aber (und beim Stichwort Denkmalpflege ist es ihm eingefallen) die Johanniskirche soll renoviert werden.«
Herzlichen Dank für den Hinweis!

Anregungen von außen: Bei der Redaktion laufen die *Vorschläge der Mitarbeiter* ein. Dazu kommen *Anrufe, E-Mails* und *Briefe* von Lesern, Hörern, Zuschauern, die von ihren Sorgen berichten und auf tatsächliche oder vermeintliche Missstände aufmerksam machen. Veranstalter von Kongressen, Konzerten, Vereinsabenden möchten ihre *Termine* berücksichtigt sehen, andere Interessenten laden zu *Pressekonferenzen* (oder Richtfesten oder Geschäftseröffnungen) ein oder schicken *Pressedienste* und *Newsletters*. Aktuelle Aufhänger ergeben sich auch aus Jubiläen, auf die eigene *Gedenktage-Kalender* (jährlich oder monatlich im Voraus) hinweisen. Auch *Veranstaltungsvorschau-Dienste* kann die Redaktion beziehen.
Gelegentlich bittet der Chefredakteur einen Politiker oder sonstigen *Aus-erster-Hand-Informanten* in die Redaktionskonferenz, und ein im Gespräch achtlos hingeworfener Nebensatz des Gastes ist es dann vielleicht, der das Thema liefert.
Seltsam wäre es, wenn Journalisten nicht auch andere *Medien* als Anregungen und Quellen nutzen würden. Auch bei der eigenen Meinungsbildung über Wichtig und Richtig spielt eine wesentliche Rolle, was die Redakteure lesen, hören und schauen. Dass man selbst recherchiert, bevor man sich an ein Thema der Konkurrenz einfach dranhängt, sollte selbstverständlich sein; dass man im Zweifelsfall seine Quelle nennt, dient auch der eigenen Absicherung (»Wie der Spiegel in seiner Ausgabe vom Montag berichtet ...«).

Quellen

Das Internet bietet dem, der sich in bestimmten Themengebieten auf dem Laufenden halten will, mehrere komfortable Möglichkeiten, zum Beispiel per *E-Mail-Newsletter* oder personalisiertem *E-Mail-Alert*:

Per Newsletter verschicken viele Informationsanbieter ihre Neuigkeiten. Wer zum Beispiel regelmäßig über ein bestimmtes Wissenschaftsgebiet berichtet, sollte den Newsletter des Informationsdiensts Wissenschaft unter *idw-online.de* abonnieren – dort werden zentral alle Pressemitteilungen deutschsprachiger Hochschulen und Forschungseinrichtungen nach Themengebieten sortiert verwaltet.

News-Alerts per E-Mail bietet die Suchmaschine Google an: Man abonniert unter *news.google.de* den kostenlosen Dienst für ein bestimmtes Stichwort und erhält dann immer automatisch eine E-Mail, wenn das Stichwort in einer Nachrichten-Website auftaucht. Die Suchmaschine wertet mehrere hundert deutsche und mehrere tausend internationale Nachrichtenangebote aus.

Nachrichtenagenturen: Ein großer Teil dessen, was Zeitungen drucken, Hörfunk und Fernsehen ausstrahlen, stammt nicht aus eigenen Quellen, sondern von den Nachrichtenagenturen. Solche Meldungen, Features und Korrespondentenberichte lassen sich auch als Tipps verwenden für Themen, denen man dann selber recherchierend nachgehen kann.

Welche allgemeinen Nachrichtenagenturen als *deutschsprachige Dienste* in der Bundesrepublik hauptsächlich verwendet werden, habe ich im Beitrag »Nachrichtenagenturen und Informationsdienste« dargestellt; dort erfährt man auch etwas über *Spezialagenturen* sowie *Presse- und Informationsdienste*.

Eine Agenturmeldung, und wie man sie liest. Für den äußeren Aufbau einer Agenturmeldung (Meldungsformat) gelten international einheitlich empfohlene Regeln. Alle Angaben sollen gleich gut vom Menschen wie vom Computer erkannt werden können.

Wie der Journalist zu seiner Story kommt

Stichwortzeile	Japan/Gentechnik/Maus
Überschrift	Japanische Forscher züchten furchtlose Maus
Bildhinweis	(Bild: TOK101)
Dateline mit Agenturzeichen	Tokio (AP) Japanische Gentechniker haben Mäusen durch einen Eingriff in die DNA die Angst vor Katzen genommen. Die im Labor veränderten Mäuse liefen zutraulich auf ihre natürlichen Feinde zu und spielten mit ihnen. Manipuliert wurden Zellen der Nasenschleimhaut. Damit sei nachgewiesen, dass diese Form der Angst nicht
Meldungstext	erlernt, sondern genetisch determiniert sei, sagte der Leiter des Forschungsteams an der Universität Tokio, Ko Kobayakawa. Daraus könne möglicherweise geschlossen werden, dass auch die menschliche Aversion gegen bestimmte Gerüche wie verwesendes Fleisch genetisch festgelegt sei. Das Forschungsprojekt soll nach Angaben Kobayakawas einen Beitrag für das Verständnis leisten, wie das Gehirn Informationen der Außenwelt verarbeitet.
Schlussvermerk	Ende##
	AP/149/pz Agenturzeichen, Quellenreferenz, Redakteurskürzel

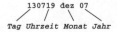

Automatische Laufnummer: Wird vom Computer bei der Aussendung zugeteilt. Beginnt um Mitternacht mit 1 und rückt mit jeder Meldung um 1 weiter.

Prioritätskennung: Von der Agentur eingesetzte Dringlichkeitsstufe, von 1 (Blitz) bis 6 (nicht dringend).

Ressortkennung: Bezeichnet das Sachgebiet der Meldung oder das Ressort (hier: vm = Vermischtes). Die weiteren Ressortkennungen: pl = Politik, ku = Kultur, sp = Sport, wi = Wirtschaft.

Meldungslänge: Wird in Zahl der Wörter angegeben.

Redaktionelle Laufnummer: Wird der Meldung bei der Bearbeitung in der Agentur hinzugefügt.

Stichwortzeile: Gibt Aufschluss über das Themengebiet.

Datum/Zeitgruppe: Ausgabezeit der Meldung mit Tag des Monats, Stunden und Minuten.

Quellenreferenz: Vor allem bei Auslandsmeldungen Bezugsnummer der englisch- oder anderssprachigen Ausgangsmeldung; intern bei Nachfragen wichtig.

Recherche

Erinnern wir uns an die Erzählung auf der Treppe, die Leute beantragten heute viel seltener eine Kur, aus Angst, sie könnten am Arbeitsplatz als entbehrlich auffallen. Wer über dieses Thema einen Beitrag schreiben will, muss recherchieren. 🖳

Erste Frage: Ist überhaupt etwas dran? Stimmt die Beobachtung der Erzählerin? Wer etwas erfahren will, muss schon etwas *wissen*. Also wird der Journalist für seine Recherche zunächst alles heranziehen, was in der Redaktion und in deren Archiv zum Thema Kur (insbesondere Patientenzahlen) erreichbar ist. Eine schnelle Vorab-Recherche per Internet liefert ebenfalls erste Hinweise (mehr zum Thema Online-Recherche im Beitrag »Die Hilfsmittel«).

Nun schon besser mit Problemkenntnis ausgerüstet, greift er zum Telefon und beginnt die Erkundigung. Erster Anruf bei der Landesversicherungsanstalt und der Krankenkasse: Ist die Zahl der Kur-Anträge zurückgegangen? Wie erklären Sie sich das? Zweiter Anruf bei der Sozialabteilung einer großen Firma: Gehen heute weniger Angestellte in Kur als vor einem Jahr? Aufgrund der in diesen beiden Gesprächen gewonnenen Informationen wird der Rechercheur entscheiden können, ob »etwas dran« ist oder nicht. Es gilt der Grundsatz: Bestätigung durch *mindestens eine zweite Quelle*.

Wenn er das Ergebnis für ein *Thema* hält, das zu behandeln sich lohnt, wird er es seinem Redakteur vorschlagen, und sagt dieser ja, gehen die Recherchen weiter. Aber jetzt hat der Reporter im Sinn, dass seine Erkundigungen in einen *Beitrag* einmünden sollen.

Zweite Frage: Was fehlt noch? Der Reporter wird jetzt sein Material hieb- und stichfest machen, indem er Fakten und Zahlen notiert, fürs Zitieren geeignete Aussagen wörtlich aufschreibt und insgesamt zum Aspekt der *Richtigkeit* den der *Lesbarkeit* beziehungsweise *Sendbarkeit* des Beitrags als Recherche-Ziel hinzunimmt. (Mehr darüber im Buchteil über die informierenden Darstellungsformen.)

Die andere Seite hören. Jedes Problem hat (mindestens) zwei Seiten, und ein kluger Lateinerspruch lautet: Audiatur et altera pars, man soll auch die andere Seite hören. Blöd werde ich sein und mir die schöne Story verderben, wenn ich da noch weiter rumhöre! Solch ein Gedanke schießt nicht nur bedenkenlosen Sensationsreportern bei Gelegenheit durch den Kopf; wohl jeder von uns war schon einmal in Versuchung und hat sich gedacht: Wenn ich heute bloß die Beschuldigung bringe, habe ich erst einmal den Knalleffekt. Morgen kann ich dann ja die Erwiderung des Betroffenen bringen, dann habe ich noch einmal einen Knüller. Es muss bei der Versuchung bleiben.

Und danach gibt es drei Möglichkeiten:
1. Der Betroffene lehnt eine Stellungnahme ab. Kann man nichts machen, ist seine Sache. Wir teilen das in unserem Beitrag mit.
2. Der Betroffene stellt die Dinge aus seiner (anderen) Sicht dar, die Beschuldigung ist jetzt zwar strittig, aber immer noch glaubhaft. Wir teilen die Stellungnahme in unserem Beitrag mit.
3. Der Betroffene räumt in seiner Stellungnahme jeden Zweifel daran aus, dass an der Beschuldigung, an dem Vorwurf, an dem Verdacht auch nur das Geringste wahr und richtig ist. Wir erwägen das und werfen den ganzen Beitrag in den Papierkorb.

In unserem Beispiel der aus Angst nicht genommenen Kuren (unterstellt, die Recherche habe die Richtigkeit dieser Beobachtung bestätigt) gibt es keine direkt Betroffenen, keine andere Seite. Natürlich kann man sagen, diese andere Seite seien die Arbeitgeber, die ihren Personalbestand daraufhin beäugten, wer sich als entbehrlich erweise. Deshalb würde ich in diesem Fall den Beitrag schon dann für rund halten, wenn neben der Versicherung und einigen Krankenkassen auch noch die eine oder andere Personalabteilung mit ihren Feststellungen vertreten ist, dazu Arbeitnehmer (solche, die in Kur gegangen sind, und solche, die es lieber haben bleiben lassen) sowie vielleicht ein Vertrauensarzt oder wer dem Reporter sonst noch als Farbe liefernder Informant einfällt.

Ob die Angst der Arbeitnehmer, sich eine Kur nicht leisten zu können, nach dem Verhalten der Arbeitgeber tatsächlich berechtigt ist, wird man vielleicht in einem gesonderten Beitrag (mit Stellungnahmen von Arbeitgebern, Betriebsräten und Gewerkschaften) darstellen. Zunächst wäre es schon ein in sich geschlossenes Thema, über den bloßen Befund zu berichten.

Um einen Themenschwerpunkt in einem Magazin zu illustrieren, ist zudem Zahlenmaterial nötig, das sich in aussagekräftige Diagramme umsetzen lässt, außerdem Fotos (von leerstehenden Kurhäusern, vom Bürgermeister eines betroffenen Kurorts) und weitere Grafiken.

Von außen nach innen recherchieren. Das Beispiel zum Thema Kur deutete bereits an, was bei schwierigen Recherchen mit direkt Betroffenen – Unternehmen, Behörden oder Privatpersonen – unumgänglich ist: Eine gute Recherche beginnt bei neutralen und weitgehend unbeteiligten Menschen sowie im Umfeld der direkt Betroffenen. Zeitungs- und Zeitschriftenarchive, andere Datenbanken, Bücher und Bibliotheken, Sachverständige und Experten, unabhängige Augenzeugen und Beobachter werden kontaktiert.

Erst wenn der Journalist über einen Themenbereich oder ein Konfliktfeld weitgehend Bescheid weiß, die Konfliktparteien thematisieren und Hypothesen über Motive, Interessenlagen und Zusammenhänge bilden kann, – erst dann bewegt sich die Recherche zum Zentrum: Interviews mit Beteiligten, Verantwortlichen und Betroffenen stehen auf dem Plan.

Nur wenn der Journalist gut vorbereitet in die Kerninterviews geht, wird er die zwangsläufig parteiischen Aussagen einordnen, Vertuschungen und Entstellungen aufdecken können. Lehnt ein Betroffener eine Stellungnahme ab oder streitet die Vorwürfe pauschal ab, dann wird man ihn mit den bislang gesammelten Fakten konfrontieren und damit den Strick immer enger ziehen. Und noch eine Grundregel: Handelt es sich um einen Zwei-Parteien-Konflikt, kann der Rechercheur zwischen den Kontrahenten pendeln und der einen Seite die Sicht der anderen Seite vorhalten. Manche Kontrahenten haben durchaus harte Fakten über ihre Gegner recherchiert. Natürlich gilt bei alledem: sich nie endgültig auf eine Seite ziehen lassen, immer *Distanz* bewahren.

Für den Umgang mit den zu Befragenden gilt das, was auch sonst für den Umgang unter Menschen gilt:
- Man stellt sich vor (Name, Zeitung oder Sender)
- und sagt, was man will.

Dieses Gebot der *Offenheit* gegenüber dem Partner sollte nur in jenen Ausnahmefällen durchbrochen werden, in denen die Schwere des aufzuklärenden Verdachts oder die besonderen Umstände des Milieus zu einem beschränkten Verzicht auf Offenheit zwingen.

Der junge Journalist am Beginn seiner Laufbahn wird mit solchen heiklen und pikanten Aufträgen nicht betraut werden, weshalb wir hier weiter vom Normalfall reden können.

Der Reporter ist kein Ersatz-Staatsanwalt, aber auch kein Bittsteller. Er wird weder arrogant (wozu Angst und Unsicherheit verleiten) noch unterwürfig auftreten, sondern höflich und sachlich seinen Auftrag erledigen, der da heißt: auf Fragen eine möglichst klare, ehrliche, umfassende Antwort zu erhalten.

Das Bemühen um eine genaue Recherche kann auf den Befragten zuweilen penetrant wirken, aber letztlich sollte es auch in seinem Interesse liegen, dass der recherchierende Journalist alles richtig verstanden hat. »Man frage. Man frage wieder, und man frage ein drittes Mal«, rät der deutsch-englische Journalist Egon Jameson[13] voll Freude an der Übertreibung und formuliert ein Beispiel: »›Sie sagten, dass Sie 24 Jahre alt waren, als Sie die Doppelleitung erfanden?‹ Und dann wieder: ›War es vor 24 Jahren oder waren Sie 24 Jahre alt? Ach, es war 1924!‹«

Die Fragetechnik: Der Rechercheur muss versuchen, eine Atmosphäre zu schaffen, in der ein Gespräch (und sei es noch so kurz und am Telefon) möglich ist. Wenn die Art der Recherche es erlaubt, sollte der Reporter zunächst eine etwas allgemeinere *Eingangsfrage* stellen, auf die der Befragte breit und zusammenhängend antworten kann. Aus dieser Antwort ergeben sich die Punkte, an denen der Reporter mit den folgenden *Detailfragen* einhaken kann.

Hat der Befragte so allgemein und gewunden geantwortet, dass sich überhaupt keine Anhaltspunkte ergeben haben, dann weiß der Reporter jetzt wenigstens mehr darüber, was für einen Partner er vor sich hat, und dass er ihn durch möglichst engmaschige Fragen einfangen muss. Das Vorgeplänkel (und die Gelegenheit für den Befragten, eine Erklärung abzugeben) hat jedenfalls die Atmosphäre entspannt und eine erste Beziehung zwischen dem Reporter und seinem Partner hergestellt.

Wichtige Recherchefragen schreibt man sich auf einen Zettel mit der gedachten Überschrift: »*Diese Fragen darf ich auf keinen Fall vergessen*«. Sonst erfährt man im Laufe eines Gesprächs zwar vielleicht allerhand zusätzlich Wissenswertes, lässt sich durch jede Antwort zu neuen Fragen anregen und stellt erst auf dem Rückweg in die Redaktion oder nach dem Auflegen des Telefonhörers fest, dass man einige zentrale Auskünfte einzuholen versäumt hat. Je schwerer der Informant zu erreichen ist, um so wichtiger ist der Fragenzettel.

Bluffen ist erlaubt: Wer so tut, als wisse er eigentlich schon eine ganze Menge (und der mit diesem Bluff konfrontierte Befragte nimmt es ihm ab), handelt nicht unehrenhaft. Man muss sich nur vorher klarmachen, dass man bei einem solchen Ritt über den Bodensee auch baden gehen kann; dann ist eine Quelle versiegt, die vielleicht einem weniger hochstaplerisch Auftretenden die eine oder andere Information geliefert hätte.

Siegel der Vertraulichkeit. Manche Gesprächspartner versehen ihre Mitteilungen mit unterschiedlich gewichtigen Siegeln der Vertraulichkeit. Ein Journalist, der diesen Wunsch nicht respektiert, muss damit rechnen, dass sein Partner ihm nächstes Mal nichts mehr erzählt. Aber der Journalist wird versuchen, diesem Dilemma (entweder künftig nichts zu erfahren oder jetzt wenig zu veröffentlichen) zu entgehen.

Er wird sich bemühen, seinen Informanten mit sachlichen Gründen davon zu überzeugen, dass alle oder einige der mitgeteilten Punkte keineswegs so geheimhaltungsbedürftig sind. Er wird je nach Sachlage das *öffentliche Interesse* herausstellen oder das *Eigeninteresse* des Informanten, dass eine Geschichte besser gleich aus seiner Sicht und mit seinen Argumenten bekannt wird als von anderswoher.

> **»Unter drei«**, so heißt nach einer alten Nummerierung der dickste Verschluss auf einer Information. Ihr Gewährsmann gibt sie überhaupt nicht zur Veröffentlichung frei, sondern nur als *Hintergrundinformation* für den Journalisten, damit er die Sache kompetent beurteilt und »richtig liegt«. (Auch hier kann das Interesse des Gewährsmannes die Information einfärben.)
>
> **»Unter zwei«:** Der Informant hat zwar gar nichts dagegen, wenn seine Information veröffentlicht wird (vielleicht wünscht er es sogar) – nur, sein *Name* soll nicht als Quelle genannt werden. Da helfen die sattsam bekannten Schutzfloskeln
> ```
> »in Parlamentskreisen ...«
> ```
> (wenn es ein Abgeordneter ist),
> ```
> »in der Stadtverwaltung fragt man sich ...«
> ```
> (wenn ein städtischer Beamter oder Angestellter den Reporter auf das Problem aufmerksam gemacht hat),
> ```
>    »aus Kreisen der örtlichen Bauwirtschaft
>    ist zu erfahren ...«
> ```
> (wenn es ein ortsansässiger Bauunternehmer gesagt hat).

Schwächstes Siegel: Es soll *nicht wörtlich* zitiert werden (weil die Formulierung dem Gesprächspartner zu entschieden, zu scharf, zu wenig geglückt erscheint), die zugrunde liegenden Fakten oder Urteile aber sind für die Veröffentlichung frei.

Was die »Kreise« betrifft, die manchmal auch als »gut informierte Kreise« in Erscheinung treten, so gilt die geometrische Regel: Je weiter die »Kreise« gezogen sind, um so leichter kann sich ein Reporter auf sie zurückziehen. Will sagen: Ein redlicher Journalist nennt, wann es immer geht, seine Quelle. Die *Schutzfloskel* »Kreise« dient dem Schutz eines Informanten, der nicht genannt sein will, nicht aber eines Reporters, der nicht recherchieren will. In Berichten soll schon auf »politische Beobachter« Bezug genommen worden sein, die nichts weiter waren als die Reporterkollegen an der Bar.

Manchmal ist es zum Verzweifeln. Die Empfehlung »Recherchieren Sie sorgfältig« wäre unvollständig ohne den Nachsatz »auch wenn es manchmal aussichtslos scheint«. Ein Polizeireporter versichert mir, es sei nicht übertrieben: Fünf und sechs Stunden habe er schon am Telefon gehangen, fünfzig Telefongespräche geführt und am Schluss immer noch nicht gewusst, ob das unter Kollegen gehandelte Gerücht nun stimmt oder nicht. Da ruft man eine Auskunftsperson an, aber sie ist nicht da. Oder sie ist da, aber ihr Telefonapparat gibt dauernd das Besetzt-Zeichen, weil bei einem wichtigen Fall ja auch die Kollegen dort anrufen. Oder die Auskunftsperson ist am Apparat, weiß aber nichts. Oder sie weiß etwas, darf aber nichts sagen. »Manchmal ist es zum Verzweifeln«, stöhnt der Polizeireporter und ist mit dieser Klage nicht allein.

Recherchen bei Behörden: Für alle öffentlichen Stellen des Bundes gilt seit 2006 ein allgemeines Informationszugangsrecht. Nach dem *Informationsfreiheitsgesetz (IFG)* kann jeder Bürger Einsicht in Akten nehmen oder Kopien dieser Unterlagen beantragen. Ausnahmeklauseln schützen personenbezogene Daten, geistiges Eigentum, Betriebs- und Geschäftsgeheimnisse. Auch Bundeswehr und weitere Sicherheitsbereiche, Regulierungsbehörden (z. B. für Post und Telekommunikation) so-

wie Informationen über »fiskalische Interessen des Bundes« sind ausgenommen. Das Gesetz sieht die Erhebung von Gebühren vor. Wird ein Antrag abgelehnt, fallen keine Gebühren an.
Das IFG gilt nur für Bundesbehörden. Die Länder sollen entsprechende Landesgesetze verabschieden; das haben aber bisher nur wenige getan.

Besondere Auskunftsrechte für Journalisten: »Die Behörden sind verpflichtet, den Vertretern der Presse und des Rundfunks die der Erfüllung ihrer öffentlichen Aufgabe dienenden Auskünfte zu erteilen.« Dieser Satz steht so in den *Pressegesetzen* der meisten Länder; das Bayerische Pressegesetz z. B. gewährt der Presse ein »*Recht auf Auskunft*«.

Auskünfte kann die Behörde nach dem in den meisten Ländern geltenden gesetzlichen Katalog (nur) verweigern, soweit

»1. durch ihre Erteilung die sachgemäße Durchführung eines schwebenden Verfahrens vereitelt, erschwert, verzögert oder gefährdet werden könnte oder
2. Vorschriften über die Geheimhaltung entgegenstehen oder
3. ein überwiegendes öffentliches oder schutzwürdiges privates Interesse verletzt würde«.

Eine Pressestelle haben Behörden nicht zuletzt deshalb, weil die damit bewirkte Kanalisation am ehesten verhindert, dass ein unmittelbar mit der Sache befasster Referent aus Objektivität, Naivität oder Ehrgeiz Dinge ausplaudert, die nicht (oder noch nicht oder so nicht) an die Öffentlichkeit gelangen sollen. Das bayerische Pressegesetz dekretiert sogar: »Das Recht auf Auskunft kann nur gegenüber dem Behördenleiter und den von ihm Beauftragten geltend gemacht werden.«

Aber verboten ist es natürlich nicht, sich zunächst direkt an den *Sachbearbeiter* zu wenden; er kennt die Materie am besten und unmittelbarsten, kann mehr Details und Anschauliches berichten als ein weiter entfernt Sitzender. Wenn man im Zuge der Recherche noch nicht weiß, wer bei einer Behörde für das zu recherchierende Problem zuständig ist, fragt man in der Telefonvermittlung. Von Behörden, mit denen der Journalist häufiger zu tun hat, besitzt er einen (bei der Behörde erhältlichen) *Organisationsplan*; der erleichtert die Orientierung und das Auffinden des richtigen Beamten. Hält sich der Sachbearbeiter mit Auskünften zurück, kann man es immer noch bei der Pressestelle versuchen – wenn man nicht sowieso wegen ergänzender Auskünfte bei ihr anruft.

Verzicht auf Recherchen in Sonderfällen: Als der Aldi-Unternehmer Albrecht von Lösegeld-Erpressern entführt wurde, meldete die »Süddeutsche Zeitung« an einem der Tage zwischen Entführung und Freilassung:

»Offen bleibt, ob der katholische Ruhr-Bischof Franz Hengsbach der Mittelsmann ist ... Da inzwischen auch der Wohnsitz des Bischofs von Reportern ständig beobachtet wird, meinte Polizeipräsident Kirchhoff resigniert, falls Hengsbach der Mittelsmann sei, sei eine ungestörte Kontaktaufnahme mit den Entführern kaum noch möglich.«

Und der Deutsche Presserat bekräftigt: »Bei Unglücksfällen und Katastrophen beachtet die Presse, dass Rettungsmaßnahmen für Opfer und Gefährdete Vorrang vor dem Informationsanspruch der Öffentlichkeit haben.«[13a]

Weiterführende Literatur:

Matthias Brendel/Frank Brendel, Richtig recherchieren. Wie Profis Informationen suchen und besorgen. Ein Handbuch für Journalisten, Rechercheure und Öffentlichkeitsarbeiter (4. überarbeitete und erweiterte Auflage, F.A.Z.-Institut, Frankfurt 2000)

Michael Haller, Recherchieren. Ein Handbuch für Journalisten (6. überarbeitete Auflage, UVK, Konstanz 2004)

Johannes Ludwig, Investigativer Journalismus. Recherchestrategien – Quellen – Informanten (UVK, Konstanz 2002)

Ele Schöfthaler, Die Recherche. Ein Handbuch für Ausbildung und Praxis (Econ Journalistische Praxis, Berlin 2006)

Weiterführende Webseiten:
www.netzwerkrecherche.de

Hilfsmittel

Ohne *Telefon und Computer mit Internet-Anschluss* geht es nicht. Journalisten brauchen beides zum Recherchieren, Schreiben, Bearbeiten und Archivieren, vor allem aber zur Kommunikation. Ersetzt oder ergänzt wird die Schreibtisch-Ausstattung durch Geräte für die mobile Kommunikation wie *Notebook* und *Mobiltelefon*.

Terminkalender gibt es in der klassischen Ausführung und digital. *Elektronische* Terminkalender im PC oder in einem mobilen Organizer (*Handheld, PDA*) liefern Tages-, Monats- und Jahresübersichten und lassen sich auch zur Erinnerung an wichtige Termine verwenden. Wer am Schreibtisch sitzt, legt sich vielleicht eine klassische *Monats-Terminmappe* an, deren Seiten von 1 bis 31 durchnummeriert sind, so dass man alles Material, das sich auf einen Termin bezieht, für den jeweiligen Tag dort hineinlegen kann. Im Internet gibt es Angebote, bei denen man einen eigenen Kalender online pflegen kann – der Vorteil: Der Kalender lässt sich für Freunde und Arbeitskollegen öffnen; Teams können gemeinsame Terminkalender anlegen (Beispiel: www.google.com/calendar).

Das Adressbuch kann sich zu einer *Adressenkartei* aller Informanten auswachsen. Die Karteikarten kann man in der elektronischen Variante bequem durchsuchen und sortieren: nach Sachgebieten, nach Orten, nach dem Alphabet oder ganz anders. Wer dem Rat des Reporters Egon Jameson folgt, der uns Jungen predigte: »Lerne täglich drei neue Leute kennen«, ist mit einem ausbaufähigen Datenbank-Programm gut beraten.

Archiv: Viele Journalisten haben neben dem elektronischen ein persönliches Archiv (*Handarchiv*). Sie können dann wirklich sicher sein, dass dieser oder jener Artikel ihres Spezialgebiets bestimmt nicht nur gespeichert, sondern auch ausgeschnitten und aufbewahrt ist.
Ein allgemeines Archiv (*Redaktionsarchiv*) ist trotzdem unerlässlich. Seit den 90er Jahren liegen die Beiträge fast überall elektronisch vor. Sie sind unter ihrem Titel, Schlagworten (Polizei,

Hilfsmittel

Berlin, Aids usw.) und oft auch per Volltextsuche erschließbar gespeichert. Gegen Gebühr können auch Leser und andere Betriebsfremde die meisten Zeitungsarchive online nutzen. Oft ergänzt ein *Bild-Archiv* das Wort-Archiv. Auch Radio und Fernsehen archivieren ihre Produktionen und Dokumentenbestände digital.

Je nach den Aufgaben des Archivs werden zusätzlich bestimmte *Zeitungen* und *Zeitschriften* gesammelt und jahrgangsweise gebunden bzw. elektronisch archiviert oder als CD-ROM gekauft (z. B. FAZ, Focus, Spiegel); vielleicht wird das *Bundesgesetzblatt* bezogen und das *Gesetzblatt des jeweiligen Landes*. Archivdienste ergänzen das Material: *biografische Dienste* (wie das Interpress- und das Munzinger-Archiv), *Stichwortdienste* (wie das »Redaktions-Archiv« mit Ausarbeitungen zu politischen, wirtschaftlichen und anderen Themen) und *Chronologien* (wie sie das »Lebendige virtuelle Museum Online« auf www.dhm.de/lemo/home.html bietet). Über Ereignisse eines bestimmten Tages im Lauf der Geschichte informiert *www.kalenderblatt.de*, ein Dienst der Deutschen Welle.

Hauseigenes Archiv und *hauseigene Bibliothek* nehmen gelegentlich die Hilfe großer *öffentlicher* oder *spezialisierter Bibliotheken und Archive* in Anspruch; der Journalist kann sich selbstverständlich auch unmittelbar dorthin wenden. Viele der genannten Archive sind online kostenfrei zu nutzen.

Gute kostenlose Archive bieten »Spiegel« (*wissen.spiegel.de*), »Focus« (*www.focus.de/archiv*), die »Welt« (*www.welt.de*) oder der »Tagesspiegel« (*www.tagesspiegel.de*). Ein Hilfsmittel bei der Suche nach tagesaktuellen Informationen aus Zeitungen und Zeitschriften sind *news.google.de* und *www.paperball.de*. Nicht nur Medien öffnen Archive und Datenbestände. Vom Virtuellen Katalog Karlsruhe (*www.ubka.uni-karlsruhe.de/kvk.html*) bis zum »World Factbook« des amerikanischen Geheimdienstes CIA (*https://www.cia.gov/library/publications/the-world-factbook*) stehen unzählige Archive und Datenbanken zur Faktenrecherche kostenlos übers Internet zur Verfügung.

Nachschlagewerke: Online bietet Wikipedia einen ersten Einstieg in viele Gebiete (*de.wikipedia.org*). Wenn Zweifel an der Richtigkeit des Eintrags bestehen, sollte man die Information in einem anerkannten Lexikon überprüfen.

Wo keine hauseigene Bibliothek vorhanden ist, sollte ein größeres Lexikon, gedruckt oder auf CD-ROM, greifbar sein, z. B. *Meyers Großes Taschenlexikon* in 26 Bänden oder online der *Brockhaus* (www.brockhaus.de).

Ein biografisches Archiv von deutschen Persönlichkeiten des öffentlichen Lebens bietet in Buchform *Wer ist wer?* Kontaktadressen recherchiert man im Internet oder im »Oeckl« (*Taschenbuch des öffentlichen Lebens*). Zahlen liefern das *Statistische Jahrbuch für die Bundesrepublik Deutschland* und die entsprechenden Veröffentlichungen der Statistischen Landesämter (*www.statistik-portal.de*). Die Regeln und Institutionen unserer Staats- und Rechtsordnung beschreibt das *Staatsbürger-Taschenbuch* von Model/Creifelds/Lichtenberger. Online hilfreich ist *www.politische-bildung.de*.

Unter den zahlreichen jahresaktuellen Nachschlagewerken empfehle ich zur Auswahl nach eigenem Geschmack: *Aktuell* (Harenberg Verlag), *Fischer Weltalmanach, Meyers Jahresreport.*

Internet und Online-Recherche: Zu allen Themen vermittelt das Internet Zugriff auf spezielle *Online-Datenbanken* sowie auf Texte aller Art. Zuverlässig findet man Informationen zu Personen, Unternehmen und Institutionen – entweder direkt von den Gesuchten selbst oder durch Berichte in anderen Medien. Kontaktdaten wie Telefonnummern und E-Mail-Adressen, aber auch die aktuellen Pressemitteilungen lassen sich auf diesem Weg bequem recherchieren.

Als journalistisches Recherche-Hilfsmittel zu komplexeren Themen ist das Internet nicht unumstritten: Unerfahrenen Internet-Rechercheuren droht ein Abenteuer mit ungewissem Ausgang. Im Web existiert keine inhaltliche Ordnung. Wie die Information zu bewerten ist, muss der Recherchierende entscheiden. Und trotz der scheinbar grenzenlosen Datenflut gibt es manche Informationen, die online einfach nicht zu finden sind.

Hilfsmittel

Bei der Auswahl helfen *Suchmaschinen* (z. B. *www.google.de* oder *www.fireball.de*) oder *thematische Verzeichnisse* (z. B. *www.dmoz.de* oder *www.meinestadt.de*) und *Meta-Suchmaschinen*, die mehrere Suchmaschinen und Kataloge durchsuchen (z. B. *www.metager.de*).

Professionelle Datenbanken wie zum Beispiel die Wirtschaftsdatenbank GBI-Genios (*www.genios.de*) oder die »Fachinformation Technik« (*www.fiz-technik.de*) kosten in der Regel Geld: Grundgebühren werden zwar keine oder nur geringe erhoben, meist auf dem Weg einer Mindestnutzung, dafür kommen Kosten pro heruntergeladenem Dokument hinzu (die billigsten für 50 Cent, die teuersten für mehr als 100 Euro).

Kostenlos dagegen ist ein Service, der via Internet ausschließlich für Journalisten organisiert wird: *Maklersysteme* wie das US-amerikanische ProfNet (*www.profnet.com*) oder der deutschsprachige Experten-Makler (*idw-online.de*) vermitteln wissenschaftliche Experten an recherchierende Journalisten. *Rechercheportale* und *Communitys* speziell für Journalisten wie *www.journalismus.com*, *www.recherchetipps.de* oder *www.journalistenlinks.de* helfen beim Auffinden einschlägiger Informationen.

Der Rechercheur sollte sich bewusst sein, dass natürlich nicht das ganze Weltwissen im Internet schlummert und nur darauf wartet entdeckt zu werden. Es sind ganz bestimmte Informationen, hinter denen Menschen mit ganz bestimmten Interessen stecken. Zu den Hauptanbietern gehören vor allem: Unternehmen, Universitäten und Forschungseinrichtungen, gemeinnützige Organisationen, Behörden, Vereine und Verbände, Privatpersonen und natürlich die Medien.

Wer hinter einem Online-Angebot steckt, kann man über die Whois-Datenbanken von *www.denic.de* bzw. *www.nic.com* herausfinden. Jede in Deutschland betriebene Site hat außerdem ein *Impressum* – das verlangt zumindest das Gesetz.

Es muss auch gewarnt werden – vor Witzbolden, Scharlatanen, Wichtigtuern und Fälschern. Eine Quelle im Internet zu manipulieren oder einen Rechercheur hinters Licht zu führen, ist technisch relativ leicht. Besonders deutlich wird das bei Bildmanipulation.

Der *Gegencheck* bei mindestens einer zweiten Quelle gehört zu den Grundtugenden eines journalistischen Rechercheurs, also auch und gerade im Internet. Nebeneinander findet man online Gerüchte, Kettenbriefe mit suspektem Inhalt und Verschwörungstheorien – und gleichzeitig Aufklärung und Hintergrundwissen (z. B. auf *www.hoax-info.de* oder *www.gwup.org*). Im Zweifel sollte man fragwürdige und zweifelhafte Informationen immer *außerhalb des Internet* prüfen – am besten von Mensch zu Mensch.

Die E-Mail ist ein nützliches Recherche-Instrument, das uns das Internet zur Verfügung stellt. Das einzige Problem dabei ist, dass man nie ganz sicher sein kann, ob der Empfänger auch regelmäßig seinen E-Mail-Postkasten leert und die Nachricht liest. Schneller als per E-Mail kann man mit einem *Messenger*-Dienst (auch: *ICQ*, gesprochen: I seek you, oder IM, Instant Messaging) feststellen, ob die betreffende Person online ist. Ich kenne Journalisten, die ihr Informanten-Netzwerk mithilfe dieses Live-Kontakts nutzen und pflegen.

Auch Netzwerk-Dienste mit interner Mail-Funktion wie Xing (*www.xing.de*) oder E-Fellows (*www.e-fellows.net*) können hilfreich sein.

Wenn es eilt, ist oft der Griff zum *Telefon* sinnvoll. Bei mittelfristigen Recherchen – eventuell auch über Länder- und Kontinentgrenzen hinweg – kann eine Kontaktaufnahme per E-Mail viel Zeit und Geld sparen. Zudem werden inzwischen auch viele *Pressemitteilungen* und *Newsletters* per E-Mail versandt: Man lässt sich einfach in den Verteiler der entsprechenden Behörde, Organisation oder des Unternehmens aufnehmen und bleibt damit immer auf dem Laufenden. Vorsicht vor dem »information overflow«! Wer zu viele Newsletter abonniert hat, wird schließlich keinen mehr lesen.

Hilfsmittel

Zwei Recherche-Beispiele verdeutlichen die Bandbreite des Recherchemittels Internet: Ein Lokaljournalist möchte eine Geschichte über eine neue Trinkwasserverordnung mit neuen Grenzwerten und über die Auswirkungen auf seine Gemeinde recherchieren. Natürlich muss er den Bürgermeister interviewen, sollte mit Landwirten sprechen und die Perspektive von Naturschützern vor Ort einbeziehen. Aber: Was liegt näher, als sich erst einmal den neuen Verordnungstext aus dem Internet zu besorgen? Oder nach statistischem Material über die Trinkwasserbelastung in verschiedenen Regionen zu fahnden? Vielleicht gibt es ja auch überregionale Stellungnahmen von Umweltschutzverbänden oder Wissenschaftlern zur neuen Verordnung.

Ein zweites Beispiel: Zu einem Feature über einen neuartigen Grippevirus, der Schulen und öffentliche Verwaltungen lahm legt, sollte der Journalist beim Arzt um die Ecke recherchieren, Patienten befragen, Apotheken besuchen. Das alles findet er nicht im Internet. Was er sich im Netz jedoch sehr schnell besorgen kann, sind Pressemitteilungen des Gesundheitsministeriums oder aktuelle Forschungsergebnisse oder die Adresse eines Wissenschaftlers, der die Gefahr einschätzen und Ratschläge zur Vorbeugung geben kann.
In so manchem *Weblog*, so mancher *Newsgroup* oder *Mailingliste* wird vielleicht auch über den neuen Virus diskutiert – eine Art »Forum für Betroffene«. Weblogs enthalten chronologische, oft meinungsgefärbte Kurzeinträge mit Links zu weiterführenden Online-Informationen. Für die Recherche bietet Google eine eigene Weblog-Suchmaschine an (*blogsearch.google.de*); mehr Möglichkeiten bietet www.technorati.com. Newsgroups sind die Pinnwände im Internet: Jeder kann Beiträge schreiben und sie an die Schwarzen Bretter der Newsgroups heften (Suchhilfe auf *groups.google.de*). 🖥

Sprachbücher: Auf dem Schreibtisch jedes Journalisten steht (oder sollte stehen) der *Duden* (Band 1 *Rechtschreibung*). Zweifelsfälle der deutschen Sprache klärt der Duden Band 9, *Richtiges und gutes Deutsch*. Für gutes Deutsch ist ein brauchbares

Hilfsmittel das *Stilwörterbuch* (Duden Band 2); es enthält mehr als 100 000 Satzbeispiele, Wendungen, Redensarten und Sprichwörter. Links zur aktuellen Rechtschreibung findet man auf *www.duden.de*.

Nützlich sind *Lexika der sinnverwandten Wörter* (Synonyme), wenn man nach dem richtigen Begriff sucht, der die Sache am besten bezeichnet. Das treffende Wort zu finden ist der Zweck solcher Bücher, nicht aber, die selbe Sache in jedem neuen Satz mit einem neuen Wort zu bezeichnen; denn die »Wh!«-Randbemerkung unserer Deutschlehrer gilt für die informierende Sprache nur sehr eingeschränkt. Also: keine Angst vor Wiederholung des zutreffenden Worts. Ich selbst benütze von Duden *Sinn- und sachverwandte Wörter* (Band 8). Nahezu jede größere Taschenbuchreihe enthält ein solches Synonyme-Lexikon. Abgesehen vom Gedruckten: In fast jeder Textverarbeitungs-Software finden Sie ein Lexikon sinnverwandter Wörter *(Thesaurus)*. Wenn man zwar vor Augen hat, welchen Gegenstand man meint, aber nicht weiß, wie er heißt, kann man im *Bildwörterbuch* nachschauen (Duden Band 3) und findet dann Zeichnungen aus allen Lebensbereichen; die Nummern führen zum richtigen Wort, z. B. ist die Wand mit der Ziffer 17 in der Zeichnung »Bäder II (Freizeitzentrum)« ein »Sichtschutzzaun«.

Zwei besonders empfehlenswerte große Wörterbücher sind der *Duden* (»Deutsches Universalwörterbuch«) und der *Wahrig* (»Deutsches Wörterbuch«).

Weiterführende Literatur:

Gabriele Hooffacker, einige Kapitel zur Online-Recherche; in: Ele Schöfthaler, Die Recherche. Ein Handbuch für Ausbildung und Praxis (Econ Journalistische Praxis, Berlin 2006)

Weiterführende Webseiten:

www.journalismus.com
www.journalistenlinks.de
www.suchfibel.de

Die journalistischen Darstellungsformen

Selbst unter Kollegen sind manche Begriffe ungeklärt. »Über die Kundgebung machen wir sechzig Zeilen Reportage«, sagt der Redakteur zu seinem Mitarbeiter und erwartet einen *Bericht*. Auch die Frage, ob man erläuternde, leicht subjektiv gefärbte Beiträge bereits als Kommentar bezeichnen darf, wird nicht nur unter Praktikern, sondern auch in Lexikon-Definitionen verschieden beantwortet.
Ich werde mich in den nächsten Kapiteln mit den journalistischen Darstellungsformen Nachricht, Bericht, Reportage, Feature, Interview und Umfrage, Korrespondentenbericht und analysierender Beitrag befassen, sodann mit Kommentar, Glosse und Rezension. Dabei besteht mein Ehrgeiz nicht darin, neue Definitionen oder Begriffe zu den bereits vorhandenen hinzuzuerfinden, sondern – nachdem ich jeweils knapp beschrieben habe, welche Darstellungsform ich meine – vor allem über das »Wie macht man's?« zu reden.

Es handelt sich dabei um die Grundformen journalistischen Mitteilens. Auf Spezialformen wie das Porträt, die Newsstory, das erläuternde Stichwort oder den Ratgeberbeitrag einzugehen (um nur ganz wenige Beispiele zu nennen), würde den Rahmen eines Einführungsbuchs sprengen. Wer die Grundformen kennt und so gut wie möglich beherrscht, braucht vor Spezialformen keine Sorge zu haben. Oft sind sie eine *Kombination mehrerer Grundformen*; das Porträt z. B. kann, je nach Anlass und Medium, Elemente des Interviews, des Berichts, der Reportage und des analysierenden Beitrags enthalten.

Der Nachricht räume ich den meisten Platz ein, weil sich an ihr am deutlichsten jene Grundsätze und Handwerksregeln herausarbeiten und üben lassen, die für den Journalismus insgesamt gelten. Bei den anderen Darstellungsformen brauche ich dann nur noch auf deren jeweilige Besonderheiten einzugehen.

Die journalistischen Darstellungsformen

Comment is free, but facts are sacred. Dieser berühmt gewordene Satz von C. P. Scott, einstmals Chefredakteur des Manchester Guardian, beschreibt die für den angelsächsischen Journalismus charakteristische *Trennung von Information und Meinungsäußerung*. Nach dem Krieg haben vor allem Tageszeitungen und Rundfunk der Bundesrepublik den Grundsatz übernommen und zu praktizieren sich bemüht, wenn auch mit unterschiedlicher Intensität. Boulevardblätter etwa vermengen zuweilen Information und Meinungsäußerung so ungeniert, dass bereits die Schlagzeile Lob oder Tadel verteilt und noch mit einem Ausrufezeichen bekräftigt.

Ob es möglich und überhaupt sinnvoll sei, eine Trennungslinie einzuhalten, dieser Zweifel wurde nie ganz ausgeräumt. Mit der Frage, inwieweit der Objektivitätsanspruch in den informierenden Darstellungsformen überhaupt zu erfüllen ist, beschäftige ich mich im Nachrichten-Kapitel im Beitrag »Objektivität«.

In diesem stark handwerklich ausgerichteten Buch folge ich der gängigen Einteilung der Darstellungsformen in zwei Gruppen:

- *informierende* Darstellungsformen
- *meinungsäußernde/kommentierende* Darstellungsformen.

Natürlich enthält der Beitrag z. B. eines Korrespondenten (im Gegensatz zum Agenturbericht) auch dessen Sicht der Dinge. Aber die Information überwiegt in einem solchen Maß, dass sich meine Bedenken in Grenzen halten, wenn ich den Korrespondentenbericht den informierenden Darstellungsformen zuordne. Umgekehrt enthält eine Theaterkritik oft fast ebensoviel Information wie Meinung und wird doch unbeanstandet den meinungsäußernden Darstellungsformen zugeordnet.

Die Nachricht

Was ist eine Nachricht? John B. Bogart, Lokalredakteur der amerikanischen Zeitung »Sun«, soll es gewesen sein, der im Jahre 1880 die inzwischen klassisch gewordene Definition gab: »When a dog bites a man, that's not news, but when a man bites a dog, that's news.« In amerikanischen Journalistenschulen spricht man von der Man-bites-dog-Formel.
Bogarts Definition läuft zwar nach der vielgelästerten Konstruktion: »Eine Nachricht ist, wenn ...«, aber sie stellt auf das Wichtigste ab, was eine Nachricht erst zur Nachricht macht: Das zu Berichtende muss sich vom Alltäglichen unterscheiden, muss in irgendeiner Hinsicht ungewöhnlich oder neu sein. »News is what's different«, lautet deshalb eine andere treffende Definition der Amerikaner, die sich über journalistische Praxis viel mehr und viel früher Gedanken gemacht haben als wir in Europa: *Nachricht ist, was sich unterscheidet.*

Die Elemente der Nachricht. Wenn die Kinder der Gemeinden A-, B- und C-Dorf seit langer Zeit nach D-Dorf mit dem Schulbus zum Unterricht fahren, dann ist das Alltag, Gewohnheit.
Auch heute wieder fuhren die Kinder von A-, B- und C-Dorf mit dem Schulbus nach D-Dorf zum Unterricht.
Niemand würde eine solche Meldung bringen. Durch irgendeine Veränderung in der Routine könnte dieser Schulbustransport plötzlich aktuell werden. Die *Aktualität* könnte z. B. durch eines der folgenden Ereignisse entstehen:
Der nicht mehr ansehnliche Schulbus erhält einen bunten Anstrich mit Blümchenmuster.
Der alte Schulbus wird durch einen größeren, bequemeren, *ersetzt*.
Der Schulbus hat einen *Unfall*; den Kindern passiert nichts, weil es bei der leeren Rückfahrt war; der Fahrer wird leicht verletzt.
Der Schulbusbetrieb wird *eingestellt*, weil der öffentliche Geldgeber sparen will.

Die Nachricht

Wen interessiert das schon? Die Frage ist berechtigt, man muss sie stellen. Denn nur eine Meldung, die auf *allgemeines Interesse* rechnen kann, hat Nachrichtenwert. Überprüfen wir darauf das Beispiel *Einstellung* des Schulbusbetriebes.
Die Schulbus-Meldung interessiert auf jeden Fall die Eltern der Schulkinder. Sie haben von der Schulbus-Einstellung vielleicht schon durch ein Rundschreiben erfahren, aber es erfüllt sie mit Genugtuung, dass die Zeitung jetzt auch »die Leute« der Umgebung auf dieses Ärgernis aufmerksam macht. Für »die Leute« ist die Nachricht ebenfalls von Interesse; der eine wird sich ärgern, ein anderer vielleicht freuen, dass nicht mehr so viel Geld fürs In-die-Schule-Fahren »hinausgeworfen« wird.
Weil sich hier ein grundsätzliches Problem an einem konkreten Vorfall aktualisiert, könnte die Nachricht vielleicht sogar von Interesse für überregionale Zeitungen sein. Kein Interesse erweckt die bloße Meldung jenseits der Grenzen; denn die Belgier, Franzosen und Österreicher müssten dazu erst noch gesagt bekommen, wie dieses Schulbus-System entstanden ist und wie es funktioniert. Außerdem haben die Leute dort ihre eigenen Probleme.

Was halten Sie von der folgenden Nachricht? Sie erschien 1914 nach dem Attentat von Sarajewo in der Vossischen Zeitung[14] Berlin, war aktuell, von allgemeinem Interesse und wie folgt formuliert:

»Sarajewo, 28. Juni (Telegramm unseres Korrespondenten)
Als der Erzherzog-Thronfolger Franz Ferdinand und seine Gattin, die Herzogin von Hohenberg, sich heute vormittag zum Empfange in das hiesige Rathaus begaben, wurde gegen das erzherzogliche Automobil eine Bombe geschleudert, die jedoch explodierte, als das Automobil des Thronfolgers die Stelle bereits passiert hatte. In dem darauffolgenden Wagen wurden der Major Graf Boos-Waldeck von der Militärkanzlei des Thronfolgers und Oberstleutnant Merizzi, der Personaladjutant des Landeshauptmanns von Bosnien, erheb-

lich verwundet. Sechs Personen aus dem Publikum wurden schwer verletzt. Die Bombe war von einem Typographen namens Cabrinowitsch geschleudert worden. Der Täter wurde sofort verhaftet.
Nach dem festlichen Empfang im Rathause setzte das Thronfolgerpaar die Rundfahrt durch die Straßen der Stadt fort. Unweit des Regierungsgebäudes schoß ein Gymnasiast der achten Klasse (Primaner) namens Princip aus Grabow aus einem Browning mehrere Schüsse gegen das Thronfolgerpaar ab. Der Erzherzog wurde im Gesicht, die Herzogin im Unterleib getroffen. Beide verschieden, kurz nachdem sie in den Regierungskonak gebracht worden waren, an den erlittenen Wunden. Auch der zweite Attentäter wurde verhaftet. Die erbitterte Menge hat die beiden Attentäter nahezu gelyncht.«

Erst im neunten Satz erfährt der Leser das Wichtigste: Der Thronfolger der österreichisch-ungarischen Doppelmonarchie lebt nicht mehr. Nach unserem heutigen Verständnis ist die Nachricht falsch aufgebaut; denn wir wollen bei jeder Nachricht zunächst den Kern, das Wichtigste erfahren.
Der *Aufbau* ist also ebenfalls ein Element, auf das wir achten müssen, wenn wir es mit dem Schreiben oder Bearbeiten von Nachrichten zu tun haben.

Fassen wir zusammen, was wir bisher an Elementen für eine Definition der Nachricht gefunden haben: Die Nachricht beschäftigt sich mit aktuellen Sachverhalten von allgemeinem Interesse in einem bestimmten formalen Aufbau.
Was mir an dieser vorläufigen Definition nicht gefällt, ist der Ausdruck »beschäftigt sich«. Die Nachricht beschäftigt sich nicht (das tun der Kommentar und die Analyse), die Nachricht *teilt mit*, was tatsächlich, wirklich »objektiv« geschehen ist.

Wer etwas mitteilt, gibt es so weiter, dass der Empfänger der Mitteilung daran teilhaben kann. Auch im Wort Kommunikation

Die Nachricht

steckt in der lateinischen Wurzel communis = gemeinsam etwas von dieser Beteiligung. An einem mir zugedachten gedanklichen Inhalt habe ich dann teil, wenn ich ihn *verstanden* habe.

»Es gibt keine Objektivität der Presse, wenn der Leser nicht versteht, was er liest[15].« Dieser Satz bestätigt nur, dass eine Nachricht, sei ihr Inhalt noch so bedeutsam, ihr Stil noch so brillant, erst dann ihren Zweck erfüllt, wenn die Mitteilung gelingt; wenn der Leser, Hörer, Zuschauer ohne Schwierigkeiten den Wörtern und Sätzen jenen Sinn entnehmen kann, den ihnen der Redakteur geben wollte. Mitteilung (Verständlichkeit) ist das vierte Element unserer Nachrichtendefinition.

Was schließlich die Objektivität betrifft, so wird uns die Klärung, welche Art und welches Maß von Objektivität erreichbar sind, die meisten Schwierigkeiten bereiten.

Nun haben wir alle Elemente beisammen, die eine Nachricht ausmachen:
- Aktualität
- Allgemeines Interesse
- Aufbau
- Mitteilung (Verständlichkeit)
- Objektivität

> **Definition der Nachricht:** Eine Nachricht ist also die um Objektivität bemühte Mitteilung eines allgemein interessierenden, aktuellen Sachverhalts in einem bestimmten formalen Aufbau.[16]

Meldung: Niemand sagt: »Ich habe eine gute Meldung für Dich. Wir haben noch Karten gekriegt.« Nein: Er hat eine gute Nachricht. Meldung ist der formalisiertere Begriff.

Die Nachrichtenagenturen und Nachrichtenredaktionen sprechen gern von Meldungen, machen aber letztlich keinen Unterschied zwischen Nachricht und Meldung. Sogar das Lehrbuch »Agenturjournalismus« trägt als Untertitel: »Nachrichtenschreiben im Sekundentakt«.

Jede Meldung ist auch eine Nachricht. Ich verwende Nachricht als den allgemeineren Begriff.

Das Wort Nachricht wird mit zweierlei Bedeutung verwendet.
- *Inhaltlich*: als die Mitteilung, die Information schlechthin.
- *Formal*: als eine ganz bestimmte journalistische Darstellungsform, eben die Nachricht.

Sie ist in der Regel nicht länger als 15 bis 20 Zeilen oder etwas über eine Sendeminute. Was länger ist, heißt *Bericht*.

Für das Nachrichtenkapitel hat die Bis-zu-zwanzig-Zeilen-Nachricht als Modell gedient, aber wenigstens drei Viertel des zur Nachricht Gesagten gelten auch für die weiteren informierenden Darstellungsformen (die ich im nächsten Kapitel vorstelle).

Weiterführende Literatur:

Wolf Schneider/Detlef Esslinger, Die Überschrift. Sachzwänge, Fallstricke, Versuchungen, Rezepte (4. Auflage, Econ Journalistische Praxis, Berlin 2007)

Dietz Schwiesau/Josef Ohler, Die Nachricht in Presse, Radio, Fernsehen, Nachrichtenagentur und Internet (List Journalistische Praxis, Herbst 2003)

Siegfried Weischenberg, Nachrichten-Journalismus. Anleitungen und Qualitäts-Standards für die Medienpraxis (3., vollständig überarbeitete Auflage, Verlag für Sozialwissenschaften, Wiesbaden 2001)

Aktualität

Herr A und Herr B treffen sich auf der Straße. Ihre erste Frage lautet: »Wie geht's?«, ihre zweite:

»**Was gibt's Neues?**« Nun ja, was gibt es Neues? Die Frau von Herrn A, die schon so lange unter Schmerzen im Knie leidet, hat jetzt einen Heilpraktiker gefunden – der hat geholfen. Herr B weiß auch Erfreuliches: Der Sohn hat die Aufnahmeprüfung bestanden, obwohl 30 Prozent der Mitbewerber durchgefallen sind. Die beiden reden noch lange, aber wir können schon wieder zur Theorie zurückkehren:

Die Entdeckung des Heilpraktikers und die bestandene Aufnahmeprüfung sind *Aktualitäten*; denn als sich die Männer das

Die Nachricht

letzte Mal trafen, kannte Frau A den Heilpraktiker noch nicht, und Sohn B hatte die Prüfung noch vor sich. Jetzt ist in beiden Fällen etwas anders geworden – *news is what's different*. Die beiden Bekannten treffen sich nicht jeden Tag, das Erzählte liegt also schon ein bisschen zurück; macht nichts.

Die Zeiträume, in denen etwas noch aktuell ist, sind umso kürzer, je öfter die Gelegenheit besteht, auf die Frage »Was gibt's Neues?« zu antworten. Eine täglich erscheinende Zeitung wird eine Meldung, die am Dienstag wegen Platzmangels nicht mehr »mitgenommen« werden konnte, in aller Regel am Mittwoch nicht mehr in der ursprünglichen Fassung bringen können; denn jetzt ist sie nicht mehr aktuell.
Für den Hörfunk, der stündlich Nachrichtensendungen ausstrahlt, schrumpft der Zeitraum der Aktualität noch enger zusammen. Dasselbe Prinzip (mit den entsprechenden Konsequenzen) gilt natürlich für Fernseh- und Online-Nahrichten.

Aktualisieren lässt sich die Meldung u. a.
- durch den *Fortgang* des Geschehens selbst (z. B. Übergreifen eines Aufstands auf weitere Städte),
- inzwischen bekannt gewordene *Einzelheiten* des Geschehens (z. B. Zahl der Toten oder Ursache eines Unglücks),
- *Stellungnahmen* zum Geschehen (z. B. Antwort der Opposition auf einen Vorschlag der Regierung).

Zeitliche Unmittelbarkeit: Grundsätzlich kann man also davon ausgehen, dass ein Ereignis unmittelbar nach dem Zeitpunkt als Nachricht gebracht wird, zu dem es geschehen ist: Die Rede des Oppositionsführers im Bundestag, die er um 16.45 Uhr beendete, ist Stoff für die 17.00 Uhr-Nachrichten des Hörfunks und die Frühabend-Sendungen des Fernsehens sowie für die Morgenzeitungen des nächsten Tages.
Im Mai 1972 lief folgende Meldung über die Fernschreiber:

```
Washington (AFP/ddp) - Der chinesische Par-
teichef Mao Tse-tung soll noch im Jahre 1946
entschlossen gewesen sein, in China die freie
```

Aktualität

> Marktwirtschaft und eine Demokratie nach amerikanischem Vorbild einzuführen. Das hat am 31. Januar 1946 der jetzige chinesische Ministerpräsident Tschou En-lai dem Vorsitzenden der amerikanischen Schlichtungskommission, General George Marshall, berichtet, der zwischen Kommunisten und Nationalisten in China vermitteln sollte ...

Reichlich lange her, finden Sie nicht auch? Aber schon damals, 1972, kam diese Nachricht genau 26 Jahre und vier Monate zu spät, war also gar keine Nachricht mehr. Oder doch? Der Text geht weiter:

> Die Aufzeichnungen über dieses Gespräch sind am Mittwoch in Washington vom amerikanischen Außenministerium veröffentlicht worden.

Und da liegt die Aktualität. Damals erst – durch die Veröffentlichung des Außenministeriums – wusste man etwas, was man vorher gar nicht wissen konnte; denn General Marshall hatte 1946 der Öffentlichkeit über Maos Liebäugeln mit der Marktwirtschaft nichts mitgeteilt.

Dass sich die Aktualität nicht an den Zeitpunkt des *Geschehens*, sondern an den Zeitpunkt des *Offenkundigwerdens* knüpft, kommt übrigens gar nicht so selten vor.

Solche und ähnlich strukturierte Nachrichten lesen und hören wir doch oft:

Ein raffinierter Subventionsbetrüger schädigte viele Jahre die Staatskassen. Zwei Jahre, nachdem er sich im Tessin zur Ruhe gesetzt hat, kommt ihm die Steuerfahndung auf die Schliche.

Hier setzt die Aktualität ein, nicht nur in Bezug auf den Fortgang des Ermittlungsverfahrens, sondern auch und gerade für die jetzt erst bekannt gewordenen Betrügereien von einst.

Selbstgeschaffene Aktualität: In 99 von 100 aller Fälle warten die Nachrichtenmittler (Agenturen, Presse, Funk, Fernsehen, Internet), bis etwas geschieht, etwas aktuell wird. Journalisten können aber auch selbst Aktualität schaffen. Wenn im Falle des

Die Nachricht

Subventionsschwindlers nicht die Steuerfahndung, sondern ein hartnäckiger Reporter die Beweise zusammengetragen und veröffentlicht hätte, dann wäre das eine selbstgeschaffene, völlig legitime Aktualität.

Neben dieser durch eigene *Recherchen* geschaffenen Aktualität gibt es die *geplante* Aktualität:

```
Wer hat in O-Stadt den längsten Bart? - Frei-
flug ins X-Tal für Preisausschreibengewinner -
Kaum Wadenkrampf beim Cz-Frühjahrsmarsch
```

und so weiter und so weiter. Solche geplanten, Aktualität schaffenden Aktionen eines publizistischen Organs brauchen nicht immer nach Public Relations und Vertriebswerbung zu schmecken. Zumindest fällt es sehr schwer, den PR-Anteil einer weihnachtlichen Hilfsaktion (»Adventskalender«) oder einer langfristig arbeitenden Aktion zur Verkehrserziehung (»Kavalier der Straße«) zu bestimmen.

Eine Reporterin, die sich ein Kissen unters Kleid bindet und als hochschwangere Frau in der übervollen Straßenbahn darauf wartet, dass ihr jemand einen Sitzplatz anbietet, schafft Aktualität, wenn sie das Ergebnis ihrer Aktion in die Mitteilung zusammenfasst:

```
Nur einer von 30 machte mir Platz.
```

Dass es so schwach um die Hilfsbereitschaft der Trambahnfahrgäste in P-Stadt bestellt ist, weiß man konkret erst seit dem Test der Reporterin; darin liegt die Aktualität.

Erweiterte Aktualität: Man kann auch Aktualitäten verlängern und sogar verstärken. Die Schulbus-Affäre (aus dem Eingangskapitel) zum Beispiel ist ja mit der Nachricht von der Einstellung der Busfahrten nicht zu Ende, sondern beginnt (für einen aktiven und interessierten Journalisten) erst richtig:

- Was sagt das Landratsamt, die Schulbehörde, was sagen die drei Bürgermeister und der örtliche Landtagsabgeordnete dazu? Was die Eltern, die Lehrer, die Kinder, der Busunternehmer und der Fahrer?
- Welche Ersatzlösungen für den Transport zum Schulort werden angeboten, welche kommen in Frage?

Aktualität

- Wie ist überhaupt die Rechtslage bei der Schulbusfinanzierung?
- ist das die einzige Sparmaßnahme der Gemeinde; welche weiteren (und in welcher Größe) sind vorgesehen?

Nachrichten über Nachrichten, die einen Vorfall davor bewahren, nur deshalb rasch vergessen zu werden, weil die erste Aktualität (die Einstellung des Schulbusverkehrs) verbraucht ist. Nach einem halben oder ganzen Jahr wird der Journalist in einem Rückblick die an der Schulbus-Entscheidung Beteiligten fragen, wie sie die Sache heute sehen.

Aktualität = Gegenwärtige Aufgeschlossenheit: Aktualität ist nicht nur die einzelne Veränderung, sondern auch, was in der Öffentlichkeit als Thema *gerade wichtig erscheint*, wofür gerade *Aufgeschlossenheit* beim Publikum besteht. Das Wort »aktuell« leitet sich her vom lateinischen actualis = wirksam.

`Hausbesitzer lässt sechs Wohnungen verkommen.`
Wenn das gerade bekannt geworden ist, ist es aktuell (denn vorher kannte man diesen Fall noch nicht).
Zur Zeit ist die Nachricht auch noch in dem weiteren Sinn aktuell, dass sie auf eine *Bewusstseinslage* trifft, die das »Entmieten« von Wohnungen, also das Hinausekeln von Mietern durch grobe Schikanen, als Provokation empfindet.
Es spielt eine große Rolle, für welche Themen die Öffentlichkeit gerade sensibilisiert ist.

Fassen wir zusammen: *Aktualität im engeren Sinn* meint den Unterschied vom Heute zum Gestern, meint die Veränderung, die innerhalb des Berichtszeitraumes (wenige Stunden bei Radionachrichten, 24 Stunden bei Tageszeitungen, sieben Tage bei Wochenzeitungen) eingetreten ist.
Aktualität im weiteren Sinn meint die Aufnahmebereitschaft des Publikums oder einer Teilöffentlichkeit für bestimmte Themen und Probleme, die sie (länger als die kurzen Berichtszeiträume dauernd) als wichtig und sie betreffend empfindet. (Einzelheiten hierzu im folgenden Beitrag »Allgemeines Interesse«). Eine

Die Nachricht

Nachricht ist also im doppelten Sinn aktuell, wenn sie neu ist und einen Nerv trifft.

In bestimmten Fällen kann das Interesse der Öffentlichkeit an einem Sachverhalt so groß sein, dass selbst die Meldung, es habe sich an dem Sachverhalt nichts geändert, als aktuell empfunden wird.

```
Zehn Tage nach der Entführung von Nico S. hat
die Polizei noch keine Spur. Ein Sprecher
teilte in Dresden mit, die Polizei wisse nicht,
ob der dreijährige Junge am Leben sei. Es gebe
noch keinen Kontakt zu den Entführern ...
```

Allgemeines Interesse

Genug Leute interessieren sich nicht für Fußball, selbst bei Weltmeisterschaften nicht. Trotzdem bringen alle Medien Fußball, und nicht zu wenig. Verstoßen sie damit gegen unsere Erkenntnis, dass nur solche Mitteilungen den Namen Nachricht verdienen, die von *allgemeinem* Interesse sind? Natürlich nicht.

Allgemeines Interesse ist kein Universalinteresse, ist nicht *jedermanns Interesse*. Ein Lokalereignis, das in Dortmund auf allgemeines, vielleicht sogar jedermanns Interesse stößt, lässt die Leser und Hörer in München oder Bremen völlig kalt. Eine Erfindung, die für Sportangler von allgemeinem Interesse ist, bedeutet dem Hobbytaucher überhaupt nichts.

Der von mir verwendete Allgemeinheitsbegriff bezieht sich also jeweils nur auf jenes Publikum, das mit dem einzelnen Beitrag, der einzelnen Sendung, der einzelnen Zeitungsseite, der einzelnen Zeitschrift angesprochen werden soll. Der Inhalt einer Tages- oder Wochenzeitung, das Programm eines Hörfunk- oder Fernsehsenders beruht also auf der *Addition partikularer Allgemeininteressen* (vom Lokalteil bis zum Bergsteiger-Ressort), und der Lokalteil mit seinen verschiedenartigen Themen ist wieder eine Addition solch partikularer Allgemeininteressen für die Leser in den einzelnen Stadtteilen, aus unterschiedlichen sozialen Schichten, aus verschiedenen Altersgruppen usw.

Allgemeines Interesse

Was erzeugt Interesse? Es gibt für die journalistische Praxis einen Katalog von Faktoren, die Interesse erzeugen. Je mehr davon in einer Nachricht vorkommen, um so besser. Ich habe eine Story gemixt, in der ich Ihnen diese sogenannten *Nachrichtenfaktoren* (bis auf einen, den Faktor Nutzen) vorstellen kann:

```
Der Industrielle Robert Müller (Prominenz)
aus unserer Stadt (Nähe)
übergibt auf dem Sterbebett (Gefühl)
seiner Geliebten (Sex)
die Konstruktionspläne (Fortschritt)
einer Wunderwaffe (Folgenschwere, Wichtig-
keit), die er trotz wiederholter verlocken-
der Angebote und Erpressungsversuche (Kon-
flikt, Kampf)
und trotz eines Einbruchs in seinen Safe
(Dramatik)
bis heute sorgsam verwahrt hat (Gefühl);
jetzt aber taugen sie, weil überholt, nur
noch zum Bau von Kinderspielzeug (Kurio-
sität, ungewöhnlicher Ablauf).
```

Prominenz, Nähe, Gefühl, Sex, Fortschritt, Folgenschwere, Konflikt, Kampf, Dramatik, Kuriosität – da haben wir wahllos, aber ziemlich vollständig auf einem Haufen jene Elemente, die dazu anreizen, eine Information zur Kenntnis zu nehmen. Es ist eine Bestandsaufnahme menschlicher Neugierden und Interessen.
Dass für den Nachrichtenverbraucher eine Meldung dann besonders interessant ist, wenn deren Kenntnis für ihn einen praktischen *Nutzen* hat, wird erst in jüngster Zeit gebührend berücksichtigt. Allerdings greift die jetzt vielfach anzutreffende Beschränkung der Nachrichtenfaktoren auf »Nähe – Nutzen – Neuigkeit« dann doch zu kurz.

Die Faktoren zu kennen heißt nicht, sie unterschieds- und bedenkenlos anzuwenden, etwa nach dem Motto: Ob Folgenschwere und Fortschritt oder Prominenz und Gefühl, ist mir egal, Hauptsache, die Meldung enthält zwei Nachrichtenfaktoren.

Die Nachricht

Auch wer die Aufgabe des Journalisten nicht vornehmlich in der Verbreitung von Klatsch, sondern in *Orientierung und Information* sieht, muss sich ständig fragen, ob das, was er für wichtig und berichtenswert hält, auch von seinem Publikum als wichtig und berichtenswert anerkannt wird. Ob er also die Bedeutung eines Ereignisses oder aktuellen Sachverhalts so herausgearbeitet hat, dass das Interesse der Rezipienten (Leser, Hörer, Zuschauer, Internet-Nutzer) geweckt ist. *Abstrakte Wichtigkeit macht noch keine Nachricht.*
Was der Katalog über die Kriterien sagt, die der Rezipient bei der Auswahl der von ihm zur Kenntnis zu nehmenden Nachrichten anlegt, gilt letzlich auch für den *Redakteur*. Auch er wird aus dem täglichen Nachrichtenangebot, erlaubt er sich nur genug Spontaneität, jene Nachrichten auswählen, die seinen Interessen zwischen Nähe und Folgenschwere, Dramatik und Prominenz entsprechen.

Die Kenntnis des Kriterien-Katalogs sollte dem Redakteur Unbewusstes bewusst machen und ihn so in die Lage versetzen, bewusst seinem Geschmack zu folgen oder ihn zu korrigieren. Natürlich gilt das genau so für den *Reporter* bei der Auswahl seiner Beobachtungen und Recherchen und später beim Schreiben der Nachricht.

Ergänzt werden die Auswahlkriterien des Journalisten durch das *Profil* der Zeitung, des Radioprogramms, des Fernsehsenders oder des Internetangebotes. Profil (die Fernseh- und Radioleute sprechen von *Format*) bedeutet: Mit klar definierten Inhalten und einer besonderen Gestaltung soll ein bestimmtes Publikum erreicht werden: In der Medienfachsprache nennt man dieses Publikum *Zielgruppe*.
Dietz Schwiesau[17] zieht daraus den Schluss: »Wer Nachrichten auswählt, muss sich also auch die Frage stellen: Welches Publikum will ich erreichen? Er muss wissen: Was ist wichtig für meine Leser, Hörer oder Zuschauer? Was interessiert sie besonders? Wer jeden Tag das ›Handelsblatt‹ kauft, interessiert sich eher für Wirtschaft und Politik als der Leser der Zeitschrift ›Bunte‹. Wer lie-

Allgemeines Interesse

ber MDR 1 Radio Sachsen-Anhalt hört als den Deutschlandfunk, möchte mehr über das erfahren, was in seiner Region passiert.« Einige Anmerkungen und Beispiele zu den genannten Nachrichtenfaktoren:

Folgenschwere, Wichtigkeit: Professor Friedrich Schäfer, ehemaliger Vorsitzender des Bundestags-Innenausschusses, sagte auf einer Tagung in Trier sinngemäß Folgendes:
»Weil über das Immissionsschutzgesetz Einmütigkeit im Parlament herrschte und es auch ohne Konflikt durch den Bundesrat ging, wurde über dieses für den Umweltschutz so wichtige Gesetz ungenügend berichtet.« Wenn Professor Schäfer mit seiner Klage Recht hat, dann haben die Nachrichtenmedien zu wenig berücksichtigt, dass der Katalog der Interesse-Kriterien neben Kampf und Konflikt auch Wichtigkeit und Folgenschwere nennt, also *Bedeutsamkeit* und *Betroffenheit*.

Nutzen: Je direkter und praktischer die Auswirkung auf den Bürger ist, je unmittelbarer seine Betroffenheit, je größer der Vorteil oder Schaden, eine um so stärkere Chance hat das Ereignis, als Nachricht zu kommen:

```
Heizölpreise gesunken
Christbäume werden knapp
Neues System für Kfz-Steuer
Wochenend-Notarzt-Netz komplett
```

Wenn ein Ereignis (z. B. der Erlass eines Gesetzes) sich nicht unmittelbar auswirkt, sondern nur *mittelbare* und *langfristige* Folgen für den Einzelnen hat, ist der Journalist gefordert, diese Folgen herauszuarbeiten und anschaulich zu machen.

Nähe:

```
Peru: 500 Tote bei Erdbeben
Hamburg: Gasrohr explodiert - zwei Tote
```

Beides sind erfundene Meldungen. Bei der zweiten, über das explodierte Gasrohr, setzen Sie bitte (falls Sie nicht Hamburger sind) den Namen Ihres Wohnortes ein. Und jetzt entscheiden Sie, welche der beiden Meldungen Sie zuerst lesen würden.

Die Nachricht

Wenn die Explosion in Ihrem Stadtviertel oder gar in Ihrer Straße gewesen wäre, dann würden Sie sicher – getrieben von Ihrer journalistischen Neugier – sogar selbst nachsehen. Je näher einem der Ort des Ereignisses oder aktuellen Sachverhalts liegt, um so höher der Grad des Interesses. Die Nachricht über zwei Tote bei der Explosion erregt auch deshalb mehr Anteilnahme, weil hier über das *Individual*schicksal zweier Personen berichtet wird, in der Nachricht aus Peru dagegen über eine mehr oder minder *anonyme* Massenkatastrophe.
Auch wenn die Nähe für den Leser (oder Hörer oder Zuschauer) so dicht ist, dass er das Ereignis *selbst* wahrnehmen konnte, erwartet er doch von den Nachrichtenmedien, dass auch sie es registrieren; das gehört zu ihrer *Chronistenpflicht*. Außerdem erhält das, was der Rezipient selbst erlebt hat, durch die Berichterstattung der Medien eine zusätzliche Bedeutung:

```
Der erste Schnee in diesem Jahr
Im Stadtpark blühen die Krokusse
An der Kreuzung XY wird seit gestern ein
Kreisel gebaut.
```

Aber nicht nur geographisch-örtliche Nähe ist gemeint, sondern z. B. auch *soziale* Nähe:

```
Las Palmas – Vor den Kanarischen Inseln ist ein
Segelschiff mit drei Frauen gesunken. Die Yacht
war während eines Unwetters in Seenot geraten
```

Wer, wie ich, selbst segelt, wird dieser Meldung mehr Interesse entgegenbringen als ein anderer, der diesen Sport nicht betreibt. Es gibt neben der geographischen und sozialen auch eine Nähe, die abhängt von *Geschichte, Kultur, außenpolitischen oder Wirtschafts-Beziehungen* oder anderen Zusammenhängen. Ein klassisches, wenn auch brutales, Beispiel scheint mir die Terrorherrschaft des durch einen Putsch an die Macht gekommenen ugandischen Staatschefs Idi Amin und die Berichterstattung darüber zu sein. Amin war in den 70er Jahren einer der berüchtigtsten Diktatoren Afrikas. Dazu gehörte auch die menschenverachtende Art, wie er mit den, damals in Uganda einflussreichen, Indern umsprang.

Allgemeines Interesse

```
Uganda weist Asiaten aus
```
Eine solche Nachricht über die Konsequenzen von Amins gewaltsamer Afrikanisierungspolitik dürfte in Großbritannien wesentlich mehr Anteilnahme erweckt haben als bei uns; denn Uganda war 68 Jahre lang englische Kolonie und gehört noch heute, wie auch Indien, zum britischen Commonwealth.

Geographische Entfernungen werden verkürzt, wenn Ereignisse hinzutreten, die einen *hohen allgemeinen Interessantheitsgrad* haben: Als die Fußballweltmeisterschaft in Mexiko ausgetragen wurde, bewirkte die Teilnahme der Mannschaft aus der Bundesrepublik Deutschland, dass sich die Öffentlichkeit auch für die allgemeinen Lebensumstände und die politische Lage in diesem mittel-amerikanischen Staat zu interessieren begann.

Fortschritt: »Erfolge im Labor, am Fernrohr, in der Industrie, am Konferenztisch« nennt Carl Warren[18] als Fortschrittsthemen; gesellschaftlichen Fortschritt lässt er aus. Was als Fortschritt zu betrachten ist, kann total strittig sein: Praktisch jede Meldung über Gentechnik (beginnend beim Maisfeld) oder Stammzellen-Forschung kann erbitterte Kontroversen auslösen. Und schon die beiden folgenden Meldungen dürfte nicht jeder Nachrichtenkonsument als Fortschritt ansehen:

```
Erstmals Kulturprogramm zur Fußball-WM
Untersuchung bestätigt: PC-Nutzer erzielen
bessere Schulnoten
```
Als wir im BR einmal meldeten, in Baden-Württemberg habe letztes Jahr die Zahl der Museumsbesucher um soundso viel Prozent zugenommen, kommentierte das der stellvertretende Chef entsetzt: »Das soll ein Fortschritt sein!? Dann wird's ja noch enger, wenn ich Bilder anschauen will.«

Wir sehen am Beispiel des Stichworts Fortschritt, dass die meisten dieser Nachrichtenfaktoren ausfüllungsbedürftig sind.

Konflikt, Kampf:
- zwischen zwei Kandidaten
- zwischen Bürger und Behörde

Die Nachricht

- zwischen Bürgerinitiative und Stadtverwaltung
- zwischen den Vertretern verschiedener Lösungsvorschläge, Lehrmeinungen usw.
- zwischen Verteidiger und Staatsanwalt
- zwischen dem FC Bayern und Borussia Dortmund.

Dramatik: Innere und äußere Spannung, die aus einem Geschehensablauf herrührt.

Minister gibt zu: Der BND hat deutsche Politiker bespitzelt
Hallendach stürzt ein - 66 Menschen sterben
Deutscher Forscher von Raubfischen zerrissen-
Familie saß in der Küche - plötzlich donnerte ein Panzer durch die Wand
Angestellte jagten die Bankräuber - 30 Minuten später festgenommen

Prominenz:

Steuerzahler Schulze mit Frau Klara und Kindern Dorothee und Heiner gingen ins neu eröffnete Wellenbad.
Oberbürgermeister Mayer schwamm einige Runden im neu eröffneten Wellenbad.

Der Unterschied ist klar.

Liebe und Sex:

Weiße Forscherin war dem Häuptling zu leidenschaftlich
Rheinland-Pfälzer sind aktivste Liebhaber
Jede zweite Frau liebäugelt mit Seitensprung

Kuriosität, ungewöhnlicher Ablauf:

Holzbein rettet Ertrinkenden
Bettler findet Perlenkollier
Baby verschluckt Goldstück
Toter erscheint beim eigenen Begräbnis[19]
Rettungsschwimmerin ertrank in Badewanne

Gerade dieses letzte Beispiel macht deutlich, dass Kuriosität nicht Komik und Lächerlichkeit bedeutet; sie kann auch sehr ernste Vorfälle bezeichnen, wenn sie eine *außergewöhnliche Wendung* nehmen. Das gilt auch für den folgenden Vorfall, über den eine Münchner Boulevardzeitung als Aufmacher auf Seite 1 mit der Schlagzeile berichtete:

```
Millionär von seinem Hund erschossen
```

Ein paar Kollegen und ich mussten, als wir das lasen, an die Mann-beißt-Hund-Formel denken. Was war geschehen?

```
Das Unglück ereignete sich, als der Hobby-Jäger
sich neben seinem Mercedes gerade die schmutzi-
gen Gummistiefel ausziehen wollte. Er hatte die
geladene Drillingsflinte ungesichert auf den
Rücksitz seines Wagens gelegt, und als sein
junger Jagdhund in das Auto springen wollte,
verfing sich die Leine am Abzug der Flinte. Ein
sich lösender Schrotschuss traf den Millionär
aus kürzester Entfernung direkt ins Herz.
```

Gefühl: Da können wir gleich die Unfall-Meldung weiter lesen:

```
Wimmernd wachte der Hund mehr als zwölf Stun-
den neben der Leiche seines Herrn, bis der Tote
von seiner Frau Ilse und einem Jagdaufseher ge-
funden wurde.
```

Andere Beispiele:

```
Gorilla-Baby im Zoo geboren
Von seiner Ehe blieb nur ein Foto
16jährige starb aus Liebeskummer
```

Ein junger Mann, so geht die Sage, bekam einmal den Auftrag, über die Einweihung einer Kirche durch den Bischof zu berichten und die Meldung bis gegen zwei Uhr telefonisch der Redaktion durchzugeben. Als um vier immer noch keine Nachricht vorlag, rief die Redaktion bei dem Volontär an. Auf die Frage, wo denn der Beitrag bleibe, antwortete der: »Es gibt leider nichts zu berichten, denn noch bevor der Bischof an den Altar ging, ist er tot umgefallen.«

Aufbau

Erinnern Sie sich noch von weiter vorn, wie die »Vossische Zeitung« ihren Bericht über den Tod des österreichischen Thronfolgers begann:

> Als der Erzherzog-Thronfolger Franz Ferdinand und seine Gattin, die Herzogin von Hohenberg, sich heute vormittag zum Empfange in das hiesige Rathaus begaben, wurde gegen das erzherzogliche Automobil eine Bombe geschleudert, die jedoch explodierte, als das Automobil des Thronfolgers die Stelle bereits passiert hatte.

Sieben Zeilen Nachricht, ohne dass der Leser bisher das Wichtigste erfahren hat.

Den gleichen Vorfall meldete die New York Times[20] vierspaltig auf Seite 1, und sie begann ihren Text so:

> Archduke Francis Ferdinand, heir to the throne of Austria-Hungary, and his wife, the Duchess of Hohenberg, were shot and killed by a Bosnian student here today. The fatal shooting was the second attempt upon the lives of the couple during the day, and is believed to have been the result of a political conspiracy.

Gleiche Zeilenzahl, aber wir wissen nun sogar schon mehr als bloß den Kern des Ereignisses.

Das Wichtigste gehört an den Anfang. Das ist im europäischen Journalismus anerkannt und in dieser Grundsätzlichkeit auch nicht strittig. Karl W. Mekiska, ehemaliger Nachrichtenchef der Süddeutschen Zeitung, hat mir geschrieben, wie er die Meldung begonnen hätte:

> Der österreichische Thronfolger, Erzherzog Franz Ferdinand, und seine Frau, die Herzogin von Hohenberg, fielen am Sonntag in Sarajewo einem Revolveranschlag serbischer[20a] Nationalisten zum Opfer. Ein Gymnasiast aus Grabow,

Princip, hatte unweit des Regierungsgebäudes die tödlichen Schüsse aus einem Browning auf das vorüberfahrende Thronfolgerpaar abgegeben.

Legen wir nun das Geschichtsbuch beiseite und schlagen wir eine Lokalzeitung von heute auf.

A-Stadt. – Die Bürger des Luftkurortes und seine Besucher sollen sich in A-Stadt besser zurechtfinden. Der Stadtrat beschloss deshalb vor zwei Jahren, dass im Stadtkern einheitliche Hinweisschilder zum Postamt, zum Busbahnhof, zum Bahnhof, zu den Polizeistationen und anderen öffentlichen Stellen angebracht werden. Privatbetriebe sagten zu, sich an dieser Aktion zu beteiligen.
Die Aufstellung der Schilder wurde bisher durch verschiedene Straßenbaumaßnahmen verzögert, doch in den ersten Julitagen wird die Aktion beginnen. An fast allen Straßenabzweigungen werden dann die Fremden erfahren, wo sich das von ihnen gesuchte Amt oder die gesuchte sonstige öffentliche Einrichtung befindet. Auch die Wegweiser zum Schwimmbad ...

Und jetzt teilt der Artikel sehr genau mit, wo die Wegweiser aufgestellt werden, wie lang und wie breit und aus welchem Material sie sind, dass die zu öffentlichen Stellen weisenden Schilder grüne Schrift auf weißem Grund tragen, die zu den Privatbetrieben weiße Schrift auf grünem Grund.
Eine wichtige, sorgfältig recherchierte und anschaulich formulierte Nachricht – bloß falsch aufgebaut ist sie. Denn ihr ganzer erster Abschnitt bringt nur Vorgeschichte, und noch die ersten zwei Zeilen des zweiten Absatzes lassen die aktuelle Katze nicht aus dem Sack: Wird die vor zwei Jahren vom Stadtrat beschlossene Aktion jetzt endgültig begraben, macht man neue Pläne oder geht man gar daran, die ursprünglichen Pläne jetzt in die Tat umzusetzen?

Die Nachricht

Das Wichtigste ist hier also die Antwort auf die Frage: Was geschieht mit dem alten Beschluss? Antwort: Anfang Juli beginnt A-Stadt damit, ihn zu verwirklichen. Damit haben wir den Anfang unserer Nachricht:
> Anfang Juli wird A-Stadt damit beginnen, an fast allen Straßenabzweigungen im Stadtkern einheitliche Wegweiser zu Ämtern und öffentlichen Einrichtungen anzubringen.

Das Wichtigste gehört an die Spitze. Einen so konstruierten Nachrichtenanfang nennen die Amerikaner Lead. Wir Europäer haben diesen Namen mit dem Rezept übernommen. Überprüfen Sie selbst: Alle Nachrichten, die unsere Agenturen liefern, fassen das Wichtigste im Anfang zusammen.

Der Lead gibt Antwort auf die Frage, die das Publikum vermutlich als erste zu dem jeweiligen Thema stellen würde. Bei der Hinweisschilder-Nachricht haben wir gesehen, dass die Leute als Erstes nach dem Fortgang fragen, nicht nach dem Stadtratsbeschluss von vor zwei Jahren.
Stellen wir zusammen, welche Mitteilungen auf jeden Fall nicht den Kern für den Lead bilden:

1. **Vorgeschichte taugt nicht als Lead** (hatten wir gerade)

2. **Allgemeines taugt nicht als Lead:**
> D-Brunn. – Vor kurzem trat der Gemeinderat im Sitzungssaal des Gemeindehauses zusammen. Zunächst befasste er sich ...

Das ist keine Nachricht. Seit Menschengedenken tritt – auch in D-Brunn – der Gemeinderat im Sitzungssaal zusammen. Eine Nachricht könnte abgeben, was er beschlossen und diskutiert hat.
Auch das folgende schlimme Beispiel stammt aus der Praxis:
> Der Fremdenverkehrsverein E-Burg-F-Dorf hielt kürzlich in der Pension »Dreischlösserkreis« in F-Dorf seine zehnte Mitgliederversammlung ab.

3. Chronologisches taugt nicht als Lead:

In einer Sitzung der Vorstandschaft der Z-Jugend im Jugendheim wurden zunächst vereinsinterne Angelegenheiten besprochen. Dann ging man daran ...

Der Lead-Stil ist das Gegenteil von Chronologie. Mag die Sitzung noch so viele Tagesordnungspunkte gehabt und noch so lange gedauert haben, der Lead bringt das Wichtigste und nimmt keine Rücksicht darauf, ob es in Punkt 2 oder Punkt 17 der Tagesordnung oder vielleicht in der Zusammenfassung beider Punkte steckt.

4. Protokollarisches taugt nicht als Lead:

Im Wolfingerkeller fand eine Innungsversammlung des Schreinerhandwerks statt, zu der Obermeister Theo Trotter auch Oberstudienrat Johann Flößl von der Kreisberufsschule M-Felden und Betriebsberater Heinrich Fogertshuber im Kreise zahlreicher Mitglieder begrüßte. Trotter gedachte der verstorbenen Kollegen Benedikt Schuster, N-Dorf, und Ludwig Holz, O-Burg. Die Innung hatte ihnen das letzte Geleit gegeben und einen Kranz niedergelegt. Zum Zeichen ehrenden Gedenkens erhoben sich die Mitglieder von den Plätzen.

Ganz egal, was die Schreiner, die manch anderswo Tischler heißen, auf ihrer Versammlung beredet und beschlossen haben, die Begrüßung der Ehrengäste und das Totengedenken sind schon deswegen kein brauchbarer Anfang, weil die meisten Vereins- und Verbandsversammlungen mit diesen beiden Punkten anfangen. News is what's different; verschieden nicht nur gegenüber gestern, sondern auch gegenüber dem Üblichen, Gewöhnlichen.

Die Nachricht muss also das Besondere herausarbeiten, hier das Besondere dieser Innungsversammlung des Schreinerhandwerks in diesem Landkreis.

Damit sind wir vom Negativen (nicht: Vorgeschichte, Allgemeines, Chronologisches, Protokollarisches) zum Positiven gelangt:

Die Nachricht

Das Besondere herausarbeiten und aus dem Wichtigsten den Lead bauen.

Wie lang ist ein Lead? Ein Lead ist so lang, wie er sein muss, um eine sinnvolle Information zu ergeben. Anders betrachtet: Auch wenn man nur den Lead drucken oder senden würde, müsste das eine (knappste) Nachricht sein. Also, wie lang ist ein Lead? Ein bis drei Sätze, länger nicht.

```
Der österreichische Thronfolger, Erzherzog
Franz Ferdinand, und seine Frau, die Herzogin
von Hohenberg, fielen am Sonntag in Sarajewo
dem Revolveranschlag eines serbischen Natio-
nalisten zum Opfer.
```

Das Wichtigste ist gesagt. Natürlich, die meisten Leser werden mehr wissen wollen, aber die zentrale Aussage ist vollständig; alles Folgende sind Ergänzungen.

```
Anfang Juli wird A-Stadt damit beginnen, an
fast allen Straßenabzweigungen im Stadtkern
einheitliche Wegweiser zu Ämtern und öffent-
lichen Einrichtungen anzubringen.
```

Auch wenn nur dieser eine Lead-Satz abgedruckt würde (zum Beispiel im Lokalblatt eines Nachbarlandkreises), hätten wir damit eine vollständige Kurz-(Kürzest-)Nachricht.
Das Wichtigste gehört in den Lead. Geht diese Regel so weiter, dass innerhalb des Lead das wichtigste oder das attraktivste Wort an den Anfang des Lead-Satzes gehört?

Wie man den Lead-Satz beginnt. Diese Frage muss uns noch beschäftigen; denn zum Beispiel unsere Wegweiser-Nachricht hätten wir nicht so anzufangen brauchen:

```
Anfang Juli wird A-Stadt damit beginnen ...
```
Wir hätten ja auch formulieren können:
```
Einheitliche Wegweiser zu allen öffentlichen
Ämtern und Einrichtungen will A-Stadt ab An-
fang Juli ...
```
Oder:
```
A-Stadt wird Anfang Juli damit beginnen ...
```

Welcher Anfang gefällt Ihnen am besten? Haben Sie auch überlegt, *wo* die von Ihnen bevorzugte Einleitung erscheinen soll? Der Anfang
```
A-Stadt wird Anfang Juli ...
```
wäre in der A-Städter Zeitung unsinnig; denn das meiste, was dieses Blatt in seinem Lokalteil meldet, handelt von A-Stadt (dem Anfang fehlte also das Besondere). Die Lokalzeitung des Nachbarkreises könnte aber eine Umschau-Spalte (»Aus der Nachbarschaft«) haben, in der jede Nachricht mit dem fett oder gesperrt gedruckten Ortsnamen beginnt. Da hätte der A-Stadt-Anfang seinen Sinn. Der zeitliche Anfang
```
Anfang Juli wird A-Stadt
```
ist nur für die A-Städter interessant; er orientiert sie (wenn die Meldung Ende Juni erscheint) darüber, dass der Beginn der Schilderaktion unmittelbar bevorsteht.
```
Einheitliche Wegweiser ...
```
dieser Anfang ist für die A-Städter Zeitung genauso brauchbar (weil er ein in A-Stadt schon diskutiertes Stichwort aufnimmt) wie für Zeitungen der Umgebung; denn der Anfang bringt eine gute Idee für Fremdenverkehrsgemeinden und regt zum Vergleich an: A-Stadt macht es so, wie macht es unsere Gemeinde?

Jeder der drei ausprobierten Lead-Anfänge gibt Antwort auf eine andere Frage:
Wer?   `A-Stadt wird`
Wann? `Anfang Juli wird`
Was?   `Einheitliche Wegweiser`
Sicher haben Sie schon einmal von den sechs Ws gehört. Manche sprechen von sieben Ws, ich werde das auch tun.
Wir haben den Untersuchungsgegenstand Nachricht jetzt so ins Detail zerlegt, dass wir seine Bestandteile nach den einzelnen Ws sortieren können.

Die sieben Ws sind Abkürzungen für wichtige Fragen, die eine Nachricht beantworten muss:
- Wer?
- Was?

Die Nachricht

- Wo?
- Wann?
- Wie?
- Warum?
- Woher?

Schauen wir uns die Wegweiser-Nachricht daraufhin an. Das ist ihr Lead:

Wann? Anfang Juli
Wer? wird A-Stadt
Was? damit beginnen, ... einheitliche Wegweiser zu Ämtern und öffentlichen Einrichtungen anzubringen
Wo? an fast allen Straßenabzweigungen im Stadtkern
Wie? Wie wird A-Stadt die Aktion beginnen? Wie wird es die Schilder anbringen? Diese Frage stellt in dem Zusammenhang niemand, zumindest nicht so vorrangig; also ist das Wie bei diesem Lead nicht gefragt.
Warum? Die Antwort könnte im folgenden Satz kommen, der nicht mehr zum Lead gehört: Es verwirklicht damit einen vor zwei Jahren gefassten Stadtratsbeschluss.
Woher? (Welche Quelle?) Wir können nur annehmen, dass der Reporter unserer Kreiszeitung, der wir die Nachricht entnahmen, die Neuigkeit bei der Stadtverwaltung oder beim Fremdenverkehrsverein erfahren hat. Im Lead brauchen wir das noch nicht zu wissen, aber später hätten wir doch gern mitgeteilt bekommen, auf welche Quelle(n) sich die Nachricht stützt; denn *Informanten sind Interessenten.* Um eine Nachricht einigermaßen beurteilen zukönnen, muss man in der Regel wissen, aus welcher Quelle sie stammt.

Bereits an diesem Beispiel haben wir gesehen, dass es von der *Eigenart* der einzelnen Nachricht abhängt, *auf welche Ws* sie im Lead eine Antwort gibt.

Die wichtigsten Ws sind meistens das Wer und das Was. Dabei verkörpert das »Wer« in der Regel eine bekannte Person oder Sache, und das »Was« enthält eine Neuigkeit, die sich auf diese Person oder Sache bezieht.

Die Antworten auf die anderen W-Fragen bringen notwendige Ergänzungen, manchmal dienen sie aber auch nur dazu, die Nachricht zu veranschaulichen und zu vervollständigen. Josef Ohler[21] hat mir dafür folgendes Beispiel geliefert:

Wer und Was? Die Krankenhausärzte wollen streiken.

Wann und wo? Die Krankenhausärzte wollen *Mitte Dezember im ganzen Bundesgebiet* streiken.

Warum? Die Krankenhausärzte wollen Mitte Dezember im ganzen Bundesgebiet streiken, *weil ihr Bereitschaftsdienst nicht bezahlt wird*.

Welche Quelle? Die Krankenhausärzte wollen *nach Angaben des »Marburger Bundes«* Mitte Dezember im ganzen Bundesgebiet streiken, weil ihr Bereitschaftsdienst nicht bezahlt wird.

Wie? Die Krankenhausärzte wollen nach Angaben des »Marburger Bundes« Mitte Dezember im ganzen Bundesgebiet *uneingeschränkt* streiken, weil ihr Bereitschaftsdienst nicht bezahlt wird.

Den Lead-Satz nicht überladen. In der letzten Stufe wäre der obige Leadsatz über die Krankenhausärzte überladen.
Als um die Jahrhundertwende in Amerika die fünf Ws (Who, What, Where, When, Why?) etwas wie journalistisches Gesetz wurden (auch ein H kam dazu, How), ging man noch davon aus, dass der Lead auf *alle* diese Fragen eine Antwort geben müsse. Das führte zu vollgestopften Sätzen, deren Informationswert darunter litt, dass der Leser so viel auf einmal gar nicht aufnehmen kann oder will.

Die Nachricht

Was halten Sie von folgendem Leadsatz, der nicht einmal alle Ws berücksichtigt und doch schon überladen ist?

> Der Ziegelstein, der in der Nacht zum 19. August auf der Frankfurter Autobahn die Windschutzscheibe eines Münchner Autos traf und zwei deutsche Soldaten schwer verletzte, wurde wahrscheinlich von einem Amerikaner geworfen. (dpa)

Nur diejenigen Ws muss der Lead beantworten, die das Wichtigste dieser Nachricht ausmachen. Wenn das in *einem* Satz nicht zu schaffen ist, werden es eben zwei oder drei.

Nicht nur das Wer und das Was – auch jedes andere W kann die bedeutsamste Aussage des Satzes enthalten. Es folgen sieben Leadsätze, in denen jeweils ein anderes W die Hauptrolle spielt. Der *Informationskern*, also das je nach Meldungsinhalt wichtigste W, steht fast nie am Anfang, sondern (nach dem *Thema-Rhema-Prinzip*[22]) im hinteren Teil des Satzes – egal, ob es sich im grammatischen Sinne um ein Akkusativobjekt oder um eine andere Art von Satzergänzung handelt:

Wer? Unter den Opfern der Tsunami-Flutwelle in Südostasien ist auch *ein Prinz aus dem thailändischen Königshaus*.

Was? Bauarbeiter haben vor dem Brandenburger Tor in Berlin *eine 500-Kilo-Bombe gefunden*.

Wann? Der neue Koalitionsvertrag wird *morgen um die Mittagszeit* unterzeichnet.

Wo? Das Kontrollzentrum für das europäische Satellitensystem Galileo wird *in Oberpfaffenhofen bei München* errichtet.

Warum? Der französische Staatspräsident befindet sich nicht wegen einer schweren Erkältung, *sondern wegen eines leichten Schlaganfalls* in einem Pariser Militärkrankenhaus.

Wie? Der Einzelhandel will das flaue Sommergeschäft *mit Rabatten von über 50 Prozent* ankurbeln.

Welche Quelle? Die Freilassung der deutschen Geisel ist vor wenigen Minuten *vom Bundesaußenminister* bestätigt worden.

Die sieben Ws sind nur die nötigsten, wichtigsten. Ein gewiefter Reporter, so stellt Rudolf Flesch[23] fest, sucht noch »Dutzende kleinere Ws – welche Anschrift, welches Stockwerk, welches Alter, welcher Beruf, welcher Betrag in Mark und Pfennig, welche Größe, welches Gewicht, welcher Brustumfang, welcher Preis, welches Jahreseinkommen, welche Verletzungen, welche Tageszeit, welcher Geburtsort, was zum Essen, was zum Trinken, welche Zigarettenmarke, welcher Spitzname, welche Hobbys, welche Besonderheiten usw.«

Mr. Flesch weiß, wovon er redet; denn er hat für die amerikanische Nachrichtenagentur Associated Press deren Lead-Stil untersucht und ausgekämmt. Er hat sich mit Erfolg dafür eingesetzt, dass nicht mehr bei jedem Verkehrsunfall Name, Alter und Straße der Opfer in den Lead müssen. (Das wäre bei uns ohnehin ein schwerer Verstoß gegen die journalistische Berufsethik, s. Presserat, Richtlinie 8,1.)

Sein Angebot an kleineren Ws meint also gerade nicht, dass man den Lead mit Details vollstopfen soll; Flesch will nur die Augen und Ohren öffnen für die Fülle der Möglichkeiten, zu recherchieren, zu notieren und zu berichten.

Bestimmte Ws können im einen Fall eine notwendige Information bezeichnen, in einem anderen überflüssige Details und sogar ungerechtfertigte Diskriminierung. Welche Partei? Welche Hautfarbe? Wie man mit unpassenden Details Unfug treiben kann, steht bei »Falsche Koppelungen« im Kapitel »Objektivität«.

Die Ws sollen nur eine Stütze sein, kein Korsett. Wer mehr von ihnen erwartet, sie gar mit philologischer Genauigkeit oder logischem Anspruch bei jedem Satz abhakt, wird wenig Freude und keinen Gewinn haben. Dabei könnten die Ws zweierlei Nutzen bringen, den ich mit folgenden Überschriften charakterisieren will:

Erstens als Checkliste für Vollständigkeit: Wer die sieben Ws als anpassungsfähige Kontrolliste im Kopf hat, wird nicht so leicht eine wichtige Angabe vergessen. Das Wer und das Was, auch das Wann und Wo würde der Reporter auch ohne solche Hilfe bringen, aber Wie? Warum? und Welche Quelle? Vielleicht gibt gerade die Antwort auf eine (oder mehrere) dieser Fragen der Nachricht ihren Wert.

Zweitens als Konstruktionshilfe beim Lead-Aufbau: Was nehme ich in den Lead? Und womit beginne ich den Lead? Die Ws bieten sich da als Kürzel für die zur Auswahl stehenden Fakten an und erleichtern den Überblick.

Ein Extra-W: Welches Zitat?

```
Berlin – »Sicherlich wird die Frau ein Stück
männlicher, der Mann ein Stück weiblicher
werden. Sie können beide gegengeschlechtli-
che Züge in ihre Persönlichkeit integrieren,
ohne die ihnen eigenen Wesenszüge abwehren
und überspielen zu müssen.« Dies erklärte die
Tübinger Ärztin und Psychoanalytikerin Mag-
dalena Hartlich in Berlin vor den Teilnehme-
rinnen einer internationalen Frauenkon-
ferenz.
```

Ein Lead mit drei Sätzen, aber kürzer geht es nicht, wenn die Nachricht verständlich bleiben soll. Die ersten zwei Sätze sind ja nur Zitat, ohne dass man bisher weiß, wer es wo gesprochen hat. Zitate sind ein so häufiger und geeigneter Nachrichtenanfang, dass wir dem W *Welches Zitat?* in unserem Katalog der Ws den achten Platz einräumen sollten, noch vor Anschrift, Brustweite und Zigarettenmarke.

Aufbau

Mit einem gut gebauten Lead erschöpft sich die Bauarbeit des Nachrichtenjournalisten nicht. Ws, die im Lead nicht beantwortet werden mussten, stehen jetzt zur Beantwortung an. Welches ist das nächstwichtige W? Dem muss sich der Reporter jetzt zuwenden und danach dem W, das noch ein bisschen weniger wichtig ist als das vorherige, aber wichtiger als alle folgenden.

Nach abnehmender Wichtigkeit wird die Nachricht gegliedert; das gilt bis zum letzten Absatz, ja bis zur letzten Zeile.
Nehmen wir als Beispiel die Nachricht über die Wegweiseraktion in A-Stadt. Von ihr hatten wir bisher nur den ersten Satz konstruiert:

```
Anfang Juli wird A-Stadt damit beginnen, an
fast allen Straßenabzweigungen im Stadtkern
einheitliche Wegweiser zu Ämtern und öffent-
lichen Einrichtungen anzubringen.
```

Bitte blättern Sie zurück zu dem Volltext der Nachricht (abgedruckt im Abschnitt »Das Wichtigste gehört an den Anfang«); denn wir müssen ja entscheiden, was wir als nächstwichtigstes W berücksichtigen.
Zur Wahl haben wir das *Warum?* (Stadtratsbeschluss von vor zwei Jahren) und ein *erweitertes Was?* (die Ziele der Wegweiser). Wenn wir davon ausgehen, dass die Nachricht vor allem für die Leute von A-Stadt bestimmt ist, werden wir uns für das Was? entscheiden:

```
Auf dem Schilderprogramm stehen Postamt, Bus-
bahnhof, Bahnhof und Polizeistationen, ferner
Schwimmbad, Minigolfanlage, Ferienpark Buch-
berg und die Direktion für Tourismus im Rathaus.
```

Aber jetzt kommen wir nicht mehr am Warum vorbei: Warum hat denn wer dieses Schilderprogramm beschlossen?
Dabei können wir gleich die Hindernisse erwähnen, die daran schuld sind, dass zwei Jahre zwischen Beschluss und Ausführung liegen.

```
Die Beschilderung hatte der Stadtrat vor zwei
Jahren beschlossen, damit sich Bürger und Be-
```

sucher des Luftkurorts in A-Stadt besser zurechtfinden; bisher hatte sie sich immer wieder durch Straßenbauarbeiten verzögert.

Und jetzt Details:
Noch liegen nicht alle Anbringungsorte fest, jedoch sind die 75 cm langen und 15 cm hohen Tafeln aus emailliertem Blech bereits bestellt. Sie werden auf weißem Grund grüne Schrift und einen grünen Rand tragen. Nur die Schilder der Post geben auf deren Wunsch die Auskunft »Zum Postamt« in schwarzer Schrift auf postgelbem Grund.

Soviel zur eigentlichen Aktion, die ja das Auffinden öffentlicher Gebäude und Einrichtungen erleichtern soll. Dass einige Privatfirmen sich dieser Aktion mit Eigen-Hinweisen anschließen, kann man zum Schluss bringen (für alle Fälle, wenn noch Platz sein sollte).

Auch etwa fünf Privatbetriebe werden Wegweiser aufstellen, die sich durch weiße Buchstaben auf grünem Grund von den grünweißen öffentlichen Hinweisschildern unterscheiden sollen.

Die Vorteile guten Nachrichtenaufbaus: Setzen Sie in unserer neu gegliederten Wegweiser-Nachricht irgendwo nach dem Lead einen Schlusspunkt und streichen Sie in Gedanken die restlichen Sätze weg. Von wo ab immer Sie auch streichen, Sie können es in dem beruhigenden Gefühl tun, nichts zu tilgen, was wichtiger sein könnte als das oben Stehengebliebene.

Ein solcher Nachrichtenaufbau hat für Produzenten (Redakteure) wie Konsumenten (Nachrichtenleser und -hörer) Vorteile: Man sieht (bzw. hört) gleich in den ersten Zeilen (bzw. Sekunden), *was in der Nachricht steckt* und braucht sich nicht durch einen Text hindurchzuarbeiten auf der Suche nach dem Nachrichten-Kern.

Das erleichtert dem Redakteur das Sichten und Auswählen von

Nachrichten, dem Leser die Entscheidung, ob er weiterlesen, und dem Hörer, ob er dranbleiben soll.

Die nach dem Prinzip abnehmender Wichtigkeit gegliederte Nachricht lässt sich leicht redigieren und (das ist auch im digitalen Zeitalter nützlich geblieben) noch im letzten Moment (vor der Sendung, beim Umbruch) leicht *kürzen*. Man nimmt einfach einen Satz, einen Absatz oder auch mehrere Absätze (von unten nach oben) weg, ohne dass die Hauptaussage der Nachricht dadurch entstellt wird.

Die folgende Nachricht ist scheinbar falsch aufgebaut:

Zürich (dpa) – Ein gewaltiger Schrecken fuhr einem Sporttaucher im Zürichsee in die Glieder: In vier Meter Tiefe sichtete er in Höhe des sogenannten Zürich-Horns ein Krokodil. Der Taucher verständigte die Seepolizei, die sich zunächst bei der Zoo-Direktion erkundigte, ob ein durch Zufall in den See gelangtes Krokodil dort auch tatsächlich weiterleben könne. Das wurde bestätigt. Mit sehr gemischten Gefühlen machten sich daraufhin zwei Froschmänner der Seepolizei ans Werk, das Krokodil einzufangen. Nach 30 Minuten Suche gelang es, das Tier auszumachen, das von beachtlicher Größe war und im Grundschlamm lag. Mit Stock und Messer bewaffnet, schwammen sie das Tier vorsichtig an, um dann festzustellen, dass es sich um ein Spielzeugkrokodil aus Plastik handelte. Wahrscheinlich ist es während der Badesaison einem Kind entwischt und wegen eines Lochs in der Plastikhaut im See versunken.

Hat da ein Anfänger die Nachricht redigieren dürfen? Wir wissen es nicht, aber wenn, war es ein sehr begabter Anfänger. Denn mit dieser netten Belanglosigkeit amüsiert er uns und hält uns fast bis zum Schluss im Ungewissen. Dieses Die-Pointe-für-den-Schluss-Aufheben, dieses Die-Katze-nicht-aus-dem-

Die Nachricht

Sack-Lassen haben wir ein paar Seiten vorher noch kritisiert, aber da sprachen wir von Nachrichten mit Bedeutung, die ernst genommen werden wollen und gerade weil sie auch ernst genommen werden, sofort mit dem Wichtigsten herausrücken müssen.

Hard News – Soft News: Die Amerikaner nennen die ernst zu nehmenden, wirklich wichtigen Nachrichten harte Nachrichten (Hard News); jene sanften Unwichtigkeiten, die mehr der Unterhaltung dienen, nennen sie Soft News. Die beiden Ausdrücke sind längst auch in der deutschen Fachsprache heimisch. *Human Interest* – menschliches Interesse – (im Gegensatz zum öffentlichen Interesse) ist ein weiteres Stichwort, das für Soft News einschlägig ist.

Eine »weiche« Nachricht – trotz ihres Ernstes – ist deshalb beispielsweise die folgende, aus der eine Boulevard-Zeitung ihre Schlagzeile für die Seite 1 bildete

```
Trotz lebenslanger Haft: Ein Doppelmörder
klagt auf Sozialhilfe
```

Auch die folgende Meldung hat eine ernste Dimension, aber der Human Interest überwiegt:

```
Der britische Popstar Elton John hat mit sei-
nem langjährigen Partner David Furnish den
Bund fürs Leben geschlossen. Das Paar heira-
tete am ersten Tag, an dem Partnerschaften von
Schwulen und Lesben auch in England zivil-
rechtlich anerkannt werden. Nach einer kurzen
Zeremonie im Standesamt von Windsor wurden
John und Furnish von hunderten jubelnden Fans
begrüßt. Viele hatten sich schon früh am Mor-
gen an den Straßenrand gestellt, um einen Blick
auf das Paar werfen zu können.
```

Wirklich rundherum »soft« ist unser letztes Beispiel:

```
Franz Beckenbauer wird noch einmal Vater.
Seine Lebensgefährtin Heidrun Burmester sei im
vierten Monat schwanger, sagte Beckenbauer. Im
November sei es soweit. »Wir freuen uns sehr.
```

Es ist ein Wunschkind.« Noch vor einer Woche
hatte Beckenbauer Gerüchte über die Schwan-
gerschaft seiner Lebensgefährtin dementiert.

Gibt es Unterschiede im Aufbau? *Hard News:* Es gilt ausschließlich der Aufbau mit dem Wichtigsten am Anfang und der weiteren Gliederung nach dem Prinzip abnehmender Wichtigkeit. *Soft News:* Der Aufbau ist angemessen, der die Story am besten wiedergibt.

Stellen Sie sich vor, unser Reporter hätte die Aufregung um das Krokodil nicht der Reihe nach (chronologisch) erzählt, sondern im Lead-Stil: Die ganze Luft wäre raus gewesen, nicht nur aus dem Krokodil, sondern auch aus der Geschichte.
Hätten aber Angst und Schrecken vom Sporttaucher und den Männern der Seepolizei übergegriffen auf die Zürichsee-Anwohner, dann hätte die dortige Lokalzeitung das glückliche Ende nicht als Schmunzel-Story, sondern als Hard News gemeldet:
Das Aktuellste und Wichtigste

Das Krokodil, das die Anwohner des Zürichsees
in Angst versetzte, ist aus Plastik.
Zwei Froschmänner der Seepolizei identifizier-
ten es gestern als Spielzeugtier von beachtlicher Größe. Man nimmt an, dass es während der
Badesaison einem Kind entwischt und wegen eines
Lochs in der Plastikhaut im See versunken ist.

Aktuell, aber nur mehr farbiges Detail

Dreißig Minuten mussten die Froschmänner suchen, ehe sie das vermeintliche Tier im Grundschlamm fanden. Mit Stock und Messer bewaffnet,
schwammen sie es vorsichtig an.

Vorgeschichte der aktuellen Aktion

Die Seepolizei hatte sich zu der Aktion entschlossen, nachdem die Zoo-Direktion ihre Anfrage, ob ein durch Zufall in den See gelangtes
Krokodil dort weiterleben könne, mit Ja beantwortet hatte.

Die Nachricht

Vorgeschichte der Vorgeschichte
> Ausgelöst hatte die Nachforschungen ein Sporttaucher durch seine Anzeige bei der Seepolizei, er habe in vier Meter Tiefe in Höhe des Zürich-Horns ein Krokodil gesehen.

Nachrichtenaufbau und Zeitenfolge. Für den Lead stehen hauptsächlich drei Zeitformen zur Verfügung:
- das *Präsens,*
- das *Futur* und (weitaus am häufigsten)
- das *Perfekt.*

Beginnen wir mit einem Präsens-Leadsatz vom Zürichsee:
> Das Krokodil, das die Anwohner des Zürichsees in Angst versetzte, *ist* aus Plastik.

Es ist aus Plastik! Wenn der Vater vom ersten Besuch in der Entbindungsklinik zu Freunden kommt, ruft er: Es ist ein Junge!

Das Präsens, die Zeitform der Gegenwart, wird im Leadsatz relativ oft verwendet, vor allem wenn der Satz etwas ausdrückt, was allgemein gilt oder zumindest vorläufig von Dauer ist:
> Das Unternehmen A&B *produziert* seine Plastikflaschen ab sofort in Tschechien.
>
> Vorsitzender des Neustädter Gartenbauvereins *bleibt* Walter Müller.
>
> Zum Endspurt für Weihnachts-Einkäufe *verzeichnen* die Kaufhäuser bundesweit noch einmal großen Andrang.

Im Futur steht der Leadsatz, wenn er hervorheben soll, dass etwas *künftig* sein wird:
> Das Unternehmen A&B *wird* seine Plastikflaschen künftig in Tschechien *produzieren.*
>
> Den Neustädter Gartenbauverein *wird* auch in den nächsten zwei Jahren Walter Müller *leiten.*

Häufiger als Präsens und Futur wird das Perfekt verwendet.
Es ist im Leadsatz sozusagen der Normalfall – das »natürliche«

Tempus. Denn es drückt im Deutschen das aus, was gerade geschehen ist und noch in die Gegenwart hineinreicht, also genau das, was aktuellen Nachrichtenstoff ausmacht. In der modernen Grammatik heißt es deshalb auch »*Präsensperfekt*«, »vollendete Gegenwart« und »Vorgegenwart«:

```
Zwei Froschmänner haben gestern festgestellt,
dass das Krokodil im Zürichsee aus Plastik ist.
Das Unternehmen A&B hat beschlossen, seine
Plastikflaschen künftig in Tschechien zu pro-
duzieren.
Der Angeklagte hat gestanden.
Der Verein hat den Vorsitzenden gewählt.
```

Auch in der Alltagssprache, ganz und gar in der mündlichen Kommunikation, benutzen wir – mit wenigen Ausnahmen – das Perfekt, wenn wir etwas soeben Geschehenes mitteilen wollen:

```
Papa, es hat geschneit ...
Schau mal, das Flugzeug ist gerade gelandet ...
Haben Sie es schon gehört, die Gemeinde hat den
Antrag genehmigt ...
```

Noch mehr als bei den Printmedien liegt es daher nahe, im ersten Satz von Radio- und Fernsehnachrichten das Perfekt zu verwenden, denn hier handelt es sich ja um mündliche Vermittlung.

Das Präteritum (früher Imperfekt) wird im *Lead* nur in wenigen Ausnahmefällen verwendet. In unserer Meldung vom Zürichsee könnte der erste Satz vielleicht lauten:

```
Die Angst der Uferbewohner war unbegründet:
Das Krokodil im Zürichsee ist aus Plastik.
```

Eine große Rolle spielt das Präteritum aber im *weiteren Verlauf* der Meldung, im »Körper«, im »Body«. Der Leadsatz hat im Perfekt, Präsens oder Futur das Wichtigste ausgedrückt: das, was in die Gegenwart oder sogar in die Zukunft reicht. Im nachfolgenden Teil der Nachricht geht es nun um das, was wirklich vorbei ist. Der Schreiber benutzt die Zeitform der Vergangenheit, wenn er erzählt:

Die Nachricht

> Zwei Froschmänner der Seepolizei *identifizierten* es gestern als Spielzeugtier ... Dreißig Minuten *mussten* die Froschmänner suchen, ehe sie das vermeintliche Tier ... *fanden*. Mit Stock und Messer bewaffnet, *schwammen* sie es vorsichtig an.

Eine Erzählung in reinem Perfekt (... haben identifiziert ... haben suchen müssen ... haben gefunden ... sind es angeschwommen ...) ist in der mündlichen Kommunikation nicht ungewöhnlich, besonders in den süddeutschen Dialekten. In der Mediensprache würde sie primitiv wirken.

Wir kommen jetzt zur Vorgeschichte, berichten also das, was vor der Entdeckung des Plastikkrokodils liegt. Dafür gibt es das *Plusquamperfekt* (neuerdings auch *Präteritumperfekt*). Es hilft uns, unterschiedliche Zeitebenen deutlich zu machen

> Die Seepolizei hatte sich zu der Aktion entschlossen.

Die Vorgeschichte in der gleichen Zeit wie das Suchmanöver selbst (also weiterhin im Perfekt oder Präteritum) würde den zeitlichen Ablauf unnötig verwischen.

Es genügt aber, das (etwas schwerfällige) Plusquamperfekt *einmal* zu benutzen. Damit ist eindeutig genug ausgedrückt, dass wir jetzt auf einer anderen Zeitebene sind, dass es um die Vorgeschichte geht. Alle folgenden Sätze können wieder im Präteritum stehen:

> Die Seepolizei *hatte* sich zu der Aktion *entschlossen*, weil die Zoo-Direktion ihre Anfrage, ob ein durch Zufall in den See gelangtes Krokodil dort weiter leben könne, mit Ja *beantwortete*. Ausgelöst *wurden* die Nachforschungen durch den Hinweis eines Sporttauchers, er habe in vier Meter Tiefe ... ein Krokodil gesehen.

Zum Schluss eine Aufgabe, mit der Sie das Kapitel Nachrichtenaufbau noch einmal durcharbeiten können.

Aufbau

Sie lautet: Schreiben Sie eine Vorschau-Nachricht fürs Lokalblatt.

Hier das Original:

> A-Stadt. - Wie berichtet, beschlossen die Teilnehmer des Seminars für Führungskräfte, das vor kurzem vom Bildungswerk A-Stadt abgehalten wurde, die vier Vortragsabende durch zwei praxisbezogene Veranstaltungen zu vertiefen. Im Mittelpunkt des ersten Abends am morgigen Donnerstag steht das Thema »Erfolgreich delegieren«. Am kommenden Dienstag lautet das Thema »Im Gespräch überzeugen«. Die beiden Veranstaltungen, die wieder von Peter Stricker als Referenten bestritten werden, finden jeweils um 19.30 im Nebenzimmer des Hotels Eichenbräu statt.

Der Text lässt offen, ob an den beiden »praxisbezogenen Veranstaltungen« nur die Führungskräfte aus dem Seminar teilnehmen können oder jeder, der sich interessiert. Unterstellen wir, da schließlich ein allgemeines Bildungswerk die Abende veranstaltet, es sei jedermann eingeladen.

Und jetzt unterstreichen Sie sich die für den Anfang in Frage kommenden Punkte. Damit haben Sie Stoff für den Lead. Wenn Sie den Lead geschrieben haben, brauchen Sie bloß noch den Rest in eine Reihenfolge zu bringen und zu formulieren.

Mir gefällt folgende Fassung:

> A-Stadt. - »Erfolgreich delegieren« heißt das Thema eines Abends, zu dem am morgigen Donnerstag das Bildungswerk A-Stadt einlädt.
>
> Er wurde auf Wunsch der Teilnehmer eines kürzlich gehaltenen Führungskräfteseminars angesetzt, die ihre dort erworbenen Kenntnisse durch zwei praxisbezogene Veranstaltungen vertiefen wollen. Der zweite Abend, zum Thema

```
»Im Gespräch überzeugen«, ist für kommenden
Dienstag geplant. Referent beider Veranstal-
tungen ist Peter Stricker. Sie finden jeweils
um 19.30 Uhr im Nebenzimmer des Hotels
Eichenbräu statt.
```
Haben Sie verglichen? Wahrscheinlich hat Ihre Nachricht mit der meinen wenig Ähnlichkeit, das macht nichts. Es gibt fast immer mehrere brauchbare Möglichkeiten der Formulierung. Was Sie aber in jedem Fall tun mussten: Die Vorgeschichte
```
Wie berichtet, beschlossen die Teilnehmer ...
```
nach hinten schieben und einen aktuellen Anfang suchen.

Mitteilung (Verständlichkeit)

Bereits im vorigen Beitrag, in dem wir uns Regeln für den Nachrichtenaufbau erarbeitet haben, ging es letzten Endes um Verständlichkeit. Während aber viele dieser Aufbau-Regeln eine Besonderheit von Nachricht und Bericht sind, gelten die folgenden Verständlichkeitsratschläge für alle journalistischen Darstellungsformen.

20 Ratschläge sind es, genau so gut hätten es 17 oder 23 sein können. Ich habe einfach Schwierigkeiten notiert, auf die ich oft gestoßen bin, und die sich aus dem Weg räumen lassen.

Empfehlungen für verständliches und gutes Deutsch gibt Ludwig Reiners in seiner *Stilfibel*. Auch auf die meisten von mir genannten Schwierigkeiten geht er ausführlich ein. Ich kenne kein besseres Deutsch-Buch und meine, jeder Journalist sollte es alle paar Jahre durcharbeiten, um sich sprachlich fit zu halten. Wolf Schneider, langjähriger Leiter der Hamburger Henri-Nannen-Schule, hat ein kritisch-witziges »Handbuch der Journalistensprache« geschrieben, »wie sie ist und wie sie sein könnte« (so der vollständige Untertitel in der Original-Ausgabe). Es heißt *Deutsch für Profis,* schärft das Sprach-Gewissen und verrät, wie man's besser macht.

Mitteilung (Verständlichkeit)

1. **Bringen Sie nur, was Sie selbst verstanden haben.**
Hannover (dpa) - Die weltgrößte Computermesse CeBIT öffnet heute für das Publikum. Schwerpunkte sind vor allem das vernetzte »digitale Zuhause«, drahtlose Kommunikation über UMTS und WLAN sowie IT-Sicherheit und das Breitband-Internet. Weitere spannende CeBIT-Themen sind das in den Startlöchern stehende hochauflösende Fernsehen HDTV, das Rennen um die Nachfolge der DVD und die Internet-Telefonie.
UMTS, WLAN, IT, HDTV ...? Ob der Korrespondent eigentlich eine Ahnung hatte, worüber er geschrieben hat? Wir wissen es nicht! Vielleicht ist er ein Computerexperte und hat nur versäumt, das Fachchinesisch für sein Publikum zu übersetzen. Aber vielleicht kannte er sich mit diesen Abkürzungen selbst nicht so genau aus und hat nur weiter gegeben, was er in der Pressemappe gelesen hat.
Wer über Ereignisse berichtet, muss sich selbst klar machen, worum es geht. Nur dann kann er auch Nachrichten schreiben, die sein Publikum versteht.

2. **Berichten Sie anschaulich.** In einer kurzen Nachricht kann das nicht heißen, dass Sie liebevoll Einzelheiten schildern und überall Farbtupfer anbringen. Aber Sie können sich der Anschaulichkeit beträchtlich annähern, wenn Sie sich jedenfalls um sozusagen *abstrakte Anschaulichkeit* bemühen:

bedeckt eine Fläche von 7930 qkm	ist mit 7930 qkm gut halb so groß wie Schleswig-Holstein
25 Prozent	ein Viertel

Wo man von Natur aus anschauliche Sachverhalte darzustellen hat, gilt das Gebot *konkreter Anschaulichkeit*. »Wer das, was er schildern will, nicht mit dem treffendsten Ausdruck bezeichnet, sondern sich mit einem Allerweltswort begnügt, wird verschwommen und langweilig schreiben. Ein Stuhl ist zuerst ein Stuhl und dann erst ein Möbelstück« (Carl Warren)[24]

Die Nachricht

Zwei Beispiele:

```
Die Gemeinde will die    Die Gemeinde will
Infrastruktur ver-       sechs Kilometer Feld-
bessern                  weg asphaltieren

Nach kurzer Zeit         Nach zwanzig Minuten
trat ein merklicher      war das Fass leer
Getränkemangel ein
```

Um allerdings schreiben zu können, wann das Fass beim Feuerwehrball leer war, müssen Sie
1. daran denken, dass das eine typische und einprägsame Beobachtung für den Verlauf des Festes sein könnte,
2. den Schenkkellner fragen und sich seine Auskunft aufschreiben.

3. Berichten Sie genau. *Genauigkeit hilft gegen Allgemeinheit.* Die folgende Geschichte darf man nicht wörtlich nehmen, aber leicht nehmen sollte man sie auch nicht. Sie handelt von O. K. Bovard, einem Lokalredakteur, und Charles G. Ross, einem Volontär.

Bovard gab Ross den Auftrag, die Fakten zusammenzuholen für einen Bericht über den Unfall eines Anstreichers, der ganz draußen, im südwestlichen Teil von St. Louis, in einer Fabrik vom Gerüst gefallen war.

Es war heiß und der Weg war lang und die Straßenbahn endete viel zu früh, so musste Ross noch weit zu Fuß laufen. Endlich fand er die Fabrik und sammelte die Informationen: Name, Adresse und Alter des Anstreichers, die Stelle, wo er abgestürzt war, die Ursachen des Unfalls, die Art der Verletzungen usw.

Er marschierte den weiten Weg zurück zur Straßenbahn, fuhr zurück zur Redaktion, setzte sich hin und verfasste eine Nachricht über den Unfall. Stolz zeigte er sie dem Lokalredakteur.

Mitteilung (Verständlichkeit)

> Bovard überflog die wenigen Zeilen und rief dann Ross zu sich: »Wie hoch ist das Gerüst?« Ross konnte es nicht sagen. »Ziemlich hoch«, sagte er, »ungefähr soundsoviel Meter.« Aber Bovard gab sich damit nicht zufrieden. »Ross«, sagte er, »hoch ist ein relativer Begriff. Ich möchte, dass Sie noch einmal hingehen und die genaue Höhe feststellen.«
> So musste Ross noch einmal den langen, heißen Weg zurück zur Fabrik gehen. Als er endlich wiederkam, war es bereits dunkel, aber er hatte die Höhe des Gerüsts in Metern und Zentimetern.

Eine klassische Geschichte. Sie lehrt uns, dass man auch in der Nachricht, statt von einem hohen Gerüst zu reden, besser angibt, wie hoch es ist – wenn auch gewiss nicht in Zentimetern.

Wer nicht genau ist, kann die Wirklichkeit nicht anschaulich wiedergeben. (Vgl. Beitrag »Reportage«.)

4. Nennen Sie Namen. Das ist eigentlich ein Unterabschnitt zu den Ratschlägen Anschaulichkeit und Genauigkeit. Namen geben nicht nur Farbe, Namen geben Identität.

> Paris – Tabak schadet der Gesundheit mehr als schmutzige Luft. Dies erklärte ein Wissenschaftler der amerikanischen Umweltschutzbehörde auf einer internationalen Tagung in Paris.

Kam die Nachricht wirklich so von der Agentur? Nein; denn den Namen des Wissenschaftlers hatte sie selbstverständlich erwähnt:

> Dies erklärte Professor Love von der amerikanischen Umweltschutzbehörde auf einer internationalen Tagung ...

Namen geben Identität und Farbe. Namen befriedigen die persönliche Eitelkeit. Als wir im Gymnasium eine Schülerzeitung machten, galt für uns der Spruch: Jeder gedruckte Name bedeutet drei verkaufte Exemplare. Der Mensch möchte nicht nur

Die Nachricht

als Geburts- und als Todesanzeige in der Zeitung stehen, sondern möglichst oft in der Zeit dazwischen.

Names make news, sagt man in Amerika, wo keiner vom Fahrrad fällt, ohne dass er am nächsten Tag mit allen biographischen Daten in die Zeitung kommt. Aus Amerika stammt auch die hübsche, sicherlich erfundene Geschichte von dem jungen Reporter, der etwas über einen Brand auf dem Hof von Farmer Brown schreiben soll. »Und vergiss nicht: Namen!« ruft ihm der Redakteur nach. Der Reporter schreibt:

```
Drei Kühe verloren ihr Leben durch ein Feuer,
das gestern Nacht den Stall von John Brown zer-
störte. Ihre Namen sind Susie, Mary Jane und
Arabella.
```

Namen befriedigen die persönliche Eitelkeit, Namen befriedigen die Neugier anderer. »Ach, schau mal an, der Müller«, sagt Herr Meier und muss die Nachricht gleich seiner Frau vorlesen.

```
Herr Meier
```

solche Saloppheit kann ich mir übrigens nur hier beim Geschichtenerzählen leisten, nicht im Journalismus. Dort bleibt der

```
Herr
```

weg und kommt in aller Regel der *Vorname* hinzu:

```
Sigmund Meier
```

Namen von *Opfern*, auch Namen von *Straftätern*, sind nach unserer journalistischen Berufsethik allerdings in der Regel tabu.

5. Erzählen Sie die Vorgeschichte. Es gibt zweierlei Vorgeschichten:

Die einen waren seinerzeit selbst Nachrichtengegenstand (der Journalist erzählt sie jetzt nur der Vollständigkeit halber noch einmal, weil sie vielleicht inzwischen vergessen worden sind).

Die anderen wurden seinerzeit keiner Erwähnung wert befunden, jetzt aber (durch den Fortgang der Ereignisse) sind sie ein wesentlicher Bestandteil dessen, was man von der Sache wissen muss.

Der erste Fall (über die Vorgeschichte wurde seinerzeit berichtet) ist häufiger; wir hatten zwei Beispiele, als wir uns mit dem Nachrichtenaufbau befassten.

Beispiel 1:
> Mit der Aufstellung der Wegweiser verwirklicht A-Stadt einen vor zwei Jahren gefassten Stadtratsbeschluss.

Beispiel 2:
> Die Seepolizei hatte sich zu der Aktion entschlossen, nachdem die Zoo-Direktion ihre Anfrage, ob ein durch Zufall in den See gelangtes Krokodil dort weiterleben könne, mit Ja beantwortet hatte. Ausgelöst hatte die Nachforschungen ein Sporttaucher durch seine Anzeige bei der Seepolizei, er habe in vier Meter Tiefe in Höhe des Zürich-Horns ein Krokodil gesehen.

Die Vorgeschichte erzählen bedeutet nicht selten, eines der sieben Ws beantworten: das *Warum*.

6. Zeigen Sie Zusammenhänge auf. Auch die im vorigen Ratschlag besprochene *Vorgeschichte* ist Teil des Zusammenhangs, den man kennen muss, um ein Ereignis in seiner Bedeutung richtig einschätzen zu können.

Ein anderer Weg, die Zusammenhänge herauszuarbeiten, besteht darin, nach örtlich oder zeitlich *Vergleichbarem* zu fragen. Was dabei herauskommt, sind meistens Komparative und Superlative:

> Die größte Windkraftanlage Deutschlands
> Die Produktion ist um 15 Prozent höher als im Vorjahr

Manchmal findet sich überhaupt nichts Vergleichbares, und gerade das ist ein mitteilenswerter Zusammenhang für das Geschehen, über das gerade berichtet wird:

> Über eine Milliarde Kilometer von der Erde entfernt hat sich heute ein einzigartiges Ereignis vollzogen. Nach einem siebenjährigen Flug durch das All landete eine Raumsonde auf dem Saturnmond Titan. Er ist der einzige Mond in unserem Sonnensystem, der eine Atmosphäre hat.

Je nach der Art des Geschehens und dem bereits vorhandenen Informationsstand beim Publikum sind es *zusätzliche Aspekte,* die das Geschehen in einen größeren Zusammenhang stellen und deshalb mitgeteilt werden müssen.

Als das Bundesverfassungsgericht urteilte, dass für Klagen gegen Numerus-clausus-Entscheidungen der Dortmunder Zentralstelle nicht allein das Verwaltungsgericht Gelsenkirchen zuständig sei, aber offen ließ, nach welchen Gesichtspunkten sich künftig die örtliche Zuständigkeit bestimmen solle, fügte Hanno Kühnert seiner Meldung[25] den erklärenden Satz an:

> Die Frage ist deshalb besonders wichtig, weil eine Klage beim falschen Gericht wegen Unzulässigkeit abgewiesen werden muss und der Kläger in diesem Fall kostbare Zeit und Geld verliert.

Das ist kein Kommentar, sondern eine Information, die den Zusammenhang erhellt. Sie beantwortet die naheliegende Frage, was denn schon groß daran sein soll, ob der Abiturient nun seinen Numerus-clausus-Prozess in Gelsenkirchen anfängt oder irgendwo anders.

Auch der dem Zusammenhang eng verwandte *Hintergrund* »ist kein Anhängsel, auf das der Redakteur zur Not verzichten kann«, lehrt der Nachrichtenpraktiker Dietz Schwiesau. »Im Gegenteil: Wer verständliche Nachrichten bieten will, darf am Hintergrund nicht sparen, auch wenn der dann manchmal länger ist als die Neuigkeit selbst.«

Zunächst also die *Neuigkeit*:

> Tausende Rübenbauern haben heute in ganz Deutschland gegen drohende Einkommensverluste demonstriert. Sie versammelten sich auf Marktplätzen, blockierten Straßen und entzündeten Mahnfeuer.

Und jetzt der *Hintergrund*, der auch so genannt werden kann: Hintergrund der Proteste ist der Plan der Europäischen Union, die Zuckerpreise um 40 Prozent zu senken. Außerdem soll der Markt für Anbieter aus Südamerika, Asien und Australien geöffnet werden. In Europa kostet eine Tonne Zucker 650 Euro, auf dem Weltmarkt nur 250 bis 300 Euro. Der Deutsche Bauernverband erklärte, brasilianischer Zucker zum Beispiel sei so billig, weil er von Sklavenarbeitern auf brandgerodeten Urwaldflächen angebaut werde. Damit könnten deutsche Rübenbauern nicht konkurrieren. Deshalb sei ihre Existenz gefährdet.

7. Wiederholen Sie, wenn Sie befürchten müssen, der Leser, Hörer oder Zuschauer habe bereits ein Detail vergessen, das Sie an früherer Stelle genannt haben und das er jetzt im Kopf haben müsste, um die gegenwärtige Stelle voll zu verstehen.

Vor allem bei *Zahlen* empfiehlt sich die Wiederholung an dem Punkt, an dem man sie zum Vergleich braucht. Ein Beispiel:

```
Bundeswirtschaftsminister Michael Glos (CSU)
erwartet nach eigenen Worten, dass das Brutto-
Inlandsprodukt in diesem Jahr um 1,5 Prozent
wächst. In einem Interview des »Focus« sagte
er, die deutsche Wirtschaft befinde sich deut-
lich im Aufschwung. Bei früheren Gelegenhei-
ten hatte Glos sogar ein Wachstum von bis zu
1,8 Prozent vorausgesagt. Auch seine jetzige
Prognose von 1,5 Prozent (Wiederholung!) liegt
über den offiziellen Schätzungen des Jahres-
wirtschaftsberichts der Regierung. Danach ist
nur ein Wachstum von 1,4 Prozent zu erwarten.
```

8. Suchen Sie nach dem treffenden Wort

```
Der Numerus clausus der Urlaubsländer
```

Wer das als Überschrift findet und daraufhin den Artikel liest, fühlt sich rasch an der Nase herumgeführt: Im Beitrag ist nämlich kein bisschen von einem exklusiven Urlaubsländer-Club oder sonst einer beschränkten Zahl (*numerus clausus*) die Rede. Nein, deutsche Touristen haben ihre Urlaubszufriedenheit benotet. Und nur, weil auch unsere Studienplatz-Vergabe etwas mit Noten zu tun hat, entschied sich der Redakteur für den falschen Begriff.

Die für eine Reiseanalyse befragten Touristen konnten von Note 1 (»rundum zufrieden«) bis 6 (»rundum unzufrieden«) bewerten;

als Durchschnittsnote ergab sich 1,65. Daraus ließe sich die Überschrift machen:
```
Urlaubszufriedenheit: Note eins bis zwei
```
Zwar nicht glanzvoll, aber wenigstens nicht falsch.

In die falsche Schublade greift auch, wer auf der Suche nach dem starken Ausdruck immer gleich in der obersten Reihe nachschaut.

Wenn die Müllabfuhr einmal nicht mehr nachkommt, spricht er von einer
```
Krise
```
und jeden Verkehrsunfall mit mehr als einem Verletzten nennt er
```
tragisch.
```
Eine
```
Krise
```
bezeichnet einen derart verschärften Zustand, dass eine Rückkehr zum Bisherigen nicht mehr möglich ist (Wendepunkt). Und
```
tragisch
```
meint nicht besonders schlimm und traurig, sondern ein Verhängnis wie in der griechischen Tragödie; sie aber gestaltet (laut dtv-Lexikon) »einen unvermeidlichen und unausgleichbaren Gegensatz, der zum Untergang des Helden führt«. Was auf den Auto-Zusammenstoß selbst bei großzügigster Auslegung nicht zutrifft.

Wer das passende Wort nicht gleich findet, steht vor einer großen Versuchung: statt dessen ein eigentlich nicht passendes zu wählen und sich von ihm dadurch sofort wieder zu distanzieren, dass er dieses Wort in *Anführungszeichen* setzt. In einem Reisebericht aus Marokko:
```
Es wird mit keinem Besteck, keiner Gabel und
keinem Löffel gegessen, sondern mit den »Pfo-
ten«.
```
Warum nicht einfach mit den Händen? Ist Pfoten anschaulicher oder gar witziger? Sicher nicht.

Aus einer Umfrage bei Tankstellenpächtern:
```
Zu Beginn der Energiekrise »erfreuten« die gro-
ßen Ölkonzerne die Tankstellenpächter mit teil-
weise drastischen Treibstoffrationierungen.
```

Was taten die Ölkonzerne wirklich? Überraschten sie die Tankstellenpächter, ärgerten sie sie? Schreiben Sie's hin! Im Gerichtsbericht über die Verhandlung gegen einen jungen Mann, der in ein Musikgeschäft eingebrochen war:
> Ein lediger Elektriker wollte seine Geldnot »heilen«.

Weil Not keine Krankheit ist, wird sie nicht geheilt, sondern gelindert oder behoben. Wer eine Not »heilt«, missbraucht nicht nur die Anführungszeichen, er verwendet auch ein falsches Bild.

9. Verwenden Sie das richtige Wort. Ein Urteil des
> Bundesverfassungsgerichtshofs

ist in der Bundesrepublik ebenso wenig möglich wie ein
> Landesgerichtsurteil.

Die beiden Institutionen heißen bekanntlich
> Bundesverfassungsgericht

und
> Landgericht

Falsche Bezeichnungen verwirren. Und der auf dem jeweiligen Gebiet fachkundige Leser oder Hörer reagiert obendrein so: Wenn schon die einfachsten Äußerlichkeiten nicht stimmen, denkt er sich, wie wird es dann erst mit der Glaubwürdigkeit der eigentlichen Nachricht ausschauen? Zu den Trivialvoraussetzungen von Klarheit und Verständlichkeit gehört, dass man das richtige Wort verwendet:
> Am Samstag kommt Staatssekretär Marx mit weiteren Mitarbeitern nach A-Stadt.

Das Wort
> weitere

meint: andere als die bisher genannten. Bisher war aber nur von dem Staatssekretär die Rede. Da er nicht sein eigener Mitarbeiter ist, führt die Nachricht in die Irre.
Richtig muss sie heißen:
> Am Samstag kommt Staatssekretär Marx mit einigen Mitarbeitern nach A-Stadt

In der Vorschau auf eine Fernsehsendung über Verbraucherfragen las ich:

Die Nachricht

> Neben dem Finanzexperten Professor Peter Lindemann werden zwei weitere Fachleute im Studio vertreten sein: die Diplom-Psychologin Carmen Lakaschus und der Werbefachmann Klaus Hattemer.

Hier stimmt das
> weitere Fachleute

aber sie werden nicht
> vertreten sein

denn natürlich werden Frau Lakaschus und Herr Hattemer selbst auftreten.

Wahrscheinlich hatte der Schreiber, als er an Vertretung dachte, im Hinterkopf: Da kommt ein Finanzexperte, und zwei weitere Fachgebiete sind vertreten. Schon ist's passiert.

10. Seien Sie vorsichtig mit Metaphern. Bilder können einen Text eindringlich und anschaulich machen. Im Informationsjournalismus aber soll die Eindringlichkeit und Anschaulichkeit von der *Wiedergabe der Wirklichkeit* durch Schilderung, Beschreibung und Bericht herrühren, nicht von abgenutzten Metaphern. Die Hauptgefahr der Metaphern-Sprache liegt darin, dass man

> das Kind mit dem Bade ausschüttet und dann warten muss, bis es sich im Sande verlaufen, beziehungsweise der Zahn der Zeit diese Träne getrocknet hat.

Schiefe Bilder finden wir fast täglich:
> Das Sportlerherz des Oberbürgermeisters schlägt in einer Reiterhose.

Einer Leichtathletik-Weltrekordlerin
> griffen 3000 Zuschauer hilfreich unter die Arme.

Ein Eisstadion
> hat seine Feuertaufe als Konzertsaal bestanden.

Schließlich:
> Wenn das Auge des Gesetzes seine Uniform auszog, verwandelte es sich in einen skrupellosen Rauschgifthändler.

11. Lexikalische Varianz ist eher schädlich. Wie heißt Österreich im zweiten Satz? Ja, mit Sicherheit
    die Alpenrepublik.
Und wenn einer an der Autobahn-Ausfahrt nach Salzburg einen Unfall baut, war das im zweiten Satz
    beim Abbiegen in die Mozart-Stadt.
Köln bleibt im Journalismus wohl für ewig
    die Domstadt
und Stuttgart
    die Schwaben-Metropole.
Die Handballmannschaft von Bad Schwartau hat es sogar zum Wortklischee
    die Marmeladenstädter
gebracht.
Lexikalische Varianz, also das Abwechseln mit *Ersatzwörtern*, ist kein Sprachgesetz. Aber viele Journalisten wählen ihre Wörter so, als wäre es eines.
Dabei kann die hektische Suche nach Abwechslung der Begriffe auch noch die *Verständlichkeit* erschweren, vor allem beim Radiohörer und Fernsehzuschauer, aber auch beim Leser:
    Für den Gesetzentwurf stimmten 243 Abgeordnete, gegen den Vorschlag der Regierung 160 Parlamentarier.
Solche Wortvarianten können verunsichern: Ist der Vorschlag der Regierung vielleicht etwas anderes als der Gesetzentwurf? Und ein Parlamentarier ist als Begriff zwar bekannt, als Variante zu Abgeordneter erregt er aber für Sekundenbruchteile Zweifel. Deshalb sollten wir, vor allem im Radio und Fernsehen, bedenkenlos formulieren:
    Für den Gesetzentwurf stimmten 243 Abgeordnete, dagegen stimmten 160 Abgeordnete.
Etwas eleganter wäre es hier sogar, ganz auf die Wiederholung zu verzichten und umgangssprachlich zu sagen:
    Für den Gesetzentwurf stimmten 243 Abgeordnete, dagegen 160.[26]
Will der Journalist dennoch den Ausdruck variieren, vor allem bei mehr als zwei, drei Sätzen, sollte er Zweierlei beachten:

Die Nachricht

1. Das Ersatzwort sollte in den *Zusammenhang* passen, von dem die Rede ist. Die Alpenrepublik darf also notfalls vorkommen, wenn von verschneiten Bergstraßen die Rede ist, nicht aber, wenn es um den Anstieg der österreichischen Scheidungsrate geht.

Selbst wenn das Ersatzwort an sich noch gar kein Klischee ist, muss ein enger Zusammenhang zwischen den beiden Begriffen bestehen. Was soll also diese willkürliche Verbindung zweier unterschiedlicher Informationen:

    Als neuer Intendant ins Gespräch gebracht wurde
    der begeisterte Bergwanderer von der CDU.

2. Das Ersatzwort darf auch nicht aus der Kiste *exotischer Wörter* stammen, die nur von Journalisten gebraucht werden, sonst aber von niemandem, zum Beispiel:

    Ausstand

als Varianzwort für Streik,

    Urnengang

statt Wahl

und, echter Lesefund,

    aromatische Weichfrüchte

statt der guten

    Erdbeeren.

12. Vermeiden Sie Behörden-Deutsch. Man könnte diesen Ratschlag auch mit Helmut Hammerschmid[27] als »Warnung vor Verhunzung der Wortbildung bei Berichterstattung und Schilderung« formulieren.

Wenn Mitglieder einer Jugendorganisation

    eine Gebrauchtkleider- und Altpapiersammlung
    durchführen

gefällt uns gar nicht das Durchführen; aber auch das Hauptwort Sammlung lässt sich durch das Tätigkeitswort sammeln ersetzen, und schon ist der Satz lebendiger geworden

    sammeln abgelegte (gebrauchte) Kleider und
    Altpapier.

Beginnen Sie Ihr Bemühen um lebendigen Stil, indem Sie Ihre Allergie gegen die *ung*-Wörter steigern:

Mitteilung (Verständlichkeit)

> Die Verteilung der Mittel erfolgt durch den Gemeinderat

jagt Ihnen solche Schauer über den Rücken, dass Sie nicht eher zufrieden sind, bis es heißt:

> Die Mittel verteilt der Gemeinderat.

Vergleiche Ratschlag 18: Bevorzugen Sie das *Aktiv*.
Lassen Sie es auch nicht zu, dass Leopold Müller als

> in Düsseldorf wohnhaft

bezeichnet wird, da er doch tatsächlich

> in Düsseldorf wohnt.

13. Verbannen Sie den Blähstil

Er wird in seiner Eigenschaft als Kanzler	Er wird als Kanzler
Er befindet sich	Er ist
Nichtsdestotrotz	Trotzdem
hohes Verkehrsaufkommen	starker Verkehr
Bei jeder sich bietenden Gelegenheit	Bei jeder Gelegenheit

14. Verhindern Sie Gleichklang und Zusammenstoß. Das passiert jedem:

> In zahlreichen Teilbereichen
> Das Zustandekommen des Abkommens

Aber nicht jeder lässt es so:

> In vielen Teilbereichen
> Das Gelingen des Abkommens – das Zustandekommen des Vertrags

Gleichklang entsteht nicht nur, wenn – wie gerade gehabt – der Schreiber oder Sprecher in einem Zusammenhang zweimal den gleichen Wortstamm verwendet, sondern schon allein dadurch, dass ung-Wörter gehäuft vorkommen:

> Welche Auswirkungen hat die Verringerung der Bezuschussung?

Statt:

> Welche Folgen hat es, wenn die Zuschüsse verringert werden?

Die Nachricht

Noch schöner wäre es natürlich, wir wüssten, wer die Zuschüsse verringert, dann könnten wir das Passiv auch noch durch das Aktiv ersetzen:
Welche Folgen hat es, wenn der Landkreis die Zuschüsse verringert?
Ein Satz wird holprig und verliert an Verständlichkeit, wenn Präpositionen aneinander stehen:
    Der Verdacht von am Markt vorbeikalkulierten
    Preisempfehlungen
Besser:
    Der Verdacht, dass Preisempfehlungen am Markt
    vorbeikalkuliert worden sind
Manchmal lässt sich ein solcher Zusammenstoß ganz einfach vermeiden:
    von in Berlin ansässigen Personen
    von Einwohnern Berlins

15. Geizen Sie mit Fremdwörtern. Es gibt Fremdwörter, die sich als Fachausdrücke nicht durch einen deutschen Begriff ersetzen lassen.
Hat man ein Fremdwort im Sinn, das man jetzt gleich niederschreiben oder in einer Sendung verwenden will, so sollte man (wenn Zeit dafür ist) eine kurze Überlegungspause einschalten und prüfen:
1. Muss ich das Fremdwort verwenden, weil es keinen deutschen Ausdruck gleicher Bedeutung gibt?
2. Wenn ich das Fremdwort verwenden muss: Kennt das Publikum dieses Wort oder ist es erläuterungsbedürftig?
Als *Fremdwörtertest* finden Sie 15 Begriffe; solche, die nötig und bekannt sind (A), andere, die nötig und erläuterungsbedürftig (B), und schließlich solche, die durch einen deutschen Ausdruck ersetzbar sind (C). Welchen Wörtern geben Sie den Buchstaben A, welchen den Buchstaben B und welchen C?
    1. Inflation
    2. Kontext
    3. Insolvenz
    4. Bush-Administration

Mitteilung (Verständlichkeit)

5. bilateral
6. Blockbuster
7. Bonus und Malus
8. Plädoyer
9. Infektion
10. exorbitant
11. Lethargie
12. ex officio
13. Lombardsatz
14. Boom
15. Turnaround

Nach meinem Geschmack sollte man so benoten:
1 A, 2 C (Zusammenhang), 3 B (Zahlungsunfähigkeit), 4 C (Regierung Bush), 5 C (zweiseitig), 6 B oder C (Kassenschlager), 7 B (Aufbesserung bzw. Zurückstufung der Note um einen bestimmten Grad), 8 A, 9 A, 10 C (unverhältnismäßig, maßlos), 11 C (Trägheit/Interesselosigkeit), 12 C (von Amts wegen); 13 B (Zinssatz für Kredit gegen Verpfändung von Wertpapieren), 14 A, 15 B (Trendwende).

Bei der Auswahl von Fremdwörtern und Fachbegriffen spielt natürlich eine Rolle, *für wen* Sie schreiben. Aber immer sollte Richtschnur sein, dass möglichst viele Menschen das Geschriebene möglichst leicht verstehen.

Fremdwörter-Lexika gibt es von einigen Verlagen. In meiner Literaturliste am Ende des Beitrags »Verständlichkeit« nenne ich das Duden-Fremdwörterbuch. Auch das Internet hilft weiter, z. B. unter »Langenscheidt Fremdwörterbuch« (*www.langenscheidt. de/fremdwb/fremdwb.html*) oder Bertelsmann (*www.wissen. de/xt/default.do?*). Dort brauchen Sie nur den Suchbegriff einzugeben und bekommen blitzschnell die Antwort. 🖥

16. Erklären Sie Begriffe und Abkürzungen. Wenn Sie nicht sicher sein können, dass der Durchschnitt der von Ihnen Angesprochenen die Begriffe versteht, die Sie verwenden, müssen Sie entweder verständlichere Begriffe als Ersatz wählen oder, wo das nicht geht, erklären, erklären, erklären.

Die Bundesversammlung hat in Berlin

Die Nachricht

Bereits der Unterschied zwischen Bundes*tag* und Bundes*rat* ist noch heute vielen Menschen nicht klar
```
Der Bundesrat, das Organ der Länder
```
um wie viel nötiger ist es, Aufgabe und Zusammensetzung der Bundesversammlung
zu erklären, wenn dieses Verfassungsorgan in Ihrem Beitrag vorkommt.

Abkürzungen. Hier ein willkürliches Sammelsurium aus der Zeitungslektüre:
```
GEMA = Gesellschaft  für  musikalische  Auf-
       führungsrechte
IHK  = Industrie- und Handelskammer
IVW  = Informationsgemeinschaft  zur  Fest-
       stellung der Verbreitung von Werbeträ-
       gern
IWF  = Internationaler Währungsfonds
OSZE = Organisation für Sicherheit und Zusam-
       menarbeit in Europa
BGH  = Bundesgerichtshof
```
Alle Kürzel hatte die Zeitung auch in Langfassung gebracht. Warum verwendet sie dann dazu noch die schwierige Abkürzung? Aus zwei Gründen:
1. Abkürzungen bürgern sich ein, werden fast zu Eigennamen:
```
ARD, BMW, DFB, EU, NATO, UNESCO, VW, ZDF
```
2. Abkürzungen braucht man in einem Beitrag nur einmal zu erklären, dann kann man sich dieser einfacheren Kurzform bedienen. Etwa so:
```
Der Bundesgerichtshof (BGH) hat erstmals Min-
deststandards  für  sogenannte  Glaubwürdig-
keitsgutachten in Strafprozessen festgelegt ...
Mit seiner Entscheidung hob der BGH die Ver-
urteilung eines Mannes durch das Landgericht
Ansbach  wegen  neunfachen  sexuellen  Miss-
brauchs seiner heute 15-jährigen Adoptivtoch-
ter auf ...
```
Welcher Begriff sich hinter einer Abkürzung verbirgt, erklärt das Internet.

Mitteilung (Verständlichkeit)

17. Bilden Sie kurze Sätze

Die Bürgermeister von A-Dorf, B-Dorf, C-Dorf, Nieder-Bach, E-Furt, F-Ing, G-Bach, H-Berg und I-Ling verfassten und beschlossen am Montagvormittag im Landratsamt auf Vorschlag von Landrat Peter Alt eine Resolution, derzufolge die gemeindliche Gebietsreform im Landkreis keinesfalls nach den Plänen des Innenministeriums stattfinden solle, das von künftigen Gemeindegrößen nicht unter 5 000 Einwohnern bei Einheitsgemeinden beziehungsweise von Verwaltungsgemeinschaften ausgehe, wobei Gemeinden unter 1 000 Einwohnern überhaupt keine Überlebenschance haben sollten.

Der Vorschlag für den Nachrichtenanfang soll Ihnen zeigen, in welcher Länge ein solcher Satz noch verständlich ist:

Die Bürgermeister von neun Gemeinden haben sich in einer Resolution gegen die Pläne des Innenministeriums zur gemeindlichen Gebietsreform gewandt.

»Damit Ihre Sätze nicht zu lang werden«, schreibt Ludwig Reiners in der Stilfibel, »dürfen Sie nicht zu viele Nebensätze bauen. Hauptsachen in Hauptsätze, Nebensachen in Nebensätze! Der Satz muss durchsichtig bleiben.«

»Die Unterordnung«, so Reiners weiter, »eignet sich mehr für verstandesmäßige, die Beiordnung für gefühlsbetonte Texte. Ein reiner Hauptsatzstil ist eintönig.«

18. Bevorzugen Sie das Aktiv

Durch den zurückgetretenen Feuerwehrkommandanten wird für heute eine Feuerwehrversammlung einberufen.

Wie fern und dünn! Der Schreiber dieser Nachricht rückt das Geschehen vom Leser weg. Tatsächlich stellt es sich doch sehr viel profilierter dar:

Der zurückgetretene Feuerwehrkommandant hat für heute eine Feuerwehrversammlung einberufen.

Die Nachricht

Worum geht es bei dieser Versammlung der Feuerwehrleute?
    Sollte auch diesmal wie bei den bereits früher
    stattgefundenen beiden Versammlungen kein neuer
    Kommandant gewählt werden können, so läuft die
    B-Dorfer Feuerwehr Gefahr der Auflösung.
Welche geheimen Mächte ziehen da an unsichtbaren Schnüren, lassen Kommandanten wählen und beschwören Auflösungsgefahren herauf? Gar keine. Der Schreiber hat nur vergessen, die Menschen (die Feuerwehrleute) ins Spiel zu bringen. Sie wählen oder wählen nicht; sie könnten auch über die Auflösung beschließen:
    Sollten die Feuerwehrleute auch diesmal, wie
    bei zwei Versammlungen zuvor, keinen Komman-
    danten wählen, besteht die Gefahr, dass sich
    die B-Dorfer Feuerwehr auflöst.
Das Passiv macht die Nachricht unpersönlich. Passiv ist fast immer schlecht und vermeidbar, Aktiv fast immer richtig und erreichbar.
Nur in drei Fällen ist das Passiv, die Leideform, berechtigt:
1. Wenn Sie tatsächlich *Leidensvorgänge* wiedergeben wollen
    Der Briefträger wurde von einem Hund ins Bein
    gebissen
2. Wenn der *Handelnde unwichtig* ist
    Das Museum wird um sechs Uhr geschlossen
3. Wenn die (nicht handelnde) Person so wichtig ist, dass mit ihr der Satz beginnen soll. Also nicht
    Die Stadtratsfraktion der Nürnberger SPD hat
    die frühere Bundesgesundheitsministerin er-
    neut zur Fraktionsvorsitzenden gewählt.
sondern
    Die frühere Bundesgesundheitsministerin ist
    von der Stadtratsfraktion ...

19. Respektieren Sie Rechtschreibung und Grammatik
    Die Erkenntnis, das die Energiekrise gelegen kam
ist, was das falsche das betrifft, so neu und so selten nicht. Mindestens so häufig ist ein falsches dass:

Mitteilung (Verständlichkeit)

> Das Bundespresseamt, dass seine Praxis nicht
> für rechtswidrig hält

Mit dem Wort das lassen sich weitere Fehler machen:

> Das Grundstück, was der Bürgermeister im vorigen Jahr

ist ebenso falsch wie die Verwendung von das, wo es was heißen müsste:

> Es gibt nichts, das die Annahme rechtfertigt.

Solche Fehler machen Sie aber sowieso nicht.
Jetzt ist es Zeit,

> um in unserem Stoff fortzufahren.

Einverstanden, nur ohne das Zweck- oder Absichts-*um*. Es genügt der Infinitiv:

> in unserem Stoff fortzufahren.

Weil wir gerade bei Deutschstunden-Erinnerungen sind:
Wie heißt der Genitiv von Embryo?

> des Embryos

und von Vatikan?

> des Vatikans.

Der Leser stutzt, wenn er auf Konstruktionen stößt, die den Genitiv unzureichend erkennen lassen:

> der Lieblingstanz Ludwig XIV

Ludwigs

> die Heimat des General de Gaulle

des Generals de Gaulle.
Wer an ein Hauptwort etwas unmittelbar anfügt, muss die Anfügung in den *Fall* setzen, in dem er das Hauptwort verwendet. Falsch ist also:

> Ein Verwaltungsgerichtsprozess gegen den Landkreis D-Stadt, dem jetzigen Träger des Krankenhauses

Richtig muss es heißen:
den jetzigen Träger

20. ... und achten Sie auf die Satzzeichen. Ohne eine Mindestration an Punkten, Kommas, Strichpunkten, Gedankenstrichen und Anführungszeichen kommen wir nicht weit, weil ohne sie der

Die Nachricht

Satz keine Struktur erkennen lässt. Interpunktionsschlamperei erregt beim Redakteur nicht nur den Verdacht, der Autor beherrsche die Interpunktion nicht – Interpunktionsschlamperei erschwert ganz schlicht die Verständlichkeit:

```
Danach beschloss ich meine Ausbildung an der
Fachoberschule fortzusetzen.
```

Bis zum vorletzten Wort führt der Satz auf die falsche Fährte, der Bewerber, aus dessen Lebenslauf ich zitiere, habe seine Ausbildung abgeschlossen. Den Irrtum hätte ein Komma verhindert

```
Danach beschloss ich, meine Ausbildung an der
Fachoberschule fortzusetzen.
```

Weiterführende Literatur:

Duden-Taschenbuch: Komma, Punkt und alle anderen Satzzeichen (Bibliographisches Institut Mannheim/Wien/Zürich)

Duden Band 5, Fremdwörterbuch (Bibliographisches Institut Mannheim/Wien/Zürich)

Jürg Häusermann, Journalistisches Texten. Sprachliche Grundlagen für professionelles Informieren (2. Auflage,UVK, Konstanz 2005)

Ludwig Reiners, Stilfibel. Der sichere Weg zum guten Deutsch (Deutscher Taschenbuch Verlag München)

Wolf Schneider, Deutsch für Profis. Wege zum guten Stil (Goldmann-Taschenbuch)

Josef Werlin, Wörterbuch der Abkürzungen (Duden-Taschenbuch)

Objektivität

Vom Journalisten erwartet man, dass er sich um eine »wahrheitsgemäße Berichterstattung«[28] bemüht. Für die Arbeit der Presse fordert der Pressekodex:[29], dass »zur Veröffentlichung bestimmte Informationen in Wort, Bild und Grafik ... mit der nach den Umständen gebotenen Sorgfalt auf ihren Wahrheitsgehalt zu prüfen und wahrheitsgetreu wiederzugeben« sind. Und von den Redakteuren bei öffentlich-rechtlichen Rundfunkanstalten verlangen die Rundfunkgesetze in ähnlichen Formulierungen »bei der Auswahl und Sendung der Nachrichten ... Objektivität und Überparteilichkeit«[30].

Objektivität

Zwei Hauptgründe: Was da in Berufsregeln und Gesetzen zum Teil apodiktisch gefordert wird, hat zwei zweckmäßige und vernünftige Gründe:
1. Der Berichterstatter soll dem Leser, Hörer, Zuschauer nicht das Denken abnehmen; er soll ihm nur die Fakten liefern, die ihn in die Lage versetzen, sich dann sein Urteil selbst zu bilden. Das ist der eine Grund: keine Bevormundung des Bürgers.
2. Jeder hat ein Recht darauf, dass sein öffentliches Wirken (auch wenn es vielleicht darin besteht, als Angeklagter vor Gericht auftreten zu müssen) nicht parteiisch dargestellt wird, sondern unvoreingenommen, sachlich und ohne Beigabe von Kommentar.

Das Darstellungsinteresse derer, *über* die berichtet wird, trifft sich mit dem Informationsinteresse derer, *für* die berichtet wird: Wer in den Medien informiert, soll sich um Objektivität bemühen.

Was ist Objektivität? Wir werden auf den nächsten Seiten kein Seminar in Erkenntnistheorie halten, sondern an Fällen aus der journalistischen Praxis prüfen: Was kann und muss der Journalist leisten, was nicht?
Erste selbstverständliche Forderung:

Die Fakten müssen stimmen. Also: Die Namen müssen stimmen, das Alter, die Teilnehmerzahl; was einem Redner als Zitat zugeschrieben wird, muss dieser auch wirklich so gesagt haben, usw.
In einem Streik spricht die Gewerkschaft von 10 000 Streikenden, der Arbeitergeberverband von 5 000. Die wirkliche Zahl kann der Nachrichtenredakteur nicht ermitteln; welche soll er nennen? 10 000? 5 000? 7 500 als Mittelwert? Oder soll er wegen der Schwierigkeit, die Wahrheit zu finden, ganz auf eine Zahlenangabe verzichten?
Hier ist die Antwort einfach. Er muss *beide* von den Interessengruppen genannten Zahlen anführen:

```
Nach Angaben der Gewerkschaft beteiligten sich
10 000 Arbeiter an dem Streik; der Arbeitge-
berverband spricht von 5 000 Streikenden.
```

Wo sich der Redakteur keine Gewissheit über den Sachverhalt verschaffen konnte, führt das Bemühen um Richtigkeit dazu, in aller Offenheit auf diese *Ungewissheit* aufmerksam zu machen.

Falsch wäre es, durch eigene Mutmaßungen die Ungewissheit zu überspielen und damit etwas vielleicht Unrichtiges hinaus zu geben. Gewissenhaftigkeit und Sorgfalt bei der Beschaffung und Weitergabe von Fakten zahlen sich für das Ansehen in der Öffentlichkeit und die eigene Zufriedenheit mehr aus als unzuverlässige Schnelligkeit. »Be first but first be right«, sagt man im angelsächsischen Journalismus.

Durch Ungenauigkeit verschuldete »Zeitungsenten« (es gibt diese Tiere auch in anderen Medien-Gegenden) sind peinlich. Der alte Spruch kann da nicht trösten, dass, wer eine »Ente« bringt, gleich zweimal etwas exklusiv hat:

```
Gestern waren wir als einzige Zeitung in der
Lage, zu berichten, dass ein Unbekannter der
Stadt zwei Millionen gestiftet hat; heute sind
wir als einziges Blatt in der Lage zu berich-
ten, dass nichts gestiftet wurde.
```

Vollständigkeit der Information: Die mitgeteilten Fakten müssen auch in einem weiter gesteckten Anspruch stimmen: Es genügt nicht, dass ich in einer Streitfrage zwar korrekt und ausführlich über die Argumente der einen Seite berichte, die Gegenseite aber – ebenfalls sachlich korrekt – mit deutlich weniger Sätzen abtue. Zur Richtigkeit der Darstellung gehört hier, dass ich die in der Diskussion aufgetauchten Argumente, soweit der Platz ausreicht, *vollständig und ausgewogen* wiedergebe. Allerdings stößt dieses Bemühen an Grenzen, die wir später unter dem Stichwort »innere Objektivität« näher betrachten werden.

Nachrichten leben auch von Meinungsäußerungen. Da wird vorgeschlagen, gefordert, kritisiert, erwidert, verteidigt und verdammt, aber immer nur von anderen, bitte nicht vom Nachrichtenschreiber. Die Meinungsäußerung eines in der Öffentlichkeit Stehenden ist Nachrichtenstoff wie jede Brandkatastrophe, Ge-

Objektivität

richtsverhandlung, Straßenumleitung oder Fußballmeisterschaft. Unterschiedslos für die Bearbeitung des gesamten Nachrichtenstoffs gilt:

Kein Kommentar! Darüber sind wir uns sicher einig, auch in der journalistischen Praxis erkennt das jeder an. Nur steht zwischen dem guten Willen und seiner Verwirklichung im journalistischen Alltag jene Spanne, die sonst mit dem Spruch »Der Geist ist willig, aber das Fleisch ist schwach« bezeichnet wird. Kann sein, dass man – in seltenen Fällen – emotional so bewegt ist, sich in Versuchung führen lässt und absichtlich einen Kommentar einflicht, kann aber auch sein, dass man (in der Mehrzahl solcher Verstöße) nur fahrlässig Wertungen einfließen lässt.

Der Bericht über einen Volksmarsch, bei dem im Gegensatz zu 7 000 Marschierern des Vorjahrs diesmal nur 2 500 mitmachten, vermischt Nachricht und Kommentar, wenn er schon im vierten Satz loslegt:

    Die Wanderer, die heuer ausblieben, stellen
    sich selbst nicht das beste Zeugnis aus; denn
    die Verärgerung über das organisatorische
    Fiasko, über das der Wanderverein letztes Jahr
    stolperte, wirkt einfach kindisch.

Saubere Trennung heißt nicht Kastrierung. Der aufgebrachte Wandertag-Reporter hätte seinen Zorn über die Ferngebliebenen nicht hinunterschlucken müssen, wenn er ihn aus dem Bericht ausgespart hätte. *Im Anschluss an die Information ist Platz und Zeit für den Kommentar:* entweder gleich unmittelbar angehängt (nur durch ein Sternchen getrennt und zum Beispiel in anderer Schrift) oder als Kommentar mit eigener Überschrift.

Nur, in den Informationsteil gehört das Urteil des Journalisten nicht, und sei es noch so allgemein und blass; wenn etwa der Lokalreporter in seiner Vorschau auf eine Kircheneinweihung schreibt:

    Architektonisch gesehen ist das Stadtbild von
    D-Burg um einen interessanten, wenn auch um-
    strittenen Akzent reicher.

Die Nachricht

Er empfindet die Kirche als
`interessanten Akzent im Stadtbild`
andere werden sie schlicht scheußlich finden, darauf deutet die Mitteilung
`umstritten`
hin.
`Interessant`
ist also Meinungsäußerung, nicht Information. Ob ein Bauwerk
`interessant`
ist, wird sich nie objektiv bestimmen lassen, weil eine Antwort nur der Geschmack des einzelnen geben kann.
Im Gegensatz dazu ist
`umstritten`
eine objektive Mitteilung; denn ob ein Streit stattgefunden hat (vielleicht andauert), lässt sich feststellen.

Der Reporter ist kein Laien-Beisitzer. Besonders fatal wirkt sich die Meinungsäußerung des Reporters in *Prozessberichten* aus, wenn er ein Urteil zu erkennen gibt, bevor das Gericht sein Urteil gesprochen hat. Aus dem Bericht über einen Verhandlungstag in einem größeren Prozess:
`Die Glaubwürdigkeit des Angeklagten bröckelte`
`im Verlauf der Beweisaufnahme immer mehr ab.`
Ob die Glaubwürdigkeit abbröckelte oder nicht, soll der Leser (oder Hörer oder Zuschauer) anhand des Berichtes selbst beurteilen können. Gerade weil der Journalist sich mit dem Gegenstand seiner Berichterstattung besonders intensiv und aus der Nähe beschäftigt, wird er sich meist seinen eigenen Vers machen. Aber der Vers darf in der Nachricht nicht anklingen.
Der Bericht über einen *Parteitag* zum Beispiel darf nicht erkennen lassen, ob ein Anhänger oder Gegner der Partei ihn verfasst hat.

Unbeabsichtigte Wertungen: Viel häufiger als die bewussten sind, wie gesagt, die unabsichtlichen Wertungen, die ganz beiläufig mit hineinrutschen, z. B. wenn man journalistische Klischees benützt, ohne zu überprüfen, ob die Worte das Gemeinte auch zutreffend wiedergeben.

Wenn die gewerkschaftlich organisierten Arbeitnehmer eines bestimmten Wirtschaftszweiges eine Urabstimmung erwägen, ob sie streiken sollen oder nicht, schlägt sich das üblicherweise in dem Satz nieder:
    In der XY-Industrie droht ein Streik
Was den einen als Bedrohung erscheint, können andere als Chance begrüßen.
    ... droht ein Streik
ist Kommentar. Richtig müsste es heißen:
    In der XY-Industrie gibt es möglicherweise einen Streik. Die gewerkschaftlich organisierten Arbeitnehmer werden am Donnerstag in einer Urabstimmung darüber entscheiden, ob sie streiken.
Wenn die Arbeiter in unserem Beispiel die Urabstimmung nicht abwarten, sondern gleich die Arbeit niederlegen, bieten sich dafür zwei Begriffe an:
    wilder Streik
und
    spontane Arbeitsniederlegung.
Beide Begriffe enthalten eine Wertung: Während man für einen »wilden Streik« wenig Sympathie aufbringen kann, hat der gleiche Vorgang als »spontane Arbeitsniederlegung« etwas Dynamisches und Fortschrittliches an sich. Korrekt sind beide Bezeichnungen nicht. Je nachdem, wie die konkreten Umstände sind, könnte man besser die Formulierung verwenden, dass die Arbeitnehmer
    ohne formellen Beschluss in den Streik getreten
sind, oder könnte von einem
    Warnstreik
sprechen.

Mit diesem Beispiel sind wir bereits an der Grenze dessen, was der um objektive Beschreibung bemühte Journalist noch leisten kann. Je stärker er raffen muss, um so größer wird die Schwierigkeit, einen komplizierten Sachverhalt angemessen wiederzugeben.
Dass irgendwo Menschen sich zusammengetan haben und auf

Die Nachricht

den Straßen gegen die Regierung kämpfen, kann ich noch einigermaßen sachlich und wertungsfrei mitteilen. Weil ich aber im Laufe des Berichts auch eine *Kurzform* zur Bezeichnung der auf der Straße Kämpfenden verwenden muss, habe ich mich bei der Wortwahl für einen der vielen in Frage kommenden Begriffe zu entscheiden, die alle werten:

```
Aufständische
Freiheitskämpfer
Rebellen
```

und so weiter. Es gibt Fälle, in denen uns kein absolut wertneutraler Begriff zur Verfügung steht.

Zurück zu den unbeabsichtigten Wertungen, die aus Nachlässigkeit entstehen, nicht aus der Not der Begriffswahl. Nicht selten fühlt sich ein Reporter oder Redakteur z. B. verpflichtet, die Tatsache, dass ein prominenter Gast eine Versammlung mit seiner Anwesenheit beehrt hat, im Bericht nicht nur zu registrieren, sondern auch behutsam zu würdigen:

```
Bundesminister Z hatte es sich nicht nehmen
lassen, an der Feier teilzunehmen.
```

Von dem gestelzten Begriff

```
sich nicht nehmen lassen
```

(wer will ihm denn etwas nehmen?!) und der störenden Wortwiederholung

```
nehmen lassen, ... teilzunehmen
```

einmal abgesehen: Wäre es nicht objektiver (und anschaulicher dazu), statt diesen devoten Schnörkel anzubringen, ganz nüchtern *darzustellen*, gegen welche konkurrierenden Einladungen und sonstigen Hindernisse der Gast sich gerade für diese Feier entschieden hat. Vielleicht kommt dabei heraus, dass er so viel anderes gar nicht vorhatte.

```
In dem nunmehr drei Wochen währenden Streit
zwischen Elternbeirat und Schulbehörde hat das
Kultusministerium endlich nachgegeben.
```

Kaum jemand denkt sich etwas dabei, wenn er solches liest oder schreibt. Aber

```
endlich
```

ist Kommentar und hat deshalb in einer Nachricht nichts zu suchen.

Bestimmte Adjektive, die sich fast ganz von selbst an Hauptwörter anhängen, muss man kritisch daraufhin überprüfen, ob sie nicht Wertungen einbringen und ob man sie darum besser weglässt.
Hanns Gorschenek[31], lange Jahre Nachrichten-Chef des Deutschlandfunks, hat sich über einige häufig verwendete Adjektive Gedanken gemacht:
»Ich bezweifle, dass von der Nachrichtenredaktion her verifiziert werden kann, ob beispielsweise ein Zwischenfall ›ernst‹ oder ›sehr ernst‹ gewesen ist. Da gibt es immer wieder die ›offenen‹ und ›drängenden‹ Probleme, ›scharfe Kritik‹ muss geübt werden. Selbstverständlich sind Rücktritte meist ›Aufsehen erregend‹. Ob sie wirklich auch ›überraschend‹ sind, versucht der Redakteur ohne Rücksicht darauf zu entscheiden, dass sie der Rezipient vielleicht nicht überraschend findet.«

Fremde Urteile dürfen nicht in die Nachricht einfließen, es sei denn als *Gegenstand* der Berichterstattung. Gefährlich, wenn im Bericht über eine Veranstaltung dort geäußerte Meinungen nicht als solche gekennzeichnet, sondern als Tatsache verkauft werden:

```
Die Kritik an den übertriebenen Forderungen
der Naturschützer bei der Planung der Flurbe-
reinigung im Vorfeld des Nationalparks stand
im Mittelpunkt der öffentlichen Diskussion der
letzten Sitzung des Kreistages.
```

Sind die Forderungen der Naturschützer wirklich »übertrieben«? Wer den Bericht bis zu Ende liest, erfährt, dass tatsächlich alle Redner kritisierten, die Einwände des Naturschutzes würden zu stark berücksichtigt. Aber es macht eben den entscheidenden Unterschied, ob ein *Gremium* findet, das sei so, oder ob ich als *Reporter* diese Meinung des Gremiums als Tatsache unterstelle.
Am Rande sei angemerkt, dass der Satz nicht nur einen versteckten Kommentar enthält, sondern auch unnötige und damit

Die Nachricht

schlechte *Substantivierungen*. Eine Kette von sage und schreibe sieben Substantiven ist keinem Zeitungsleser oder Radiohörer zuzumuten.

Um Objektivität bemüht, hätten wir formulieren müssen:
>Die Kritik an den *nach Ansicht des Kreistags übertriebenen* Forderungen der Naturschützer ...

Wären die übertriebenen Forderungen ein Zitat aus der Kreistagssitzung, könnte man auch durch Anführungszeichen signalisieren, dass der Berichterstatter nicht seine eigene, sondern eine fremde Meinung wiedergibt:
>Die Kritik an den »übertriebenen Forderungen« der Naturschützer

(vgl. Beitrag »Bericht«).

Mag sein, dass der Reporter sehr beeindruckt war von der Predigt bei der Abschlussfeier für die Abiturienten; damit ist aber noch nicht gesagt, wie sie auf die Abiturienten gewirkt hat. Er darf also nicht schreiben:
>... eine Predigt, die dem hochgeschätzten Religionslehrer sichtlich von Herzen kam und den Weg zu den jungen Leuten auch gefunden hat.

Wenn der Reporter berichten will, wie die Predigt auf die Abiturienten gewirkt hat, muss er sie *fragen* und ihre Antworten teils zusammenfassen, teils wörtlich zitieren.
Aus diesen Antworten kann der Leser dann selbst feststellen, ob die Predigt
>den Weg zu den jungen Leuten gefunden hat.

Falsche Koppelungen: Gefahr für ihre Objektivität droht einer Nachricht auch dadurch, dass der in ihr mitgeteilte Sachverhalt mit anderen Tatsachen gekoppelt wird, die nichts mit dem Sinn der Mitteilung zu tun haben.
Das kann den mitgeteilten Sachverhalt in ein falsches Licht bringen:
>Nachdem mit nicht gerade überwältigender Beteiligung der sozialversicherten Arbeitnehmer

Objektivität

> die Sozialwahlen abgeschlossen worden sind,
> stehen in den Behörden und Ämtern neue Wahlen
> bevor: die Personalratswahlen.

Der Berichterstatter hält offenbar nicht viel von solchem Wahlaufwand. Im Kommentar mag er die Personalratswahlen kritisieren, im Bericht aber muss er sich einer eigenen Stellungnahme enthalten. Auch wenn diese in nichts weiter besteht als in der gedanklichen Koppelung mit den vorausgegangenen Sozialwahlen und der nach Meinung des Berichterstatters

> nicht gerade überwältigenden Beteiligung.

Wann ist eine Wahlbeteiligung objektiv »überwältigend«? Dafür liefert uns niemand hieb- und stichfeste Kriterien, also lassen wir solche Bewertungen in der Nachricht weg.

Was halten Sie von folgender Überschrift?

> NPD-Funktionär erschoss Feriengast

Ob der Sachverhalt die Überschrift rechtfertigte? Der »NPD-Funktionär« B. war NPD-Stadtrat von Idar-Oberstein. Den Feriengast W. erschoss er in einem Ort an der Mosel im Gasthaus. Dort war beim Tanz ein Streit um seine Freundin ausgebrochen, der in eine Schlägerei mündete:

> Der NPD-Funktionär ... sei zu seinem Auto gelaufen, habe eine Pistole aus dem Handschuhfach geholt und dreimal auf seine Widersacher gefeuert, die ihn verfolgten. Zwei Kugeln trafen W. tödlich. B. wurde festgenommen. In den Verhandlungen berief er sich nach Angaben der Polizei auf Notwehr.

Wenn das ein SPD-, CDU- oder FDP-Stadtrat gewesen wäre? Hätte dann die Überschrift gelautet:

> SPD-Funktionär erschießt Feriengast

Sicher nicht. Was hat denn die Parteizugehörigkeit mit einem tödlich endenden Wirtshausstreit um eine Frau zu tun, würde da jeder fragen. Warum hat man's beim NPD-Stadtrat damals nicht auch gefragt? Die NPD ist eine rechtsextremistische, ideologisch verbohrte Partei, trotzdem war die damalige Meldung nicht objektiv.

Die Nachricht

Bitte, prüfen Sie bei jeder Meldung, ob das, was Sie an Fakten dazugeben, ein wesentlicher Bestandteil dieser Nachricht ist und deshalb *unbedingt gebracht* werden muss oder ob diese Zusatzinformationen geeignet sind, Vorurteile zu begründen oder zu befestigen. Weil sie ein 18jähriges Mädchen in ihrem Dienstwagen vergewaltigt hatten, verurteilte die Jugendkammer beim Landgericht Bamberg vier US-Soldaten.

```
Das Gericht sah es als erwiesen an, dass die
vier amerikanischen Soldaten, mit Ausnahme von
G. Farbige, am Abend des 22. November ...
```
Drei der vier waren also Schwarze oder – wie es politisch korrekt heißt – US-Amerikaner afrikanischer Herkunft. Ist das ein wesentlicher Bestandteil? Muss der Leser das wissen, um die Nachricht voll verstehen und würdigen zu können? Die Antwort kann nur nein heißen. Anders wäre es natürlich, wenn nach den Vergewaltigern noch gefahndet würde. Dann müsste man unbedingt erwähnen, dass nach Aussage der jungen Frau drei der Täter Schwarze waren.

»Objektiv sein heißt die Wirklichkeit richtig beschreiben«, sagt Heinz Bäuerlein[32], der seine Doktorarbeit über die Objektivität des Nachrichtenjournalismus geschrieben hat. Er erklärt den Begriff Objektivität, indem er uns zwei andere Begriffe zur Klärung aufgibt: Was ist *Wirklichkeit*? Was ist *richtig*?

Für richtiges Beschreiben der Wirklichkeit beim journalistischen Alltag haben wir bereits einige Regeln zusammengetragen:
- Alle gemeldeten Fakten müssen stimmen.
- Wo der Journalist trotz sorgfältiger Recherche keine Gewissheit erlangen kann, muss er sein Publikum darauf hinweisen, damit es nicht ungewisse Fakten für gewiss nimmt.
- Zur Richtigkeit einer Darstellung gehört, dass sie vollständig und ausgewogen ist.
- Die Nachricht darf keine Meinungsäußerungen des Verfassers oder Bearbeiters enthalten (Trennung von Nachricht und Kommentar).

Objektivität

- Floskeln, durch die (auch unbeabsichtigt) Meinung in die Nachricht einfließen könnte, sind zu vermeiden.
- Meinungsäußerungen anderer, die Gegenstand der Nachricht sind, müssen unmissverständlich als solche gekennzeichnet werden.
- Bei der Ausgestaltung einer Nachricht ist zu beachten, dass schmückende und ergänzende Fakten eine nicht gerechtfertigte Tendenz in die Nachricht bringen können.

Was in diesen sieben Punkten an Regeln steckt, kann ein um Objektivität bemühter Journalist bei seiner Alltagsarbeit beachten, dieses Maß an Objektivität und Richtigkeit kann er leisten. Ich nenne das die *äußere Objektivität:* sie lässt sich durch die Einhaltung formaler Prinzipien und Maßstäbe erreichen. Und das damit Erreichte ist Information mit einem hohen Maß an Objektivität.
Aber äußere Objektivität ist nicht die volle Objektivität. Wie sagt Heinz Bäuerlein? »Objektiv sein heißt die Wirklichkeit richtig beschreiben.«
Mir scheint, die bisher besprochenen Regeln zielen vor allem auf das richtige Beschreiben.

Was aber ist die Wirklichkeit? Ein Beispiel für das Dilemma. Der Polizeireporter bekommt folgende Fakten mitgeteilt:
- Um elf Uhr nachts
- Lkw
- überfährt Frau
- mitten im Ort auf der Hauptstraße.
- Frau war gestern 80 geworden,
- hatte noch einen kurzen Spaziergang nach der Geburtstagsfeier machen wollen.
- Fahrer des Lkw, ein Belgier,
- hatte – so stellte die Polizei fest – bei der letzten Rast um neun Uhr vier große Gläser Bier getrunken.
- Entgegen der Vorschrift ist er an dem Tag 13 Stunden gefahren, um zu Geld zu kommen.
- Frau ist tot.

Die Nachricht

- Sie ist seit dem Tod ihres Mannes vor fünf Jahren Eigentümerin des größten Geschäftes am Ort.
- Auch die Frau hatte Alkohol getrunken.
- Ob sie unvorsichtig über die Straße ging, ließ sich bisher nicht klären. *(Fall A)*.

Stellen wir uns vor:
- Die getötete Frau ist statt Geschäftseigentümerin Rentnerin aus dem Altenheim am Rande der Stadt. *(Fall B)*.

Im Übrigen wie Fall A.

Im Fall A könnte die Zeitung den *Tod der Geschäftsfrau* in den Mittelpunkt stellen und dem Bericht mehrere Spalten einräumen. Im Fall B wird sich die Aufmerksamkeit mehr dem zumindest angetrunkenen und übermüdeten belgischen *Fernfahrer* zuwenden, der mitten im Ort einen Menschen tötet. Der Bericht wird wohl auch nicht so lang sein wie im Fall A. Und damit sind wir bei der Frage nach der *inneren Objektivität:*

Die Wirklichkeit richtig beschrieben zu haben, diese Überzeugung stellt sich bei Journalist und Publikum um so eher ein, je höher der Grad der Übereinstimmung zwischen beiden ist. »Das Objektivitätspostulat«, schreibt der Schweizer Publizistikwissenschaftler Ulrich Saxer[33], »gründet ... in der sozialen Übereinkunft, einen bestimmten Typus von Aussagen als deckungsgleich mit der Wirklichkeit anzuerkennen, weil diese Aussagen offenbar dem gemeinsamen Sinnhorizont entsprechen. Damit Aussagen überhaupt als objektiv erscheinen, muss somit eine gemeinsame gesellschaftliche Konstruktion der Wirklichkeit (Peter Berger/Thomas Luckmann) gegeben sein.«

Den Begriff »objektiv« will der Germanist Manfred Heun[34] nur als Kategorie der Erkenntnistheorie gelten lassen. Objektive Nachricht bedeutet nach Heun »*objektiv wahre* Nachricht« in dem Sinn, »dass dem Sachverhalt, der berichtet wird, ein realer, außerhalb des Erkenntnissubjekts als Erkenntnisobjekt existierender Sachverhalt entspricht«. Die anderen im Zusammenhang mit Objektivität erhobenen Forderungen der von Heun in Frage

Objektivität

gestellten »liberalen Medientheorie« formuliert er um in den Anspruch, »… dass die Nachricht wertungs- und gefühlsfrei dargestellt, neutral ausgewählt und wertungs- und emotionsneutral realisiert wird«.

Aus den Vereinigten Staaten berichtet der deutschamerikanische Journalismus-Lehrer Hanno Hardt, dass man dort statt von Objektivität lieber von Fairness als journalistischem Prinzip spricht.

Eine Bundestagssitzung. Zunächst gibt die Kanzlerin eine Erklärung ab, dann spricht der Fraktionsvorsitzende der größten Oppositionspartei, dann der Fraktionsvorsitzende der größeren Regierungspartei … Über diese zweieinhalb Stunden Parlament soll der Journalist einen objektiven Bericht machen. Zitate hat er wörtlich mitgeschrieben, Zahlen und sonstige Fakten auch, die Gebote der *äußeren* Objektivität wird sein Bericht einhalten.

80 Zeilen darf er schreiben. Wie wählt er aus?
- Soll er den Platz einfach 60:40 oder 50:50 aufteilen zwischen Regierung plus Regierungsparteien einerseits, Oppositionsparteien andererseits?
- Oder sollte er die Regierung eigens berücksichtigen?
- Oder braucht er überhaupt keinen Proporz zu wahren und kann seinen Text nach dem (von ihm subjektiv eingeschätzten) Gewicht der Reden verteilen?
- Der Sprecher einer Partei hat überhaupt nichts Neues gebracht, Kann der Reporter ihn ganz weglassen oder muss er wenigstens anstandshalber ein paar Zeilen davon niederschreiben?

Wie immer der Journalist sich auch entscheidet, die Wirklichkeit dieser Bundestagssitzung wird er nur in Bruchstücken beschrieben haben.

Bei der Auswahl der Fakten durch die Reporter, bei der Auswahl und Bearbeitung der Beiträge durch den Redakteur wird am deutlichsten, dass bei strenger Wahrung äußerer Objektivität die innere Objektivität nicht erreicht werden kann. Manfred Steffens[35] erzählt:

Die Nachricht

»Als der amerikanische Präsident John F. Kennedy am 22. November 1963 in Dallas, Texas, ermordet wurde, trafen die Blitz- und Eilmeldungen über das Ereignis gerade in dem Augenblick in Deutschland ein, in dem die deutsche Presse erfahrungsgemäß sowieso gegen die stärkste Papierflut anzukämpfen hat: am frühen Freitagabend unmittelbar vor oder nach Redaktionsschluss für die umfangreichen Samstagsausgaben.
Für die jetzt hereinbrechende neue Nachrichten-Flut mussten die Zeitungen buchstäblich in Minutenschnelle rücksichtslos Platz schaffen, wie kurz zuvor schon die Nachrichten-Agenturen. Bei dpa hatten, als die Meldung von dem Attentat auf Präsident Kennedy eintraf, fast neunzig Meldungen zum Senden bereitgelegen, von denen dann die meisten – etwa siebzig – notgedrungen in den Papierkorb wanderten.
Kein Leser wird also je erfahren, was in diesen rund siebzig Nachrichten stand, die einem nach Ansicht der verantwortlichen Redakteure wichtigeren Ereignis weichen mussten. Somit bleibt offen, ob wirklich alle Leser, wie dpa unterstellen musste, in gleicher Weise die Nachrichten über die Ermordung Kennedys für wichtiger hielten als die rund siebzig Meldungen, die diesem Ereignis geopfert wurden.«

Welche Ereignisse machen die Wirklichkeit eines Tages aus? Was kommt auf die erste, was auf die zweite Zeitungsseite? Wie viel Platz für Nachricht A, wie viel für Nachricht B? Einspaltig, zwei- oder mehrspaltig? Welche Überschrift? Mit Bild oder ohne Bild? Und in welches Umfeld setze ich die Nachricht? Wie ich's auch mache, ohne Effekt ist das nicht.
Welche Platzierung wäre objektiv? Darauf gibt es wiederum keine Antwort, weil es eben *die* Wirklichkeit nicht gibt.

Kriterien für die Auswahl von Nachrichten und die Sortierung nach Wichtigkeit sind für jede Redaktion die Wünsche und das Vorwissen ihrer Zielgruppe: Was wissen meine Leser, meine Zuschauer und Zuhörer bereits? Was ist für sie neu, womit kann ich sie überraschen und mein Produkt spannend machen?
Radionachrichten, die stündlich aktualisiert werden, gewichten

deshalb anders als die Tagesschau am Abend. Die Zeitung wiederum wird auf der Titelseite nicht die Tagesschau des Vorabends wiederholen, sondern eigene Schwerpunkte setzen, etwa durch Exklusiv-Meldungen oder regionale Themen. Und eine wöchentlich erscheinende Zeitschrift muss wieder anders gewichten, um mit Neuigkeiten zu überraschen und dadurch Leser zu finden.

Einen medienübergreifenden Konsens über die wichtigsten Nachrichten der Stunde, des Tages oder der Woche wird es nur bei ganz zentralen Ereignissen geben – schon allein, weil jedes Medium eine eigene exklusive Themenmischung bieten muss, um in der riesigen Medienkonkurrenz überleben zu können. Wer abonniert zum Beispiel noch eine Tageszeitung, wenn er alles, was darin steht, schon aus den Fernsehnachrichten, aus dem lokalen Radiosender oder dem Internet kennt? Jedes Medium muss eine Mischung aus bereits Bekanntem und Unbekanntem schaffen, damit sich der Nutzer damit wohl fühlt.

Der Unterschied zwischen äußerer und innerer Objektivität: Um *äußere* Objektivität kann sich jeder Journalist mit Erfolg bemühen, indem er sorgfältig recherchiert und korrekt berichtet. Einige Kriterien für solche äußere Objektivität haben wir in der sieben Punkte umfassenden Liste zusammengetragen. Aber jeder Sachverhalt stellt sich in sehr verschiedenen Wirklichkeiten dar, je nach der »Weltanschauung« des Wahrnehmenden. Hier endet der Bereich äußerer Objektivität, die man leisten kann, und geht über in den Bereich der *inneren* Objektivität, die man nicht leisten kann. Man kann entsprechend den Übereinkünften einer »gemeinsamen gesellschaftlichen Konstruktion der Wirklichkeit« berichten, aber eine Beschreibung der Wirklichkeit, also innere Objektivität, leistet man damit nicht.

Dieses Dilemma zu erkennen und daraus kritische Skepsis herzuleiten hilft weiter als die Selbsttäuschung über eine (innere) Objektivität, die es nicht gibt.
Dass diese innere, letzte, absolute Objektivität vom Menschen nicht zu verwirklichen ist, heißt aber nicht, sie als *anzustrebendes*

Die Nachricht

Ziel aufzugeben. Objektivität als Utopie zu erkennen schafft keinen Freibrief für den Journalisten, nun unkontrolliert seine Subjektivität zu pflegen und sich mit solcher Schluderei noch besonders ehrlich und mutig vorzukommen. Das *Bemühen* um eine niemals ganz erreichbare Objektivität bringt zumindest Annäherungen an die Realität, bringt jedenfalls ein *Mehr* an Objektivität.

Zwei Spiele zum Schluss: Beschaffen Sie sich je zwei Exemplare verschiedener Zeitungen von einem Tag. Den einen Satz Zeitungen zerschnippeln Sie. Wählen Sie aus dem so gewonnenen gesamten Nachrichtenmaterial die *15 Nachrichten* aus, die Ihnen für die Beschreibung der Wirklichkeit dieses Tages am wichtigsten erscheinen. Bestimmen Sie daraus noch die drei allerwichtigsten. Jetzt nehmen Sie den zweiten Satz Zeitungen und haken Sie ab, welche von den 15 Meldungen gebracht sind, welche nicht, und wieweit die Top-Meldungen in diesen Blättern mit Ihren drei Top-Nachrichten übereinstimmen. Begründen Sie Ihre Auswahl.
Schon dieser Test, der ja nur die *Auswahl* der Nachrichten-Themen überprüft, wird Ihnen eine Vielzahl möglicher Wirklichkeiten eröffnen. Nachrichten-Länge und -Inhalt haben wir dabei noch gar nicht in Betracht gezogen.

Deshalb ein zweites Spiel: Schreiben Sie aus einer Rede, einem längeren Interview (z. B. Spiegel-Gespräch), einem Kommuniqué oder sonst einem längeren Originaltext eine *Zehn-Zeilen-Meldung* über dessen wichtigsten Inhalt. Geben Sie diesen Originaltext an Ihren Freunde weiter und lassen Sie sie (jeden für sich) ebenfalls diese zehn wichtigsten Zeilen herausholen. Dann vergleichen Sie die Meldungen und diskutieren die Unterschiede. Jeder Autor wird für die Auswahl seiner Zehn-Zeilen-Wirklichkeit gute Gründe anführen können.

Weiterführende Literatur:
Herbert Riehl-Heyse, Bestellte Wahrheiten. Anmerkungen zur Freiheit eines Journalistenmenschen (Droemer Knaur, München 1992)
Wolf Schneider (Hrsg.), Unsere tägliche Desinformation, Wie die Massenmedien uns in die Irre führen (5. Auflage, Stern-Buch im Verlag Gruner + Jahr, Hamburg 1992)

Weitere informierende Darstellungsformen

Die Nachricht, das haben wir gesehen, bildet den Kern der Information; Das neue Medium Internet mit seinem minutenschnellen Nachrichtentempo (»Online first«) befriedigt immer mehr die Bedürfnisse der Leute, die nur rasch das Neueste erfahren wollen. Bei den Nachrichten bringt also das Internet vor allem die im 24-Stunden-Rhythmus erscheinenden Tageszeitungen in Verlegenheit. Deren Antwort besteht im Wesentlichen nicht nur darin, bestimmte *Themenfelder* intensiver zu pflegen: mehr Lokales, mehr Service, mehr Boulevard. Ihre Antwort liegt auch in den mehr oder weniger stark veränderten *Informationszielen*: mehr Hintergrund, mehr Erklärung, mehr Unmittelbarkeit.

Dafür eignen sich informierende Darstellungsformen, die über die bloße Nachricht hinausreichen: Bericht und Analyse ebenso wie Reportage, Interview und Feature. Von diesen Darstellungsformen handelt das folgende Kapitel.

Bericht

Wer bei einer Lokalzeitung anfängt, hat oft über die Veranstaltungen der Vereine Berichte zu schreiben: Sportverein, Alpenverein, Spar- und Begräbnisverein, Trachtenverein, Gesangverein, Rentner- oder Altenclub, Schützenverein, Freiwillige Feuerwehr, Fremdenverkehrsverein, Ehemaligen-Verein, Heimatverein, Kulturverein, Schachclub, Fotoclub, Rotes Kreuz, Jugendorganisationen, Ortsgruppen beruflicher, konfessioneller und politischer Verbände sowie der Parteien.

Überall finden Neuwahlen statt, begrüßen Vorsitzende Ehrengäste und Referenten, werden Ehrennadeln verteilt und verstorbene Mitglieder geehrt. Wer da als Berichterstatter nicht nach dem Besonderen sucht, das die Mittwoch-Veranstaltung vom Dienstag- und Donnerstag-Abend unterscheidet, liefert in der

Redaktion nur ein blasses Protokoll ab, das allenfalls die Mitglieder des jeweiligen Vereins interessiert.

Unterschied Nachricht – Bericht: Der Bericht ist ein Bruder der Nachricht, aber größer und auch schon ein wenig reifer. Zusammenhänge, Vorgeschichte und andere wichtige Aspekte des Themas kann der Bericht berücksichtigen.

Das Aufbauprinzip der Nachricht (Gliederung nach abnehmender Wichtigkeit) gilt statt für Sätze beim Bericht für *Absätze*. Innerhalb des einzelnen Absatzes braucht man sich nicht so streng an das Nachrichtenaufbauschema zu halten, kann also einen Vorgang oder einen Diskussionsbeitrag in chronologischer Abfolge bringen.

Der erste Absatz sollte die wichtigsten Fakten des ganzen Berichts als Lead voranstellen.

Wo der Berichterstatter bei der *Nachricht* Ausführungen eines Redners bis aufs Skelett reduziert (forderte die Gemeinde auf, den Schulbusbetrieb sofort wieder aufzunehmen) oder nur ein Stückchen Zitat unterbringt (forderte die Gemeinde auf, sofort »die paar Euro locker zu machen«, die für die Wiederaufnahme des Schulbusbetriebs nötig seien) hat er es beim *Bericht* meist mit *vielen, gelegentlich langen Zitaten* zu tun. Zitate machen eine Mitteilung authentischer, beleben und lockern auf.

Ein paar Regeln und Vorschläge für richtiges Zitieren: Lassen Sie keine Unklarheit darüber aufkommen, von wem das Zitat stammt. Vor allem, wenn Sie mehrere Redner oder sonstige Quellen zitieren, sollten Sie jedes Zitat eindeutig identifizieren. Und: Geben Sie nie der Versuchung nach, Zitate zu erfinden oder zu frisieren.

In Anführungszeichen gesetzte (wörtliche) Zitate bringt man in direkter Rede. Also nicht

    Einer sagt: »Man müsse den Zulieferern wohl
    glauben!«

Wie es richtig heißen muss, ist klar. Entweder direkte Rede

Einer sagt: »Man muss den Zulieferern wohl
glauben.«
oder indirekte Rede (ohne Anführungszeichen)
Einer sagt, man müsse den Zulieferern wohl
glauben.
In einem guten Bericht wechselt direkte Rede mit indirekter Rede ab. Der Wechsel macht den Bericht dynamischer.

Die Kunst der indirekten Rede ist die Kunst des richtig gebildeten *Konjunktivs*.
Also nicht:
Allgemein denken die Tankstellenbesitzer, es
hat sich alles schon wieder ein bisschen be-
ruhigt, es wird sich weiter beruhigen.
Entweder Sie referieren in direkter Rede (allerdings wegen der Zusammenfassung mehrerer unterschiedlich formulierter Antworten ausnahmsweise ohne Anführungszeichen)
Allgemein denken die Tankstellenbesitzer: Es
hat sich alles schon wieder ein bisschen be-
ruhigt, es wird sich weiter beruhigen.
Oder Sie wählen die indirekte Rede
Allgemein denken die Tankstellenbesitzer, es
habe sich alles schon wieder ein bisschen be-
ruhigt, es werde sich weiter beruhigen.

Den Konjunktiv der indirekten Rede bildet man aus derselben Zeit, in der das Verbum in der direkten Rede stand. Das Zitat in direkter Rede
Er sagte: »Ich bin am Ende«
heißt in indirekter Rede also nicht
Er sagte, er wäre am Ende
sondern
Er sagte, er sei am Ende.
Ausnahme von der Regel: Wenn im konkreten Fall der Konjunktiv mit dem Indikativ zusammenfiele. Hier weicht man in den so genannten *zweiten Konjunktiv* aus.

Weitere informierende Darstellungsformen

Falsch	*Richtig*
Präsens	
Ich sagte, ich arbeite	Ich sagte, ich arbeitete
Perfekt	
Ich sagte, ich habe gearbeitet	Ich sagte, ich hätte gearbeitet
Futur	
Ich sagte, ich werde arbeiten	Ich sagte, ich würde arbeiten

Achten Sie darauf, dass Sie das Zitat nicht an der falschen Stelle unterbrechen. Falsch:
»Die größten«, führte der Referent aus, »Erfolge haben wir mit einheimischem Mastfutter erzielt.«
Richtig:
»Die größten Erfolge«, führte der Referent aus, »haben wir ...«

Neuntes W: Für wen? Für welchen Adressaten, für welches Ressort mache ich meinen Bericht? Auch dieses W muss der Journalist ständig mitbedenken.

Ein Architekt, der in der Volkshochschule von A-Stadt über modernen Krankenhausbau spricht, wird sich mit seinem Vortrag im Lokalbericht anders akzentuiert dargestellt finden als im Bericht für die Seite »Aus Wissenschaft und Technik« oder für die Wochenendbeilage.

Der Bericht soll in den Lokalteil. Gut, dann werde ich nicht nur das Wichtigste aus dem Vortrag wiedergeben, sondern zusätzlich in den Bericht einbauen:
a) ein Gespräch mit dem *Referenten*
    – Was hält der Architekt von dem A-Städter Krankenhaus-Projekt?
    – Hat er sich schon damit befasst?
    – Will er sich damit befassen?
    – War der Architekt schon öfter in A-Stadt? Aus welchen Anlässen?

Bericht

b) lokal-interessierende Fakten aus der *Veranstaltung*
   - Wie viele Zuhörer, darunter wie viele Architekten?
   - Einiges aus der Begrüßungsrede,
   - Thema des nächsten Volkshochschul-Vortrages dieser Reihe.

Angenommen, das Thema heißt »Moderner Krankenhausbau – ein internationaler Vergleich«. Widmet der Referent schon von sich aus dem S-Städter Krankenhausprojekt (interessante) drei von 40 Vortragsminuten, dann tut der Berichterstatter nicht unrecht, wenn er diese drei Minuten in den Mittelpunkt seines Berichts für den *Lokalteil* rückt und das eigentliche Vortragsthema (die restlichen 37 Minuten) nur als Hintergrund erwähnt, vor dem sich der Architekt so lokalbezogen äußerte.

Für die *Technik-Seite* wird der Berichterstatter die Tendenzen im modernen Krankenhausbau herausarbeiten, für die *Wochenendbeilage* stärker aus der Sicht des Patienten als der des Architekten berichten.

Der Bericht kann Reportage-Elemente aufnehmen, wenn der Berichterstatter nicht nur ausführlich das Ereignis meldet,

```
OB eröffnet Senioren-Club
```

sondern sich am Ort des Ereignisses umsieht und seine Wahrnehmungen schildert. Im Beispielfall wird der Berichterstatter-Reporter (s. o.) also mit den ersten Gästen reden, sie beobachten (und ihnen zuhören), wenn sie die Clubräume in Besitz nehmen, die Musikanlage ausprobieren, ihren ersten Skat spielen und den ersten Schoppen von der Theke holen.

Solche Berichte folgen einer eigenen Dramaturgie, die auch erzählender Natur sein kann. Der Übergang zur nächsten journalistischen Darstellungsform – der Reportage – ist also fließend.

Reportage

```
Eine schwere Gasexplosion, die am Montagmor-
gen ein fünfstöckiges Wohnhaus im Münchner
Stadtteil Schwabing vollkommen zerstörte,
```

Weitere informierende Darstellungsformen

forderte bisher zwei Menschenleben und verletzte 18 Personen zum Teil schwer. Nach Angaben der Polizei wurde am Nachmittag immer noch ein Hausbewohner vermisst. Sie schließt nicht aus, dass er sich noch unter den Trümmern des teilweise eingestürzten Hauses befindet.

Eine *Nachricht* der dpa, Landesdienst Bayern. Am selben Tag verbreitete dpa eine *Reportage* vom Unglücksort; sie fing so an:

7 Uhr 18 zeigte die weißlackierte Küchenuhr, die unter den Gesteinstrümmern auf der Straße lag. Zu dem Zeitpunkt war sie unter der Wucht einer Gasexplosion durchs Fenster geflogen. Rundherum lagen verstreut noch andere Küchengegenstände, zertrümmerte Fernsehapparate, Möbel und ein blutiges Leintuch. Im zweiten Stockwerk wehten zerfetzte Vorhänge vor den herausgerissenen Fensterstöcken im Wind, darunter baumelten ein paar Heizungskörper an ihren Leitungen.

Die Reportage ist kein Ersatz für Nachricht oder Bericht, sondern deren *Ergänzung*. Der Reporter schildert, was er sieht und erfährt, notiert sich bezeichnende Einzelheiten (z. B. dass die weißlackierte Küchenuhr bei 7 Uhr 18 stehen geblieben ist) und schreibt in der Redaktion nieder, was er (das meint das französische Wort *reporter*) zurückgebracht hat.

Warum der Reporter für seine Skizze das Präteritum

lagen
wehten
baumelten

bevorzugt, ist mir nicht klar. Denn im Präsens würde seine Schilderung eindringlicher und unmittelbarer:

7 Uhr 18 zeigt die weißlackierte Küchenuhr, die unter den Gesteinstrümmern auf der Straße liegt ... Rundherum liegen verstreut noch an-

dere Küchengegenstände... Im zweiten Stock wehen zerfetzte Vorhänge vor den herausgerissenen Fensterstöcken im Wind, darunter baumeln ein paar Heizungskörper an ihren Leitungen.

So konkret und anschaulich wie möglich. Die Reportage vom eingestürzten Haus befolgt diese Regel, aber nicht konsequent. Sie fängt so bildhaft mit der Küchenuhr an, wird aber unmittelbar danach auffällig blass durch den Satz
      Rundherum lagen verstreut noch andere Küchengegenstände ...
Das Wort
      Küchengegenstände
schafft in meiner Vorstellung kein Bild, und wenn, vielleicht ein falsches. Sind es
      Kochlöffel und Schneebesen
oder
      Küchenwaage, Gewürzgläser, Kochbuch
oder Töpfe und Deckel aus
      Email, Aluminium oder Eisen?
Vielleicht sagen Sie: Der hat Probleme! Bei einer Gasexplosion mit zwei Toten, 18 Verletzten und einem Vermissten will der womöglich auch noch wissen, welche Farbe der Emailtopf gehabt hat. Möchte ich wirklich.
      Daneben liegen Gewürzgläser, Kochlöffel und ein großer blauer Deckel aus Email.
Gewiss, der Reporter soll nicht wahllos Details um ihrer selbst willen aufgreifen, sondern wegen ihrer Charakteristik für die zu beschreibende Sache oder Person. Aber Bequemlichkeit und Blindheit sorgen leider dafür, dass sehr viele Reportagen nicht unter einem Zuviel, sondern einem erheblichen Zuwenig an Genauigkeit leiden. Deshalb habe ich mir die Übertreibung mit Gewürzglas und Kochlöffel gestattet. Zwar nicht unbedingt notwendig, aber besser als
      Küchengegenstände
sind sie allemal. Während ein *fehlendes* Detail die Reportage verpatzen und ihren Informationswert verkürzen kann, schadet

ein *überflüssiges* Detail fast nie. Ein Beispiel des wohl berühmtesten Reporters, Egon Erwin Kisch, belegt das.[36]

Zustände und Abläufe: Die Reportage liefert Anschauung von *Zuständen* (Wie sieht es nach der Gasexplosion am Unfallort aus?) und von *Abläufen*. Beispiel:

> Um 11.15 Uhr an diesem Donnerstag kann der Mann in der zweiten Reihe der Abgeordnetenbänke die Nervosität einen Augenblick lang nicht mehr verbergen. Er faltet die Hände, löst sie wieder, greift in die linke Brusttasche, nimmt einen Kugelschreiber, schlägt den vor ihm liegenden gelben Aktendeckel auf, als wolle er schnell die Zahlen notieren, die in diesem Moment durch die Präsidentin des Deutschen Bundestages, Annemarie Renger, bekanntgegeben werden. Er notiert sie nicht, steckt das Schreibgerät zurück in die Tasche, kann gerade noch rechtzeitig wieder die Hände falten, den Kopf senken – da hebt der Beifall an. Die Mehrheit des Hauses applaudiert dem neuen Bundeskanzler.

Die Kunst, mit der Martin E. Süskind[37] die Wahl von Helmut Schmidt schildert, lässt sich, wenn überhaupt, nur in langer Zeit und bei viel Übung erlernen. Eine Reportage wie die über das eingestürzte Haus aber müsste jeder Journalist am Ende seiner Ausbildung schreiben können.

Abgesehen von der Brillanz, mit der Süskind seine Beobachtungen aneinander reiht, bedient auch er sich jener erlernbaren Regeln, von denen einige wichtige bereits im Beitrag »Verständlichkeit« vorgestellt wurden.

Verkürzen Sie Eindrücke nicht auf Schlussfolgerungen:

> Das Haus in Schwabing bietet ein erschütterndes Bild,

sondern liefern Sie die Fakten, aufgrund derer der Leser, Hörer oder Zuschauer zu einer eigenen (wahrscheinlich mit der des

Reporters übereinstimmenden) Schlussfolgerung kommen kann:
> 7 Uhr 18 zeigt die weißlackierte Küchenuhr, die unter den Gesteinstrümmern auf der Straße liegt ...

Also nicht:
> Der Conférencier zündete ein Feuerwerk der guten Laune.

Beschreiben Sie lieber, was der Conférencier auf der Bühne macht, wie und worauf sein Publikum reagiert; vielleicht zitieren Sie sogar einen besonders erfolgreichen Kalauer.

Lassen Sie die Menschen zu Wort kommen. Aus einer Reportage[38] vom Gottesdienst anlässlich des Festes des heiligen Franz von Assisi, zu dem die Kinder des Viertels um St. Agnes in Köln ihre Tiere (200 lebende, etwa 100 Stofftiere) in die Kirche mitbringen durften:
> »Guck mal, wie schnell mein Kaninchen läuft«, sagt Andreas zum Kaplan Ulrich Katzenbach. »Fühl mal, was mein Hamster für ein weiches Fell hat«, sagt Jörg Szymanski zum Kaplan Gerhard Dane ...
> Bevor der Kaplan die Legende des hl. Franziskus und einen Auszug aus der Vogelpredigt vorliest, berichten die Kinder am Altar über ihre Tiere. Etwa Ursula Vierkötter über ihren »Mischhund Purzel«: »Er frisst in der Woche zwei Pfund Pansen, ein Pfund Haferflocken, ein Pfund Herz, Reis, und das bezahlt alles meine Mutter.«

Der Reportage-Anfang: Ein Schulaufsatz beginnt mit dem Allgemeinen und führt dann zum Besonderen weiter:
> In A-Stadt leben 4000 Türken. Achmed T. ist einer von ihnen.

Die Reportage beginnt mit dem Besonderen und leitet dann zum Allgemeinen über:

Weitere informierende Darstellungsformen

> Achmed T. kennt beim Ausländeramt sogar schon den Hausmeister, so oft war er da ...
> Achmed T. ist einer von den 4000 Türken, die in A-Stadt leben.

Der Reportage-Aufbau: Anders als Nachricht und Bericht ist die Reportage nicht »hierarchisch«, sondern »dramaturgisch« aufgebaut (Wolf Schneider[39]). Sie wird also nicht nach dem Prinzip abnehmender Wichtigkeit gegliedert, sondern in der Abfolge der Szenen so, dass auch in der Mitte und am Schluss noch Höhepunkte kommen.

Der Reportage-Schluss bestimmt mit den Gesamteindruck. Rinnt die Reportage einfach aus oder hat sie einen gestalteten Schluss, vielleicht sogar eine in den Fakten steckende Pointe? Ein Reporter hatte drei Spalten lang beschrieben, wie sich im Stahlwerk Salzgitter ein von Gerhard Förster geleitetes Ergonomie-Zentrum erfolgreich darum bemüht, die Arbeitsplätze von Hitze, Lärm, Staub (oder Gestank), Dunkelheit (oder Blendung) und Erschütterung zu befreien. Seine Reportage schließt:
Oft allerdings wollen die Arbeiter von Försters Verbesserungen nichts wissen. Denn für Staub, Hitze und Lärm gibt es tarifliche Zulagen. Werden die Erschwernisse abgeschafft, entfällt die Zulage.

Die Reportage ist weder Feuilleton noch Glosse. Aus einer dichtenden statt beschreibenden Prüfungsarbeit zum Thema »Fasching«:

> Lange noch grölten wir in Legion den tiefsinnigen Text gerade rechtzeitig produzierter Schlager.

Der etwaige Witz in einer Reportage muss aus der *dargestellten Sache* kommen, nicht aus dem stilistischen Aufputz.

Weiterführende Literatur:
Michael Haller, Die Reportage. Ein Handbuch für Journalisten (UVK Konstanz, 5., überarbeitete Auflage 2006)

Feature

Der Redakteur erhielt einen Hinweis: Fehlalarme automatischer Notrufmelder, zu Tausenden in Großstädten registriert, schwächen die Einsatzbereitschaft der Polizei. Der Redakteur möchte in einem Beitrag das Thema »Fehlalarme automatischer Notrufmelder und ihre Auswirkungen auf die Einsatzbereitschaft der Polizei« grundsätzlich behandeln und alle Überlegungen, Untersuchungsergebnisse und Statistiken einbeziehen, die es dazu gibt. Er bestellt ein Feature.
Als der »Spiegel«[40] das Thema brachte, begann er den Beitrag so:

> Schrilles Klingeln, am Nummernpult leuchtet's auf. In der Einsatzzentrale der Hamburger Polizei ist über direkten Draht ein Notruf von Alarmanschluß 3138 gekommen – eine Modeboutique in der Poststraße. Eine Minute später rasen Streifenwagen zum Tatort. Mit durchgeladenen Waffen in der Hand machen sich die Beamten auf die Jagd nach dem Täter. Die Ermittlungen ergeben: Es war eine Maus, die den Fehlalarm ausgelöst hatte.

Bis hierher könnte das auch eine Reportage aus einer Hamburger Lokalzeitung sein. Der Beitrag geht weiter:

> Allenthalben in westdeutschen Großstädten, die über ein Notrufnetz mit direkt geschalteten Alarmanlagen in Banken, Geschäften und Büros verfügen, klingelt oder piepst es täglich, gerät der Polizeiapparat in Bewegung, und am Ende ist außer Spesen nichts gewesen: Fehlalarm – das ist keineswegs Rarität, sondern die Regel. In Hamburg wurde im vergangenen Jahr 2493mal Fehlalarm registriert, nur 162mal war der Alarm regulär. In München: 2350mal blinder, 56mal echter Alarm; in Mann-

heim gar wurden neben 399 Falschmeldungen nur
fünf echte Notrufe aufgefangen.

Reportage oder Feature? Um das überzeugt entscheiden zu können, müssten wir den ganzen Spiegel-Beitrag kennen. Ich habe beim Weiterlesen folgende Stichworte notiert:
Kosten pro Fehlfahrt – Werbeslogans der Hersteller – Katalog des Angebots an Alarmanlagen – Übermittlungsweg von der Anlage zur Polizei – Gründe für die Zunahme der Fehlalarme – Gefahren für die Allgemeinheit, die solche Fehlalarme mit sich bringen.

Eine besonders umfassend angelegte Reportage, kann man sagen. Man kann den Beitrag aber auch Feature nennen, weil alles, was darin an Stories und Zitaten zusammengetragen ist, nur zur *Illustration einer Analyse* dient, die das eigentliche Gerüst des Beitrags bildet.

Das Beispiel falscher Alarm ist ein Grenzfall zwischen Reportage und Feature; denn das Thema steckt schon von sich aus so voller Wirklichkeit und Anschauung, dass der Feature-Schreiber hier nicht lange zu überlegen brauchte, wie er den Stoff plastisch darstellen könnte: To feature, das heißt ja profilieren, herausstellen.

Ziel und Arbeitsweise des Feature-Schreibers definiert Udo Flade[41] so: Er »rückt auch den abstrakten Themen zu Leibe, durchleuchtet sie, löst sie in Handlung und Bilder auf und ersetzt den aufklärenden Aufsatz ...«

Der ständige Wechsel zwischen *Anschauung* und *Abstraktion,* zwischen *Schilderung* und *Schlussfolgerung* kennzeichnet die Darstellungsform Feature. Ein Feature-Schreiber ist deshalb mehr als nur Reporter: Er schildert zwar auch, aber nur zur Illustration dessen, was er darstellen oder erklären will.

Verwendungsarten des Features: Die *Presse* kombiniert vor allem Reportage- und Interview-Elemente mit der eigentlichen Sachaussage (vgl. das Beispiel falscher Alarm); *Fernseh-Features* verdichten komplexe Befunde und setzen Begriffliches in

Bildhaftes um; besonders intensiv nutzt der *Hörfunk* die Möglichkeiten der Feature-Form, vom Schulfunk-Beitrag bis zum experimentellen Originalton-Werk, vom Eineinhalbminuten- bis zum Stunden-Feature, siehe nebenstehendes Manuskript-Beispiel.

»Das müssen wir verfietschern«, beschließt der Funk-Redakteur, wenn er ein Problem oder einen Sachverhalt möglichst leicht verständlich und anschaulich darstellen will. Er hat alle Darstellungsmittel des Hörfunks zur Verfügung, u. a. die Aufteilung des Textes auf mehrere Sprecher in verschiedenen Funktionen (z. B. Erzähler, Kommentator, Zitate-Sprecher), Reportage, Interview, Statement, Musik, akustische Effekte bis hin zu den Elementen des Hörspiels. Die Frage nach der Form stellt sich für jedes Thema neu. (Vgl. die Beiträge »Feature« in den Büchern »Radio-Journalismus« und »Fernseh-Journalismus« der »gelben Reihe«.)

Hier ein paar Themen, die der Bayerische Rundfunk in Feature-Form behandelt hat:

```
Der Bürger aus Dingsda
Die Provinz - gibt es sie noch?

Auf der Suche nach den blühenden Landschaften
Momentaufnahmen aus den neuen Bundesländern

Winstub & Choucroute, adieu!
Das Elsass auf dem Weg zu einer europäischen
Identität

Millionen für rote Zahlen
Sind die Bosse ihr Geld wert?
```

Weiterführende Literatur:

Udo Zindel/Wolfgang Rein (Hrsg.), Das Radio-Feature. Ein Werkstattbuch inklusive CD mit Hörbeispielen (2. Auflage, UVK, Konstanz 2007)

Weitere informierende Darstellungsformen

Graduation Day
Jan und Julian – zwei Träume von Amerika

Feature von Karla Krause
Produktionsmanuskript

(mögliche Kürzungen in den O-Tönen kursiv, Details am Ende des Ms. S. 25)

Atmo Nationalhymne George Washington Universität (GWU) *(mit Orchester)*
Atmo Nationalhymne Columbia-Universität (CU) *(a capella) (im Rhythmus ineinander verschränken, falls nicht möglich, nur GWU) mischen mit:*

O-Ton 1
Weibliche Stimme: Ladies and Gentlemen, good morning and welcome. Would the audience please rise and join me in welcoming the graduating class of the George Washington University.

Atmo Nationalhymne GWU hoch *(mischen mit)*

O-Ton 2
Männerstimme: Mr. President, seated before you are trustees, faculty, alumny, candidates for degrees *(Applaus)* and honoured guests of the uinversity. We are assembled for the annual commencement in Columbia's 250. academic year *(Jubel)*

Atmo Nationalhymne CU hoch

Atmo Einmarschmusik *(Nebenmotiv) mischen mit*

Autorin *(drauf):* Graduation Day. In Washington DC, auf dem Rasen vor dem Weißen Haus, versammeln sich tausende festlich gekleideter Menschen. Die George Washington Universität feiert ihre Absolventen. Unter den jungen Frauen und Männern in schwarzen Talaren mit eckigen Hüten auf dem Kopf ein baumlanger blonder Deutscher: Julian. Sein Interesse für Amerika hat schon im Vorschulalter begonnen.

O-Ton 3 *(drauf)*
Julian: Jeder hat mit Hi-man oder Mask gespielt, das kam eben von da. Und wenn man Playmobil gespielt hat, immer Cowboy und Indianer. Und ich war immer Johnny, nie Frank oder Jean-Pierre.
Die ersten Musikgruppen, an die ich mich erinnern kann, deren CDs ich gekauft habe, waren MC Hammer oder Vanille Ice, das kam aus Amerika, die ersten Filme, an die ich mich erinnere, sind Star Wars oder Indiana Jones, die kamen auch aus den USA.
Ich war immer schon ein Fan von Mainstream-Kultur, und die kam halt immer aus den USA.

Manuskriptseite eines Funkfeatures

Interview und Umfrage

Die meisten Frage-Antwort-Spiele, die zwischen Journalisten und Auskunftspersonen ablaufen, sind *Recherchen*, nicht Interviews. Die Antworten dienen als zitierfähiges *Material* für eine Nachricht, einen Bericht oder eine andere informierende Darstellungsform.

Von einem Interview sprechen wir nur dann, wenn sich das Gespräch bei der Veröffentlichung noch vom Leser, Hörer, Zuschauer als solches erkennen lässt.
- Die *strenge* (gebundene) Form des Interviews gibt ein Gespräch im (vielleicht gekürzten, aber) ununterbrochenen Dialog wieder.
- Die *freie* Form des Interviews hebt zwar auch auf Frage-Antwort ab, unterbricht aber die Wiedergabe des Gesprächsverlaufs durch Zusammenfassungen ausgelassener Gesprächsphasen in indirekter Rede sowie durch Beobachtungen, die der Interviewer bei dem Interview an seinem Gesprächspartner gemacht hat (sog. *Interview-Story*).

Am besten eignen sich für Interviews Funk und Fernsehen, weil diese Medien jede Nuance des Sprechers, das Fernsehen auch jede Handbewegung, jedes Zucken im Gesicht aufzeichnen können.

Aber auch in *Zeitungen* und *Zeitschriften* hat das Interview neues Ansehen gewonnen, und der »Spiegel« würde für die aggressive Interview-Sonderform des Spiegel-Gesprächs bestimmt nicht bis zu sechs und acht Seiten zur Verfügung stellen, wenn die Redakteure sich nicht vergewissert hätten, dass es gelesen wird. Offenbar schätzt auch der Leser die vom Interview gebotene Unmittelbarkeit der vertiefenden Information.

Man unterscheidet drei Interview-Arten:
- Das *Interview zur Sache* fragt um Auskunft: Wird die Gewerkschaft auch mit 3,3 Prozent Lohnerhöhung zufrieden sein? Was hat die deutsche Delegation bei der XY-Konfe-

renz erreicht? Es geht also immer um Information über Fakten. –
- Das *Meinungsinterview* hingegen fragt danach, wie der Interviewpartner ein Problem oder einen Sachverhalt beurteilt. Frage an den Präsidenten des Nationalen Olympischen Komitees: Was hält er von dem Vorschlag, Olympische Spiele nur noch in Griechenland zu veranstalten? Wie beurteilt der Ärztekammer-Vorsitzende die ärztliche Sterbehilfe?
- Das *Interview zur Person* will einen Menschen vorstellen, ihn durch seine Antworten skizzieren.

In der Praxis überschneiden sich alle drei Interview-Arten. Das Interview zur Person z. B. kommt natürlich ohne Sachauskünfte (Wie haben Sie sich auf Ihre neueste CD vorbereitet?) ebenso wenig aus wie ohne Meinungsfragen (Wie aggressiv darf ein Liedermacher texten?). Und ein Politiker, der gerade über die Ziele seiner bevorstehenden Reise gesprochen hat, freut sich vielleicht (mit dem Leser, Hörer, Zuschauer), wenn er auch noch etwas Persönliches gefragt wird: Was er dort am liebsten essen möchte, ob er auch schon mal mit seiner Frau dort war oder was auch immer.

»Das Interview ist die schwierigste journalistische Arbeitsform überhaupt«, urteilt Hans-Joachim Netzer[42]. »Es verlangt genaue thematische Vorbereitung, aber dann größte Zurückhaltung des eigenen Wissens. Es verlangt große Kontaktbegabung, Selbstsicherheit und Takt, Energie und Zielbewusstsein in der Gesprächsführung, Anpassung an den jeweiligen Partner, an die Atmosphäre und die Situation.«

Tipps fürs Interview lassen sich deshalb nur sehr allgemein fassen:
1. Bereiten Sie sich so gut wie möglich auf die zu besprechende Sache und die Person des zu Interviewenden vor, damit Sie ihm ein anregender Gesprächspartner sind, mit dem er gerne redet und den er ernst nimmt.
2. Führen Sie ein Gespräch. Das heißt, seien Sie weder Verhör-Veranstalter noch Plaudertasche.

3. Halten Sie Fragen bereit, aber seien Sie nicht Sklave Ihrer Vorarbeit, sondern frei genug, auf Gesprächssituationen zu reagieren.
4. Fragen Sie präzise.
5. Stellen Sie nur solche Fragen, von denen Sie annehmen dürfen, dass Ihr Interviewpartner sie aufgrund seiner Kenntnis und Kompetenz auch beantworten kann.
6. Stellen Sie nicht mehrere Fragen auf einmal. Das verwirrt den ungeübten Partner und er antwortet unvollständig; dem Routinier aber eröffnet das Fragenbündel die Chance, sich auszusuchen, auf welche Fragen er antworten und welche er vergessen will.
7. Interviews unter vier Augen sind gewöhnlich ergiebiger als solche vor Publikum. Gespräche, die man vor Zuhörern führt, geraten leicht zur Schau; außerdem hat der Interviewpartner vielleicht Bedenken, dies oder jenes vor Publikum mitzuteilen oder zuzugeben, was er im Zwiegespräch gesagt hätte.

Das Interview kann zu einem Tauziehen werden, wenn die richtigen Partner aufeinander treffen: Wer gibt nach? Der Interviewer, indem er die unbeantwortete Frage fallen lässt? Oder der Interviewte, indem er doch noch mit einer (wenigstens halben) Antwort herausrückt? Solche Interviews haben neben dem Ertrag an Information wegen des Wettkampfcharakters einen hohen Unterhaltungswert.

Beispiel: Vier Wochen nach seinem Amtsantritt im Frühsommer 1974 gab Bundeskanzler Helmut Schmidt dem Deutschlandfunk-Redakteur Karl Donat ein Interview, in dem folgende Stelle vorkommt:

> **Donat:** Anfang der Woche wurde aus Posen berichtet, der polnische Parteichef habe eine Entschädigung für 300000 überlebende polnische KZ-Opfer verlangt. Wie stehen Sie zu einer solchen Forderung?
> **Schmidt:** Ich weiß davon nichts.
> **Donat:** Wenn sie erhoben würde, wie wäre die Antwort des Bundeskanzlers?

Weitere informierende Darstellungsformen

Schmidt: Ich antworte nicht auf hypothetische Fragen, Herr Donat!
Donat: Wie steht es mit einer konkreteren Frage – mit dem 1-Milliarden-Kredit für Polen? Sind Sie bereit, über eine Erhöhung oder eine Verbesserung der Bedingungen zu sprechen?
Schmidt: Ich bin nicht bereit, und das weiß die polnische Führung seit langer Zeit, eine Erhöhung des Kredits in Erwägung zu ziehen.
Donat: Auch keine Verbesserung der Bedingungen?
Schmidt: Sie fragen ein bisschen zu penetrant, Herr Donat!
Donat: Darf ich es vielleicht erleichtern, wenn ich also so sage: Vielleicht dann, wenn endlich die von der anderen Seite zugesagte Rücksiedlung wieder läuft?
Schmidt: Herr Donat, ich habe nicht die Absicht, die deutsch-polnischen Beziehungen in einem Radio-Interview innerhalb der Bundesrepublik um ein wesentliches Stück zu verändern, zu befördern oder zu verlangsamen.
Dieses sind Themata, die im unmittelbaren Gedankenaustausch zwischen der polnischen Regierung und der Regierung der Bundesrepublik Deutschland gefördert werden müssen, wenn das möglich ist.
Donat: Ich muss trotzdem, Herr Bundeskanzler, noch eine Frage stellen, die heikel ist: Die Konferenz für Sicherheit und Zusammenarbeit in Genf scheint ...

Ein Interviewer ist mehr als ein Stichwortgeber, der immer nur in den Grenzen des dem Partner Willkommenen bleibt und dankbar dessen Antworten notiert.
Nachhaken, auf *Lücken, Unklarheiten* oder in der Antwort steckende *Widersprüche* aufmerksam machen – diese Arbeit

Interview und Umfrage

muss der Interviewer selbst um den Preis leisten, manchmal penetrant zu wirken oder lästig zu werden.
Was das Interview allerdings nicht ist: Diskussion. Die Ansichten des Interviewers interessieren nicht, etwa:

>   Da bin ich aber ganz anderer Meinung, Herr Präsident.

Beispiele für gute Interviews findet man überall in den Medien in allen Formen, Längen und zu allen Themen. Es lohnt sich, sie kritisch zu verfolgen und herauszuarbeiten, wie sie gemacht und präsentiert sind.
Im Feuilleton der Münchner »Abendzeitung« fand ich einmal ein Interview, das Andreas Müller mit der Berliner Diseuse und Schauspielerin Ortrud Beginnen geführt hatte. Es ist ein Beispiel für die freie Form des Interviews, die wörtlich zitiert, Gesprächsteile zusammengefasst referiert und Beobachtungen des Interviewers mitteilt.
Diese Stilmittel führen zu einer gut lesbaren, informierenden Interview-Story, von der ich sagen möchte: So zu schreiben ist erlernbar. Hier ein Auszug.

>   Bevor sie sich fotografieren lässt, schlüpft sie auf die Toilette: »Sonst ist das Gesicht so verkrampft.« Eine große, hagere Erscheinung mit feuerrotem Haargebüsch auf dem Kopf.
>   »Ich bin das einzige uneheliche Kind meiner Mutter. Vater war keiner da, der war tot.« In Schleswig-Holstein, bei Neumünster, wuchs sie auf und wurde sehr rasch sehr groß. »Ich war überall ganz flach, als die anderen Mädchen schon Busen und einen ersten Freund hatten. Und ich war riesig. Die Leute haben mich Leuchtturm oder Spargel genannt. Da dachte ich, ich bin nicht erfolgreich, weil ich so groß bin, und machte mich kleiner.« Davon bekam sie die gebückte Haltung, die ihr kürzlich ein Arzt als »Scheuermannsche Krankheit« diagnostiziert hat. »Vorher dachte ich, ich hätte bloß

ein Hohlkreuz.« Der krumme Rücken verhalf ihr immerhin zum Theater.
Sie hatte Buchhändlerin gelernt. Als der Regisseur Paul Vasil in Berlin ein Buch bei ihr kaufte, sagte er: »Sie sind mein Typ.« Das war 1965. Von da an spielte sie »in wechselnder Folge« an Berliner Komödienhäusern »Dienstmägde und Damen des Gewerbes«, die Dienstmägde wegen der krummen Haltung, die Damen wegen der roten Haarpracht. »Da sparte man eine Perücke.«

Die Umfrage hat mit dem Interview gemeinsam, dass sie Auskünfte und Meinungen einholt und in direkter Rede wiedergibt. Unterschied: Das Interview stellt in der Regel *mehrere Fragen an nur eine Person*, die Umfrage *nur eine Frage an mehrere Personen.*
Die Umfrage kann Sachauskünfte oder Meinungsäußerungen einsammeln, sich an einen abgegrenzten Kreis von Befragten richten oder »auf der Straße« (d. h. mit einem mehr oder minder vom Zufall bestimmten Personenkreis) gemacht werden.
Der Kreis der Befragten kann sich aus ihrer *Sachkunde* ergeben (Expertenumfrage):
Wie wird das Wetter in dieser Saison? (Umfrage bei Metereologen)
Was sagen Sie zur Literatur-Nobelpreis-Entscheidung? (Umfrage bei deutschen Schriftstellern)
Oder aus ihrer *Betroffenheit:*
Wie geht's weiter? (Umfrage bei Arbeitern eines stillgelegten Betriebes)
Wie wünschen Sie sich einen idealen Gast? (Umfrage bei Kellnern)
Häufiger ist die Umfrage *auf der Straße*:
Was haben Sie im Schlußverkauf gefunden?
Wie verkleiden Sie sich in diesem Karneval?
Was halten Sie von Umfragen?
Wen wird man fragen, welche Antworten auswählen? Nur die originellsten? Nur diejenigen, die der eigenen Meinung entspre-

chen? Nein. Natürlich wird man sich um das je nach Frage und Umfragezweck erforderliche und mögliche Maß an *Repräsentativität* bemühen, doch es wird gering bleiben im Vergleich zur *demoskopischen* Umfrage. Aber mit der haben wir es hier nicht zu tun.

Weiterführende Literatur:

Jürgen Friedrichs/Ulrich Schwinges, Das journalistische Interview (2. Auflage, VS Verlag, Wiesbaden 2005)

Michael Haller, Das Interview. Ein Handbuch für Journalisten (3. Auflage, UVK, Konstanz 2001)

Korrespondentenbericht und analysierender Beitrag

Die Meldung (vom 15. Oktober 1974):

Der CSU-Vorsitzende Strauß hat sich in Interviews der Zeitschriften Stern und Spiegel über die Qualitäten möglicher Kanzlerkandidaten der CDU/CSU geäußert. Über Kohl sagte er: »Herr Kohl ist ein außerordentlich erfolgreicher Ministerpräsident. Wo seine Grenzen liegen, muss er selber erkennen.« Stoltenberg attestierte er »enormes Ansehen«.

Auf die Frage, ob ein Kanzlerkandidat Strauß der CDU/CSU die absolute Mehrheit gewinnen könne, antwortete Strauß: »Ich bin doch nicht größenwahnsinnig. Ich hielte es für möglich, aber für sehr problematisch.« Strauß über die politische Situation und das Kandidaten-Angebot insgesamt: »Wir haben weder die große Lage noch die großen Leute.«

Der Korrespondenten-Bericht:

Im Konrad-Adenauer-Haus, dem Hauptquartier der CDU, hätte man lieber gehört, dass Strauß über Kanzlerkandidatur und Kanzlerkandidaten

Weitere informierende Darstellungsformen

>   unter klarem Ausschluss seiner Person gespro-
>   chen hätte.
> (Alfred Rapp[43], Bonner Korrespondent der FAZ)

Der Korrespondent gibt zusätzliche Informationen, die er »im Konrad-Adenauer-Haus« (von wem?) bekommen hat. Dass es nicht bloß ein Sachbearbeiter gewesen sein wird, der eine Außenseiter-Meinung vertritt, dafür garantiert die Formulierung
>   im Konrad-Adenauer-Haus

mitgeteilt von einem Korrespondenten, zu dessen Job es gehört, mit kompetenten und einflussreichen Leuten zu reden und in seinen Berichten jene Vorgänge und Entwicklungen darzustellen, die von Belang sind.

Der Korrespondent interpretiert aufgrund seiner Personen- und Sachkenntnis, z. B. welche Gedanken und Empfindungen bestimmte Politiker über ein Ereignis (hier das Strauß-Interview) haben:

>   Sehr ungern kann die CDU aus prominentem CSU-
>   Mund so kühle Worte über die CDU-Kanzlerkandi-
>   daten gehört haben. Helmut Kohl wurde härter
>   als Stoltenberg angegangen. Sollte der CDU-
>   Vorsitzende bisher gemeint haben, er erfreue
>   sich guter Beziehungen zum CSU-Vorsitzenden,
>   so beschränkt sich Straußens Wertschätzung
>   offenkundig auf den »ausgezeichneten Minis-
>   terpräsidenten« von Mainz, gilt nicht einem
>   Kanzlerkandidaten Kohl.

Der Korrespondent analysiert das im Interview Gesagte. Ohne Spekulation geht das nicht ab; der Korrespondent kann mit seinen Annahmen fehlgehen, vor allem mit Voraussagen für die Zukunft:

>   »Er muss selber seine Grenzen kennen« - die-
>   ses Strauß-Wort über Kohl wird fortan jeden
>   Händedruck zwischen den Vorsitzenden der bei-
>   den Unionsparteien sehr kühl werden lassen«.

Ein *Kommentar* ist die Interpretation jedenfalls nicht; denn was Alfred Rapp selbst von dem Strauß-Interview hält, ist bisher noch nicht einmal angeklungen.
Auch der folgende Absatz ist erläuternde Interpretation, diesmal der Straußschen Sicht:
> Strauß seinerseits hat nie die Erklärung des von Kohl berufenen CDU-Generalsekretärs Biedenkopf vergessen, dass er nicht in die Reihe der Kanzlerkandidaten gehören könne.
> Die CSU hat auch alsbald danach, wie es Strauß jetzt wieder in verschlüsselter Form tat, betont, nach drei CDU-Kanzlern könne durchaus die Reihe einmal an einen CSU-Kanzler kommen. Dass Strauß sich seit Adenauer für den besten hält, den die Union als Kanzler präsentieren könnte, wissen alle in der CDU- wie in der CSU-Führung.

Der Bericht des Bonner Korrespondenten geht noch doppelt so lang weiter, aber wir brauchen ihn nicht weiter zu lesen; denn wir haben uns bereits die Besonderheiten des Korrespondentenberichts deutlich gemacht.

Er teilt nicht wie Nachricht und Bericht vordergründig Abläufe mit:
> Der CDU-Vorsitzende Kohl verwahrte sich im Namen des Bundesvorstandes und des Präsidiums der CDU dagegen, öffentlich in eine Bewertung von Kanzlerkandidaten einzutreten. Das gelte für jedermann in beiden Schwesterparteien. Zugleich kritisierte er die »verkürzte Form« der Wiedergabe der Äußerungen von Strauß. Dies nehme aber nichts von seiner Feststellung zurück, dass nun nicht der Zeitpunkt für öffentliche Erörterungen gegeben sei.

Vielmehr versucht er, dahinter zu schauen. Was ein Korrespondent weiß, was er sieht, wohin er schaut, hängt von seinem Fleiß, seiner Kontaktfähigkeit – und seinem politischen Standort ab.

Weitere informierende Darstellungsformen

Subjektives kommt mit ins Spiel, das lässt sich nicht vermeiden. Nicht zuletzt deshalb sind Korrespondentenberichte mit dem Namen oder Namenskürzel des Autors gekennzeichnet.

Was hier über den Bericht des Inlands- bzw. Auslandskorrespondenten gesagt wurde, gilt ähnlich für alle *analysierenden Beiträge* von Fachjournalisten, die zu einer aktuellen Meldung den Hintergrund liefern sollen.

```
Stadtväter in Not - Die Steuerreform und eigenes Versagen bringen viele Kommunen in finanzielle Bedrängnis

Lehrermangel: Heute zu viele, morgen zu wenig? - Prognosen und Dementis haben inzwischen zu einem Glaubenskrieg geführt

Woran der Strafvollzug krankt - Gesetze und Geld allein tun es nicht
```

Dass sich die persönliche Sicht des Autors in seinem Beitrag bis zur kommentierenden Stellungnahme ausdehnt, ist zwar vom Informationsauftrag her nur selten notwendig, lässt sich aber dann tolerieren, wenn außer dem analysierenden Beitrag die »objektive« Nachricht gebracht worden ist. Unterrichtung über ein Thema *ausschließlich* durch den Korrespondenten oder Fachmitarbeiter bringt die Gefahr mit sich, dass die Grenze zwischen Information und Stellungnahme verwischt wird.

Meinungsäußernde Darstellungsformen

Informierende Beiträge *berichten* zu einem beträchtlichen Teil über Meinungsäußerungen (Reden von Politikern, Forderungen von Verbänden usw.); die jetzt zu behandelnden Darstellungsformen *sind* Meinungsäußerung. Der Autor nimmt Stellung, sagt seine Meinung; das zeigt sich auch in der Form: Im Fernsehen erscheint der Kommentator selbst auf dem Bildschirm, Hörfunk-Kommentare werden vom Autor gesprochen, in der Presse sind die meisten Kommentare mit dem Namen oder Namenskürzel des Autors gezeichnet.

Ich beschränke mich darauf, die drei wichtigsten meinungsäußernden Darstellungsformen zu behandeln:
- Kommentar
- Glosse
- Rezension

Zeitungen und Zeitschriften kennen daneben den Leitartikel, die Kolumne und andere Sonderformen.

Kommentar

Bei Kommentaren denkt man zunächst an hohe Politik zwischen Berlin, Paris, Washington und Brüssel. Das Verhalten des Polizeipräsidenten bei der Taxifahrer-Demonstration kann aber genauso Thema eines Kommentars sein wie die Preispolitik der Bauträgergesellschaften oder das Dilemma, einen Intendanten für die Städtische Oper zu finden. Alles, was eine Nachricht (allerdings Hard News) wert ist, kann grundsätzlich auch Stoff für einen Kommentar sein.

Ob der Stoff tatsächlich kommentiert wird, hängt davon ab, ob er folgende Fragen mit ja beantworten lässt:
- Fordert er eine Stellungnahme heraus?
- Ist die Öffentlichkeit an einer publizistischen Stellungnahme

Meinungsäußernde Darstellungsformen

interessiert oder sollte sie wenigstens daran interessiert sein?
- Gehört der Stoff zu den wenigen wichtigsten Themen, für deren Kommentierung Platz vorhanden ist?

Ich unterscheide drei Arten von Kommentaren:

1. Der Argumentations-Kommentar: Kommentieren heißt gewöhnlich argumentieren. Wer eine Meinung vertritt, möchte im Kommentar andere überzeugen, Unentschiedene zu sich herüberziehen. Also wird der Kommentator seine Gründe anführen und sich zumindest indirekt auch mit anderen Standpunkten auseinandersetzen, wenn sie wichtig genug sind oder von einem genügend großen Teil der Öffentlichkeit vertreten werden.

2. Der Geradeaus-Kommentar: Je nach Anlass, Thema (und Temperament des Autors) wird ein Kommentar auch einmal aufs Argumentieren verzichten und einfach »geradeaus« begeistert loben oder verärgert schimpfen.

3. Der Einerseits-Andererseits-Kommentar: Auch eine Gedankenführung, die sich darauf beschränkt, zwischen mehreren Alternativen im Sinne von »einerseits-andererseits« abzuwägen und sich nur zögernd oder gar nicht für eine Alternative entscheidet, ist Kommentar, wenn der Kommentator damit die Schwierigkeit oder Vielschichtigkeit des anstehenden Problems und seine eigene Ratlosigkeit demgegenüber ausdrücken will. Die Stellungnahme des Kommentators lautet in einem solchen Fall: Leute, da gibt es so viel zu bedenken, die Gewichte sind gleich verteilt, ich kann mich nicht (oder noch nicht) entscheiden.

Kein Kommentar ist das bloße Aufzeigen von Hintergründen und Zusammenhängen. Kein Kommentar ist das bloße Interpretieren.

Der Kommentar setzt Information voraus. Die Tatsachen, die kommentiert werden, soll der Autor nicht mehr darstellend ausbreiten, sondern nur noch bezugnehmend erwähnen.

Manchmal gibt es allerdings Ereignisse zu kommentieren, bei

denen sich der Kommentator nicht sicher sein kann, ob sein Publikum auch weiß, wovon er redet. Dann gilt es, die Informationen so geschickt einfließen zu lassen, dass der Beitrag trotzdem seinen Charakter als Kommentar behält.

> In seinem Interview mit der Associated Press sagte SED-Chef Honecker: »Wissen Sie, wir waren selbst überrascht über den Rücktritt des Bundeskanzlers Brandt ...« Was ist von diesem Satz zu halten?

Das ist kein Anfang für einen Kommentar. Und Hans Reiser[44] hat seinen Kommentar über das Honecker-Zitat auch ganz anders begonnen:

> Sarkasmus ist am Platze, wenn SED-Chef Honecker in seinem Interview mit der Associated Press scheinbar treuherzig verkündet: »Wissen Sie, wir waren selbst überrascht über den Rücktritt des Bundeskanzlers Brandt ...«

Reiser präsentiert und präzisiert zwar dem Leser den Stoff, den er kommentieren will, aber er signalisiert durch wertende Formulierungen (Sarkasmus ist am Platze, scheinbar treuherzig), dass jetzt nicht berichtet, sondern kommentiert wird.

Die größte Gefahr für jeden Kommentator besteht darin, dass er an seinem Publikum vorbeikommentiert. Wenn der Leser (Hörer, Zuschauer) von seinen Kenntnissen und seinem Bewusstseinsstand her den Weg der Gedankenführung mit dem Kommentator nicht mitgehen kann, weil er irgendwo unterwegs auf der Strecke bleibt, ist die Chance des Kommentars vertan.

Zwischen Allgemeinheit und Differenziertheit. Der Kommentator steht angesichts der Komplexität der meisten Themen (und der Kürze eines Kommentars) meist vor der Frage:
Soll ich mich an ein allgemeines, möglichst breites Publikum wenden? Dann bin ich dazu gezwungen, Aussage und Darlegung entsprechend allgemein zu halten, um verständlich zu bleiben (und die vorgeschriebene Länge nicht zu überziehen).

Oder will ich der Differenziertheit der Problematik durch entsprechende Differenzierung im Kommentar gerecht werden? Dann werde ich nicht mehr die Allgemeinheit als Publikum ansprechen können, sondern nur noch eine entsprechend differenzierte Zielgruppe.

In der Praxis findet man alle Abstufungen zwischen Allgemeinheit und Differenziertheit. Wie weit darf ich eine Argumentation vereinfachen, ohne bereits unangemessen zu simplifizieren und zu vergröbern? Da muss jeder Kommentator bei jedem Kommentar erneut einen gangbaren Weg suchen. Auf jeden Fall muss die Argumentation klar und stichhaltig sein. Und schließlich: Um Volksnähe sich bemühen heißt nicht um jeden Preis populär sein wollen. Man soll dem Volk aufs Maul schauen, aber nicht nach dem Munde reden.

Weiterführende Literatur:
Peter Linden/Christian Bleher, Glossen und Kommentare in den Printmedien (ZV Zeitungs-Verlag Service GmbH, Berlin 2000)
Werner Nowag/Edmund Schalkowski, Kommentar und Glosse (UVK, Konstanz 1998)

Glosse

Sie ist eine der schwersten Darstellungsformen, gerade weil sie so leicht daherkommt. Wer mit einer Glosse wirklich treffen will, muss sich genauso gut vorbereiten und auskennen wie der Kommentator, zusätzlich aber sollte er sicher sein in feuilletonistischer Sprache und eine Eleganz der Formulierung nicht scheuen, wenn der Gegenstand der Glosse sie angemessen erscheinen lässt.

»Ein verhängnisvoller Irrtum« wäre es nach Meinung von W. E. Süskind[45], »zu glauben, die Glosse sei von Haus aus weniger seriös, sie sei spielerisch und unverbindlicher als der Kommentar, und man müsse von vornherein bestimmte Gegenstände ›leichterer‹ Art der Glosse vorbehalten und andere Gegenstände (etwa grundsätzlich diejenigen der Politik) dem Kommentar«.

Glosse

Der Unterschied zum Kommentar besteht also nicht im *Thema*, sondern im *Stil*. Das bestätigt eine in Stichworten gehaltene Charakteristik der Glosse, die mir der Journalist Reinhardt Stumm skizzierte: »Polemisch, ohne Zugeständnisse, ohne Einräumungen. Die Schwäche des Gegenstandes genau erfassend. Nicht argumentierend, sondern bloßstellend, nicht abwägend, sondern hart, ironisch, witzig, listenrein ... Die Pointe muss überraschend, überzeugend, schlagend sein.«

Durch Ironie zu wirken statt durch direkte Bezeichnung der Umstände ist das am häufigsten verwendete Stilmittel der Glosse. Wer ironisch schreibt, bestätigt scheinbar die Annahmen und Vorurteile seiner Leser oder Hörer und weckt gleichzeitig den Zweifel, ob diese Annahmen und Vorurteile wirklich so richtig sind. Meistens sind wir auf die Doppelbödigkeit der Ironie nicht vorbereitet; wohl jeder Glossenschreiber kann berichten, dass er schon begeisterte Zustimmung von Lesern oder Hörern erhalten hat, die den Text nur in seiner Vordergründigkeit verstanden, die Glosse also missverstanden haben.

Die Versuchung, einen Sachverhalt zu glossieren, ist groß – gute Glossenschreiber gibt es wenige. Glossenschreiben lässt sich deshalb so schwer erlernen, weil zur Beherrschung der Form jene Portion Mutterwitz und Boshaftigkeit hinzukommen muss, die unter den Journalisten nicht gleich verteilt ist.

Dass der Themenkreis aktueller Glossen unbegrenzt, der Kreis geeigneter Mitarbeiter aber begrenzt ist, bezeugt die »Süddeutsche Zeitung« mit ihrem täglichen »Streiflicht«. Dessen Glanz hängt davon ab, ob wenigstens einem aus dem halben Dutzend ständiger Autoren für morgen etwas einfällt.

Die sogenannte »*Lokalspitze*«, die sich in vielen Zeitungen am immer gleichen Platz im Lokalteil findet, hat zwar sehr oft den Charakter einer schmunzelnden Alltagsbetrachtung, kann aber auch zupackende Glosse oder Kommentar sein.

Weiterführende Literatur:
Anja Maria Hoppe, Glossenschreiben (Westdeutscher Verlag, Wiesbaden 2000)

Rezension

heißt die meinungsäußernde Darstellungsform der Literatur- und Kunstkritik, auch wenn der Begriff selbst relativ selten im Redaktionsalltag gebraucht wird. Rezensionen sind Buchbesprechung und Filmkritik ebenso wie der wertende Bericht über eine Gemälde-Ausstellung oder die sachverständige journalistische Meinungsäußerung auf einem anderen Gebiet der Künste: Theater, Oper, Konzert, Ballett, Fernseh- oder Hörspiel, Architektur, Design u. v. m.
Die Rezension unterscheidet sich vom Kommentar nicht nur dadurch, dass sie sich (ähnlich der Glosse) stärker der Mittel der Sprachkunst bedient; der eigentliche Unterschied ist wesentlicher:

Information und Beurteilung sind in der Rezension in aller Regel verquickt. Wer erfahren will, worum es in der neuen Inszenierung geht, wer mitspielt, wer Regie führt und wie die Premiere verlief, ist auf die Kritik als einzige Informationsquelle angewiesen.
Die Trennung von Bericht und Meinung gilt im Kulturteil für alle jene Ereignisse nicht, über die Rezensionen erscheinen. Man braucht das nicht zu bedauern. »Hier sind Tatsachen- und Wertungsaussagen eng miteinander verbunden, wobei der Wertungsvorgang, das Beurteilen, aber stets im Vordergrund steht«, präzisiert Siegfried Schmidt, Journalistik-Professor an der Universität Leipzig.

Nicht arrogant werden! Wen verlockt es nicht, eine Provinzaufführung lächerlich zu machen und sich auf Kosten miserabel bezahlter zweitklassiger Mitwirkender als junger Alfred Kerr oder Friedrich Luft zu profilieren. Aber mit arroganten Von-obenherab-Verrissen, wie sie dem Anfänger besonders leicht aus der Feder fließen, wird man nicht lang den gewünschten Erfolg haben. Denn solche Kritiker machen sich nicht die Mühe, auf das Verhältnis von künstlerischem Potential und vorgezeigtem Ergebnis einzugehen. Das erfordert *Sachkunde* und *Blick für Details*, ist auch viel anstrengender zu schreiben als das provokante Pauschal-Pfui.

Damit wir uns recht verstehen: Einer künstlerischen Leistung gerecht werden wollen heißt nicht ihre Unzulänglichkeit übersehen und nur die Vorzüge ins Licht rücken. Kritiklose Lobhudelei
```
begnadet auch Regisseur Meier ...
```
ist keinen Deut besser als liebloses Heruntermachen.

Der Rahmen der stilistischen Möglichkeiten ist bei Rezensionen besonders weit gespannt. Wie für alle freieren journalistischen Formen gilt aber auch hier der Rat: Als Anfänger sollte man besonders *sachlich und zurückhaltend* sein, im Urteil wie im Stil.

Der Anfänger sollte nicht aus dem Kostümverleih der Stil-Modelle ein möglichst exotisches übernehmen, sondern so schreiben, wie er es dem zu rezensierenden Ereignis für angemessen hält. »Unverwechselbare Handschrift« und »persönliche Diktion« entwickeln sich im Laufe der Zeit in jenem Maß, in dem die Kompetenz des Kritikers zunimmt. Wer in ein fremdes Kostüm geschnürt ist, kann nicht mehr wachsen.

Weiterführende Literatur:

Dieter Heß (Hrsg.), Kulturjournalismus. Ein Handbuch für Ausbildung und Praxis (2. Auflage, List Journalistische Praxis, München 1997)

Gunter Reus, Ressort: Feuilleton. Kulturjournalismus in Massenmedien (2. Auflage, UVK, Konstanz 1999)

Edmund Schalkowski, Rezension und Kritik (UVK, Konstanz 2005)

Wege in die Redaktion

Die ersten Schritte

Wie finden Sie Kontakt zu einer Redaktion? Wie werden Sie Ihren ersten Beitrag los? Die Antwort klingt spitzfindig: entweder über einen *Beitrag* oder über eine *Redaktion*. Wer eine Journalistenausbildung macht, kommt bereits durch die Dozenten und eventuelle Pflichtpraktika in Kontakt mit Redaktionen. Der folgende Artikel wendet sich an *Anfänger* und *Seiteneinsteiger*.

Wo Sie einen Beitrag anbieten können, erfahren Sie in diesem Buch bereits im zweiten Kapitel mit der Überschrift »Die Arbeitsfelder des Journalisten« und dann an vielen weiteren Stellen und in weiteren Zusammenhängen, vor allem im Ausbildungsteil.
Am meisten Erfolg verspricht der Einstieg bei der *Lokalzeitung*. Selbst wenn Sie noch zur Schule gehen, ist es für den ersten Beitrag nicht zu früh. Was es an Ihrer Schule Interessantes gibt, wissen im Zweifel Sie viel rascher, vollständiger und genauer als der Lokalredakteur. Und falls Sie vielleicht eine Schülerzeitung machen, haben Sie nicht nur den besonders guten Einblick, sondern auch erste journalistische Erfahrungen. »Vor-Ort«-Themen bieten sich nicht bloß aus dem Schulleben an, vom Hockey-Match der Schulmannschaft bis zur »Urfaust«-Inszenierung am Schultheater, sondern aus allem, worauf Sie in Ihrer Umgebung stoßen.
Je größer die Stadt und je anspruchsvoller das Blatt, umso schwieriger wird es mit Ihrem Angebot, umso weiter (und je nachdem auch tiefer) müssen Sie thematisch ausgreifen.
Vielleicht haben Sie auch eine Idee fürs private *Lokalradio,* fürs *Campusradio* oder einen »*Offenen Kanal*«, für ein *Online-Magazin* oder sogar fürs *Lokalfernsehen*.

Wie Sie Ihren Beitrag am besten anbieten: Die Lokalzeitung hat nicht nur den Vorteil des ständigen großen Themenbedarfs, sie ist auch am leichtesten zu erreichen.

Zu ihr lässt sich der wichtige *persönliche Kontakt* mit dem Redakteur/der Redakteurin am einfachsten anbahnen: Man bittet um einen Termin, geht hin, stellt sich vor und – bringt ein paar *Ideen* mit, über die man gern etwas schreiben würde (und schreiben *könnte*). Hauptsache, Sie kommen mit der Redaktion ins Gespräch und damit Ihrem ersten Beitrag näher.

Den Beitrag schreibt man in engem Kontakt mit der Redaktion. Nicht aufgeben, auch wenn man ihn dreimal umschreiben muss! Lassen Sie sich durch Absagen nicht entmutigen, sondern fragen Sie, ehrlich interessiert, nach, warum es nicht geklappt hat. Die so gewonnenen Erfahrungen sind mit nichts aufzuwiegen. Nur mit dem Erfolg, wenn der erste eigene Beitrag veröffentlicht wurde und man das erste Mal Geld mit seiner journalistischen Arbeit verdient hat.

Fragen Sie Ihre Ansprechpartner in der Redaktion auch, was sie sich von Ihnen wünschen und wo es noch hapert. Bitten Sie um einen Tipp, welches *Buch* man lesen, welchen *Kurs* man besuchen sollte (vgl. Buchteil »Die Ausbildungswege«).

Wenn die Redaktion zu weit entfernt ist für einen Besuch, sollten Sie sich trotzdem um einen persönlichen Kontakt bemühen: *anrufen* und sich vorstellen. Sie können diesen Anruf auch schriftlich (mit Brief, E-Mail oder Fax) *ankündigen* und die Ideen und Vorschläge beifügen. Die Redaktion weiß dann, ob die Themen überhaupt zum Redaktionsprogramm passen, und im Falle Ja, welchen Vorschlag Sie probeweise realisieren könnten.

Ein, zwei Sätze über Ihre Interessen und Ihre einschlägige Vorbildung, also Ihre *Kompetenz*, können nicht schaden; einen ganzen Lebenslauf hingegen liest niemand.

Schreiben Sie keine Beiträge auf Verdacht, sondern schlagen Sie ein oder mehrere möglichst konkrete *Themen*, gegebenenfalls zu einem konkreten *Termin,* einschließlich der von Ihnen gewählten *Darstellungsform* vor. Geben Sie an, wie lang Ihr Beitrag ungefähr sein wird, und welches Bildmaterial (oder O-Ton, je nach Medium) Sie zur Verfügung stellen können.

Keine Regel ohne Ausnahme. Da und dort wird empfohlen: »Wenn jemand unverlangt einen *fertigen* Artikel einreicht, genügen uns ein paar Zeilen zum Werdegang des Autors – da können wir uns ja dann selber von der Qualität des Beitrags überzeugen.«

Bitten Sie um rasche Antwort und haken Sie nach einigen Tagen telefonisch nach. Wenn Ihr Vorschlag nicht angenommen wird, sollten Sie das rasch erfahren, damit Sie Thema und Material eventuell anderswo anbieten können. Auch dann kann es dauern. Ein Tageszeitungsredakteur: »Unter normalen Umständen sollte die Redaktion spätestens bei der dritten Nachfrage eine Entscheidung getroffen haben, ob es zu einer Veröffentlichung kommt oder nicht.«

Adressieren Sie Ihren Vorschlag an das *Ressort* oder den *Redakteur*.
Schreiben Sie nicht
```
Schon immer war es mein Wunsch, für Ihre geschätzte Zeitung arbeiten zu dürfen. Bitte teilen Sie mir mit, in welcher Sparte Ihres Hauses eventuell Interesse für meine Beiträge besteht!
```
sondern schicken Sie Ihr Angebot, sobald Sie Ansprechpartner und Ressort herausgefunden haben, per E-Mail oder Brief los, etwa an
```
wissenschaft@fr-online.de
```
oder
```
An die X-Zeitung, Redaktion Wissenschaft und Technik
```
Dieses Ressort muss es wirklich geben; Sie haben sich ja vorher informiert.

Bieten Sie Ihren Beitrag exklusiv an, wenn Sie bei einer Redaktion landen wollen. Das signalisieren Sie durch einen entsprechenden Satz im Begleitbrief. Von der Art des Manuskripts und der Konkurrenzsituation des Mediums hängt es ab, ob Sie

nach erfolgreichem Start auch *Zweitabdrucke* anderswo anbieten können.
Sprechen Sie mit der Redaktion die Bedingungen Ihrer Mitarbeit offen und klar ab. Wenn sich die Verbreitungsgebiete mehrerer Blätter bzw. die Sendegebiete mehrerer Anstalten nicht überschneiden, kann je nach Absprache Mehrfachverwendung möglich sein.

Das Honorar sollten Sie vor dem Produzieren des Beitrags abklären. Freie journalistische Mitarbeit wird in der Regel nach Anzahl der Zeilen (Zeitung), der Seiten (Zeitschrift), der Zeichen (Online-Redaktion), der Fotos oder der Sendeminuten (Radio und Fernsehen) bezahlt. Allerdings darf ein neuer, ungeübter Mitarbeiter nicht das gleiche Honorar erwarten wie ein Profi.
Informationen zu den berufsüblichen Honorarsätzen samt wichtigen *Tipps für Freie* und Literaturhinweisen finden Sie im Buch-Aufsatz »Vom freien Mitarbeiter zum Chefredakteur«.

Halten Sie Ihren Begleitbrief kurz. Was Sie mit dem Beitrag erreichen wollen und wie er gedacht ist, soll nicht der Begleitbrief klarmachen, sondern das Produkt. Vertrauen Sie auf die *Überzeugungskraft* des von Ihnen sorgfältig ausgearbeiteten Beitrags. Zu dieser *Sorgfalt* gehört, dass Sie die folgenden Empfehlungen für Ihren Beitrag beachten:

Lesen Sie das Manuskript zweimal durch, bevor Sie es wegschicken. Lesen Sie niemals nur auf dem Bildschirm Korrektur, sondern immer auf einem Ausdruck!

- Prüfen Sie beim *ersten* Durchlesen, ob der Inhalt wirklich bis ins Kleinste stimmt, keine Nullen zu viel oder zu wenig angegeben und alle Namen richtig geschrieben sind.
- Prüfen Sie beim *zweiten* Durchlesen Stil, Grammatik, Rechtschreibung, Interpunktion. Sie mögen sich wirklich nur vertippt haben, aber woher soll der Redakteur das wissen? Vielleicht bringt ihn der Fehler auf den Gedanken, Sie könnten nicht genügend Deutsch oder seien nicht genügend sorgfältig.

Insbesondere für Radio- und Fernsehmanuskripte, aber auch bei Texten für Print- und Online-Medien ist es hilfreich, beim Lesen halblaut vor sich hin zu murmeln: Ist der Text flüssig sprech- und lesbar? Stimmt der Satzbau?

Durchlesen ist Pflicht, Gegenlesen Kür. Es zeugt von Selbstsicherheit und Vernunft, wenn Sie das Manuskript einem/einer Bekannten oder Kollegen(in) zum Gegenlesen geben. Vielleicht findet er/sie eine Passage missverständlich, entdeckt einen Fehler oder eine verunglückte Formulierung. Das kommt Ihrem Text zugute, rettet ihn vielleicht.

Machen Sie im Manuskript Absätze. Dadurch wird es übersichtlicher, und außerdem gewinnt der Redakteur den Eindruck, es sei gegliedert und überlegt geschrieben. Bitte übertreiben Sie allerdings diese Regel nicht, indem Sie jeden Satz in einen eigenen Absatz packen.

Geben Sie Ihrem Manuskript eine informative Überschrift (*Arbeitstitel*) zur Orientierung für den Redakteur. Er wird den Titel je nach Medium und Zielgruppe umformulieren und anpassen.

Behalten Sie eine Kopie und einen Papierausdruck des Beitrags und heften Sie das *Papier* im Manuskripte-Ordner ab.
Die *Datei* sollten Sie sowohl auf der Festplatte als auch auf einer CD-Rom speichern und archivieren. Legen Sie sich auf Ihrer Festplatte ein übersichtliches Ordnungssystem an, beispielsweise pro Artikel ein Verzeichnis, in dem alles liegt, was damit zu tun hat: Recherchebriefe, Anschreiben an die Redaktion, der Text selbst etc. Sie können dann verfolgen, was aus Ihrem Text geworden ist, können das Manuskript oder die Datei vielleicht noch einmal woanders hinschicken.

Wenn Sie schon journalistische Erfahrung haben, sich aber bei einem neuen Auftraggeber vorstellen, verweisen Sie auf bereits veröffentlichte Beiträge, bringen diese mit oder legen sie einer Bewerbung bei *(»Arbeitsproben«)*.

Mitarbeit in der Redaktion: Mitarbeit, ob bezahlt oder nicht, ist in den Ferien, neben der Schule oder dem Studium, eine erprobte Möglichkeit, eine Redaktion auch von innen zu erleben (vgl. Buch-Aufsatz »Lernen durch Mitarbeit«). Gut, wenn man dann schon auf die Beiträge und Erfahrungen verweisen kann, von denen bisher die Rede war.

Je später man anfängt, desto schwieriger wird es, einen der begehrten *Praktikumsplätze*, eine *Hospitanz* oder ein *Volontariat* zu erreichen. Hier werden Kenntnisse und eine gewisse Praxis in der Regel schon vorausgesetzt. Einzelheiten und Tipps finden Sie im Buchteil »Die Ausbildungswege«.

Weiterführende Literatur:
Cordula Nussbaum, Die ICH-AG für Journalisten I (Reihe »Journalisten-Werkstatt«, Verlag Oberauer, Salzburg 2003)

Weiterführende Webseite:
www.mediafon.net

14 Wünsche des Redakteurs an einen neuen Mitarbeiter

Wer als Redakteur dauernd mit fremden Manuskripten unterschiedlichster Herkunft zu tun hat, ist dankbar, wenn ihm die Autoren seine Arbeit dadurch erleichtern, dass sie auf die folgenden Wünsche eingehen.

1. Schreiben Sie mit einem Computer, auf keinen Fall mit der Hand und nur im Notfall mit einer Schreibmaschine. Wer Handgeschriebenes einsendet, läuft Gefahr, dass der Redakteur sein Manuskript nicht lesen will.

2. Stellen Sie der Redaktion Ihren Text als Datei zur Verfügung. Der Redakteur kann dann direkt auf dem Bildschirm redigieren und den Text gleich in das Redaktionssystem übernehmen.

3. Dateiformat: Damit die Übernahme ins Redaktionssystem reibungslos klappt, sind *vorherige Absprachen* nötig: bezüglich des Dateiformats und der Übertragungsform. Üblicherweise speichert man die Datei im Format eines gängigen Textverarbeitungsprogramms, z. B. »Microsoft Word«, zusätzlich als Textdatei ohne Formatierungen und Umbrüche. Im Idealfall können Sie aber vorher mit der Redaktion klären, welche Dateiformate die Redaktionscomputer lesen können.

4. Auch Fotos und sonstiges Material stellen Sie digital, als Datei, zur Verfügung – sprechen aber technische Details, wie z. B. Größe und Auflösung, vorher ab.
Liefern Sie in Ihrer Textdatei folgende Angaben:
1. Wer hat das Bild gemacht? (Name, Adresse und Kontonummer des Fotografen). 2. Wen/was zeigt das Bild? (Personen, Gebäude, Landschaften usw., evtl. auch Aufnahmedatum).
Wenn Sie die Fotos auf *Papier* liefern, vermerken Sie diese Angaben auf der Rückseite.

5. Für den Versand gibt es zwei Möglichkeiten: entweder per *Datenträger* (CD-ROM o. a.) und Post oder per *E-Mail*. Auch hier sollten Sie mit der Redaktion absprechen, welche Übertragungsform gewünscht wird. E-Mail ist komfortabler und vor allem schneller. Per E-Mail kann man die Textdatei und die Fotos als Anhang (»Attachment«) versenden. Falls die Redaktion das Attachment nicht öffnen kann, gibt es die Möglichkeit, den Text direkt in die E-Mail zu kopieren.

6. Ein Ausdruck auf Papier kann zusätzlich zur Datei geliefert werden. Der Redakteur kann einen schnellen Blick über das Manuskript werfen und kontrollieren, ob die Datei in Ordnung und vollständig ist. Wenn Sie eine CD-ROM oder eine Diskette versenden, legen Sie einfach den Ausdruck bei. Bei E-Mail-Versand ist ein zusätzlicher Papierausdruck allerdings nicht mehr üblich.

7. Verwenden Sie nur Manuskriptpapier im Format A4 und weiß. Beschreiben Sie jedes Blatt *nur* einseitig.

8. Verzichten Sie auf gestalterische Mätzchen bei der Textformatierung. Besser lesbar ist Ihr Text, wenn er etwa 10 cm breit und mit großem Zeilenabstand (mindestens 1,5 Zeilen) formatiert ist. Nach dem Ausdrucken auf Papier kann der Redakteur auf den freien Flächen seine technischen Anweisungen (bei der Presse für die Textkorrektur, bei Funk und Fernsehen für die Regie) anbringen; man nennt das »ein Manuskript auszeichnen«.

9. Die Zahl der Zeichen Ihres Textes (inklusive Leerzeichen) können Sie mit Ihrem Textverarbeitungsprogramm berechnen – bei »Microsoft Word« beispielsweise mit der Funktion »Extras/Wörter zählen«. Die Redaktionen geben heute die Länge bestellter Beiträge meist in Zeichen, nicht mehr in Zeilen und Anschlägen, vor. Halten Sie sich bitte an die vorgegebene Länge. Sie helfen beim Redigieren, wenn Sie am Anfang oder am Ende Ihres Textes die Zahl der Zeichen angeben.

10. Ein informativer Kurztitel (*Arbeitstitel*) dient dem Redakteur zur Orientierung.

11. Ihre Personalien nennen Sie bitte nicht nur im Anschreiben, sondern auch zu Beginn Ihres Textes: *Name, Vorname, Straße, Wohnort, Telefonnummer, Konto.*
Das sieht so aus:
```
Horst Michelsen, Alsterallee 64/I, 22397 Hamburg,
Fon (040)3591865, Fax (040)3591866,
Mail horst.michelsen@t-online.de,
Konto-Nr. 396874-208, Postbank Hamburg (BLZ
20010000)
```

12. Nummerieren Sie sämtliche Seiten oben und unten und markieren Sie den Schluss des Manuskripts durch ein Zeichen *** oder Ihren Namen bzw. dessen Abkürzung oder das gewünschte Pseudonym.

13. Heben Sie die Unterlagen noch einige Zeit auf. Es kann Rückfragen an die Redaktion oder von der Redaktion geben. Vielleicht müssen Sie sogar einmal nachweisen, dass Sie richtig recherchiert haben und dass das, was von Ihnen veröffentlicht worden ist, stimmt. Ich habe meine Unterlagen (Notizen über Telefonate mit Auskunftspersonen usw.) sechs Wochen nach der Radio-Sendung aufgehoben; danach sind in aller Regel Rückfragen oder Beschwerden nicht mehr zu erwarten.

14. Korrigieren Sie Ihr Manuskript unmissverständlich. Wer sein erstes Manuskript einschickt, wird einen so sauberen Text abliefern wollen, dass nachträgliche Korrekturen auf dem Manuskriptblatt gar nicht in Frage kommen. Mit dem Computer kann man auch den fertigen Text korrigieren und danach noch einmal ausdrucken, so dass Korrekturen in der Regel nicht mehr nötig sind. Und wer ein Rechtschreibprogramm hat, sollte es unbedingt anwenden, sich aber nicht ausschließlich darauf verlassen.

In der journalistischen Praxis kann es aber trotzdem passieren, dass man einen Text auf Papier noch verändern muss. Dann kommt es für die Korrektur nicht auf Schönheit an, sondern auf Eindeutigkeit: Die Korrektur muss jeden Zweifel daran ausschließen, ob ein Wort nun ausgestrichen ist oder nicht, ob der im Manuskript erwähnte M. er mit a oder e, mit i oder y geschrieben werden soll, und so weiter. Dieser Eindeutigkeit der Manuskriptverbesserung dienen (nicht völlig einheitlich verwendete)

Korrekturzeichen
Ausstreichen:

```
Die |großartige| Feier
```

Die senkrechten Begrenzungsstriche am Anfang und Ende markieren eindeutig, wie weit die Ausstreichung gehen soll.
Auch ganze *Absätze* streicht man in der Weise, dass man vor das erste Wort des ersten Satzes einen Begrenzungsstrich setzt, die erste und die letzte zu streichende Zeile wieder waagerecht durchstreicht und hinter das letzte gestrichene Wort den senkrechten Begrenzungsstrich setzt. Ob Sie den Zwischenraum mit Wellenlinien, kreuz oder quer ausstreichen, bleibt Ihrem Geschmack überlassen.
Bei *längeren Streichungen* verbindet man das Ende des oben Verbliebenen mit dem Anfang des Untenstehenden durch eine Linie, um zu signalisieren, wo es weitergeht.

14 Wünsche des Redakteurs an einen neuen Mitarbeiter

Einzelne Buchstaben streicht man so:

`Die Fe₫ier`

Einfügen:

`Die\Feier` (Geburtstags-)

`Die Fei|r` (e)

Streichen und Einfügen:

`Die Geburtstags-Feier` (Party)

Korrektur soll nicht gelten:

`Die großartige Feier`

Verbinden:

`Die Geburtstags ‿ -Party`

Trennen:

`Die|Geburtstags-Party`

Umstellen:

`Die Fei|re|`

`Die|Feier des|Geburtstags|wurde`

Neuer Absatz:

`statt.⌐Die Geburtstags-Feier`

Anhängen des folgenden Satzes

`statt,`
`⌒Die Geburtstags-Feier`

Weitere Korrekturzeichen finden Sie im Rechtschreib-Duden.

Publizistische Grundsätze (Pressekodex)

»Nicht alles, was von Rechts wegen zulässig wäre, ist auch ethisch vertretbar«, begründet der Deutsche Presserat seine »Regeln für einen fairen Journalismus«. Verleger und Journalisten haben im Jahr 1973 durch ihre Verbände Publizistischen Grundsätzen zugestimmt, die der *Deutsche Presserat* vorgelegt hatte. (*www.presserat.de*)
Der Pressekodex wurde seither mehrfach überarbeitet. Die abgedruckte Neufassung gilt seit Jahresbeginn 2007.
Der Pressekodex wird ergänzt durch die stärker praxisorientierten umfangreicheren »Richtlinien für die publizistische Arbeit nach den Empfehlungen des Deutschen Presserats«.

Präambel

Die im Grundgesetz der Bundesrepublik verbürgte Pressefreiheit schließt die Unabhängigkeit und Freiheit der Information, der Meinungsäußerung und der Kritik ein. Verleger, Herausgeber und Journalisten müssen sich bei ihrer Arbeit der Verantwortung gegenüber der Öffentlichkeit und ihrer Verpflichtung für das Ansehen der Presse bewusst sein. Sie nehmen ihre publizistische Aufgabe fair, nach bestem Wissen und Gewissen, unbeeinflusst von persönlichen Interessen und sachfremden Beweggründen wahr.
Die publizistischen Grundsätze konkretisieren die *Berufsethik* der Presse. Sie umfasst die Pflicht, im Rahmen der Verfassung und der verfassungskonformen Gesetze das Ansehen der Presse zu wahren und für die Freiheit der Presse einzustehen.
Die Regelungen zum Redaktionsdatenschutz gelten für die Presse, soweit sie personenbezogene Daten zu journalistisch-redaktionellen Zwecken erhebt, verarbeitet oder nutzt. Von der Recherche über Redaktion, Veröffentlichung, Dokumentation bis hin zur Archivierung dieser Daten achtet die Presse das Privatleben, die Intimsphäre und das Recht auf informationelle Selbstbestimmung des Menschen.

Präambel

Die Berufsethik räumt jedem das Recht ein, sich über die Presse zu beschweren: Beschwerden sind begründet, wenn die Berufsethik verletzt wird.
Diese Präambel ist Bestandteil der ethischen Normen.

Pressekodex

Ziffer 1 – Wahrhaftigkeit und Achtung der Menschenwürde
Die Achtung vor der Wahrheit, die Wahrung der Menschenwürde und die wahrhaftige Unterrichtung der Öffentlichkeit sind oberste Gebote der Presse.
Jede in der Presse tätige Person wahrt auf dieser Grundlage das *Ansehen* und die *Glaubwürdigkeit* der Medien.

Ziffer 2 – Sorgfalt
Recherche ist unverzichtbares Instrument journalistischer Sorgfalt. Zur Veröffentlichung bestimmte Informationen in Wort, Bild und Grafik sind mit der nach den Umständen gebotenen Sorgfalt *auf ihren Wahrheitsgehalt zu prüfen* und wahrheitsgetreu wiederzugeben. Ihr Sinn darf durch Bearbeitung, Überschrift oder Bildbeschriftung weder entstellt noch verfälscht werden. *Unbestätigte Meldungen, Gerüchte und Vermutungen* sind als solche erkennbar zu machen.
Symbolfotos müssen als solche kenntlich sein oder erkennbar gemacht werden.

Ziffer 3 – Richtigstellung
Veröffentlichte Nachrichten oder Behauptungen, insbesondere personenbezogener Art, die sich *nachträglich als falsch* erweisen, hat das Publikationsorgan, das sie gebracht hat, unverzüglich von sich aus in angemessener Weise richtig zu stellen.

Ziffer 4 – Grenzen der Recherche
Bei der Beschaffung von personenbezogenen Daten, Nachrichten, Informationsmaterial und Bildern dürfen *keine unlauteren Methoden* angewandt werden.

Publizistische Grundsätze (Pressekodex)

Ziffer 5 – Berufsgeheimnis
Die Presse wahrt das Berufsgeheimnis, macht vom *Zeugnisverweigerungsrecht* Gebrauch und gibt Informanten ohne deren ausdrückliche Zustimmung nicht preis.
Die *vereinbarte Vertraulichkeit* ist grundsätzlich zu wahren.

Ziffer 6 – Trennung von Tätigkeiten
Journalisten und Verleger üben keine Tätigkeiten aus, die die Glaubwürdigkeit der Presse in Frage stellen könnten.

Ziffer 7 – Trennung von Werbung und Redaktion
Die Verantwortung der Presse gegenüber der Öffentlichkeit gebietet, dass redaktionelle Veröffentlichungen nicht durch private oder geschäftliche Interessen Dritter oder durch persönliche wirtschaftliche Interessen der Journalistinnen und Journalisten beeinflusst werden. Verleger und Redakteure wehren derartige Versuche ab und achten auf eine *klare Trennung* zwischen redaktionellem Text und Veröffentlichungen zu werblichen Zwecken. Bei Veröffentlichungen, die ein Eigeninteresse des Verlages betreffen, muss dieses erkennbar sein.

Ziffer 8 – Persönlichkeitsrechte
Die Presse achtet das *Privatleben* und die *Intimsphäre* des Menschen. Berührt jedoch das private Verhalten *öffentliche Interessen*, so kann es im Einzelfall in der Presse erörtert werden. Dabei ist zu prüfen, ob durch eine Veröffentlichung Persönlichkeitsrechte Unbeteiligter verletzt werden. Die Presse achtet das Recht auf informationelle Selbstbestimmung und gewährleistet den *redaktionellen Datenschutz*.

Ziffer 9 – Schutz der Ehre
Es widerspricht journalistischer Ethik, mit *unangemessenen Darstellungen* in Wort und Bild Menschen in ihrer Ehre zu verletzen.

Ziffer 10 – Religion, Weltanschauung, Sitte
Die Presse verzichtet darauf, religiöse, weltanschauliche oder sittliche *Überzeugungen zu schmähen*.

Ziffer 11 – Sensationsberichterstattung, Jugendschutz
Die Presse verzichtet auf eine unangemessen sensationelle Darstellung von *Gewalt, Brutalität und Leid*. Die Presse beachtet den Jugendschutz.

Ziffer 12 – Diskriminierungen
Niemand darf wegen seines Geschlechts, einer Behinderung oder seiner Zugehörigkeit zu einer ethnischen, religiösen, sozialen oder nationalen Gruppe *diskriminiert* werden.

Ziffer 13 – Unschuldsvermutung
Die Berichterstattung über Ermittlungsverfahren, Strafverfahren und sonstige förmliche Verfahren muss *frei von Vorurteilen* erfolgen. Der Grundsatz der Unschuldsvermutung gilt auch für die Presse.

Ziffer 14 – Medizin-Berichterstattung
Bei Berichten über medizinische Themen ist eine unangemessen sensationelle Darstellung zu vermeiden, die *unbegründete Befürchtungen oder Hoffnungen* beim Leser erwecken könnte. Forschungsergebnisse, die sich in einem frühen Stadium befinden, sollten nicht als abgeschlossen oder nahezu abgeschlossen dargestellt werden.

Ziffer 15 – Vergünstigungen
Die Annahme von Vorteilen jeder Art, die geeignet sein könnten, die Entscheidungsfreiheit von Verlag und Redaktion zu beeinträchtigen, ist mit dem Ansehen, der Unabhängigkeit und der Aufgabe der Presse unvereinbar. Wer sich für die *Verbreitung oder Unterdrückung von Nachrichten* bestechen lässt, handelt unehrenhaft und berufswidrig.

Ziffer 16 – Rügenabdruck
Es entspricht fairer Berichterstattung, vom Deutschen Presserat öffentlich ausgesprochene Rügen abzudrucken, *insbesondere in den betroffenen Publikationsorganen.*

(Hervorhebungen von mir, WvL)

Publizistische Grundsätze (Pressekodex)

Österreich/Schweiz: Der »Ehrenkodex für die österreichische Presse« ist nachlesbar unter *www.press.at,* die Schweizer »Erklärung der Pflichten und Rechte der Journalistinnen und Journalisten«) unter *www.presserat.ch.*

Weiterführende Literatur:

Deutscher Presserat (Hrsg.), Jahrbuch 2007. Inklusive CD-ROM mit der Spruchpraxis 1985 – 2006 (UVK, Konstanz 2007)

Institut zur Förderung publizistischen Nachwuchses/Deuscher Presserat (Hrsg.), Ethik im Redaktionsalltag (UVK, Konstanz 2005)

Rechtsfragen der journalistischen Praxis

Volontäre und freie Mitarbeiter werden kaum mit dem Gesetz in Konflikt geraten; denn sie arbeiten einem Redakteur zu, der juristische Fallstricke zu meiden weiß. Trotzdem kann es natürlich vorkommen, dass ein mit Ihrem Namen gezeichneter Artikel den Betroffenen dazu bringt, sich beleidigt oder geschädigt zu fühlen und juristisch zur Wehr zu setzen. Dann sind nicht nur der verantwortliche Redakteur und der Verleger dran, sondern u. U. auch Sie als Verfasser. Es ist gut, wenn man sich einmal wenigstens einen groben Überblick verschafft über die für unsere Arbeit einschlägigen Rechtsnormen und über die häufigsten Fallgruppen, über die es im Berufsalltag zum Streit kommen kann.

Artikel 5 Grundgesetz, der die Meinungs- und Pressefreiheit schützt, ist länger, als man gemeinhin annimmt. Sein erster Absatz lautet:
»Jeder hat das Recht, seine Meinung in Wort, Schrift und Bild frei zu äußern und zu verbreiten und sich aus allgemein zugänglichen Quellen ungehindert zu unterrichten. Die Pressefreiheit und die Freiheit der Berichterstattung durch Rundfunk und Film werden gewährleistet. Eine Zensur findet nicht statt.«
Aber es gibt da auch noch einen Absatz 2:
»Diese Rechte finden ihre Schranken in den Vorschriften der allgemeinen Gesetze, den gesetzlichen Bestimmungen zum Schutze der Jugend und in dem Recht der persönlichen Ehre.«
Solche allgemeinen Gesetze sind zum Beispiel das Strafgesetzbuch und das Bürgerliche Gesetzbuch.

Das Strafgesetzbuch enthält u. a. folgende Paragraphen, über die der Journalist bei seiner Arbeit stolpern kann:
Aufstacheln zum Angriffskrieg (§ 80a), Verwenden von Kennzeichen verfassungswidriger Organisationen (§ 86a), verfassungsfeindliche Einwirkung auf Bundeswehr und öffentliche Sicherheitsorgane (§ 89), Verunglimpfung des Bundespräsidenten

(§ 90), Verunglimpfung des Staates und seiner Symbole (§ 90a), verfassungsfeindliche Verunglimpfung von Verfassungsorganen (§ 90b), Landesverrat usw. (§§ 94ff.), Beleidigung von Organen und Vertretern ausländischer Staaten (§ 103), Störpropaganda gegen die Bundeswehr (§ 109d), sicherheitsgefährdendes Abbilden (§ 109g), öffentliche Aufforderung zu Straftaten (§ 111), Volksverhetzung (§ 130), Anleitung zu Straftaten (§ 130a), Gewaltdarstellung (§ 131), Nichtanzeige geplanter Straftaten (§ 138), Belohnung und Billigung von Straftaten (§ 140), Beschimpfung von Bekenntnissen, Religionsgesellschaften und Weltanschauungsvereinigungen (§ 166), Verbreitung pornographischer Schriften (§ 184), Beleidigung (§ 185), üble Nachrede (§ 186), Verleumdung (§ 187), üble Nachrede und Verleumdung gegen Personen des politischen Lebens (§ 188), Verunglimpfung des Andenkens Verstorbener (§ 189), Verletzung der Vertraulichkeit des Wortes (§ 201), Verletzung des höchstpersönlichen Lebensbereichs durch Bildaufnahmen (§ 201a), verbotene Mitteilungen über Gerichtsverhandlungen (§ 353d).

Der Vorwurf der Beleidigung oder üblen Nachrede dürfte der häufigste Fall sein, weswegen ein Journalist aus beruflichen Gründen vor den Kadi zitiert wird. § 193 des Strafgesetzbuchs schützt die *Wahrnehmung berechtigter Interessen;* diese rechtfertigt eine eigentlich rechtswidrige Berichterstattung. Das Bundesverfassungsgericht hat entschieden, dass Presse, Rundfunk und Film ein berechtigtes Interesse wahrnehmen, wenn sie im Rahmen ihrer öffentlichen Aufgabe die Öffentlichkeit unterrichten oder Kritik üben. Der Journalist kann sich aber nur dann auf § 193 berufen, wenn seine Veröffentlichung das erforderliche und angemessene Mittel zur Wahrnehmung dieses Interesses war. Ob dieser Fall gegeben ist, entscheidet das Gericht. Sensationsbedürfnis allein kann ehrverletzende Veröffentlichungen nicht rechtfertigen; – und für schlampiges Recherchieren liefert auch der § 193 keine Entschuldigung.

Gegen falsche Berichterstattung wehren kann sich der Betroffene auf dreierlei Weise:

1. Er kann eine *Gegendarstellung* verlangen (mildeste Reaktion).
2. Das nächstschwerere Geschütz ist der Anspruch, die fragliche Behauptung künftig *zu unterlassen*, d. h. nicht zu wiederholen.
3. Am stärksten greift das Verlangen ein, das Medium müsse eine Behauptung *widerrufen*, also einräumen, etwas Falsches berichtet zu haben.

Die Gegendarstellung muss *ohne Rücksicht auf wahr oder unwahr* veröffentlicht werden, wenn der Einsender die formalen Voraussetzungen erfüllt, die in den Pressegesetzen der Länder (einigermaßen einheitlich) festgelegt sind. Wichtig: Nur ein unmittelbar Betroffener kann eine Gegendarstellung verlangen; er muss sich auf *tatsächliche* Angaben (im Gegensatz zu Wertungen) beschränken. Auch Radio und Fernsehen müssen Gegendarstellungen bringen.

Wie eine korrekte Gegendarstellung auszusehen hat, zeigt ein Text, den die Fachzeitschrift »Journalist« unter der Überschrift

```
Gegendarstellung
```

abdruckte. Einsender war ein ehemaliger Verlagschef; über ihn hatte der »Journalist« Behauptungen aufgestellt, denen der Betroffene jetzt in elf Punkten widersprach. Punkt 11:

```
Es wird wahrheitswidrig behauptet, ich hätte
oft monatelang die Ankunftszeiten meiner jour-
nalistischen Mitarbeiter an der Verlagstür mit
der Stoppuhr gemessen und dem, der dreimal zu
spät kam, habe der Rausschmiss oder Gratifi-
kationskürzung gedroht. Wahr ist, dass ich nie
die Ankunftszeiten meiner journalistischen
Mitarbeiter an der Verlagstür mit der Stopp-
uhr gemessen habe, und dass den genannten Spät-
kommern - wenn es sie gab - kein Rausschmiss
und keine Gratifikationskürzung drohte, so-
lange ich der ... Verlagschef war.
```

Den Unterlassungsanspruch kann der Betroffene geltend machen, wenn in seine Rechte bereits eingegriffen wurde oder –

vorbeugend –, wenn eine solche Beeinträchtigung zu befürchten ist. Es geschieht aber sehr selten, dass eine Berichterstattung vorher verboten wird. Um da etwas zu erreichen, müsste der Betroffene das Manuskript haben – und wann hat er das schon?

Um eine Berichtigung (z. B. einen Widerruf) zu erstreiten, genügt es nicht, dass die Presse etwas Falsches berichtet hat; diese falsche Behauptung muss auch noch ein vom Gesetz geschütztes Rechtsgut verletzen, z. B. die Ehre, das Geschäft o. ä.

Schadensersatz kann von der Presse verlangen, wer ursächlich durch die fehlerhafte Berichterstattung einen Schaden erlitten hat. Allerdings setzt das voraus, dass die Veröffentlichung eine schuldhafte Rechtsverletzung darstellt. Durch sorgfältige Recherche kann also die Zahlung von Schadensersatz in der Regel vermieden werden.
Mehr noch als der Anspruch auf Ersatz des tatsächlich eingetretenen *Vermögensschadens* schreckt die Journalisten seit dem »Herrenreiter«-Urteil[46] des Bundesgerichtshofs die Möglichkeit, auch einen durch Verletzung des allgemeinen Persönlichkeitsrechts entstandenen sogenannten *immateriellen Schaden* in Geld ausgleichen zu müssen (»Schmerzensgeld«). Mit den »Caroline«-Entscheidungen[47] hat der Bundesgerichtshof 1995 die Rechtsprechung verschärft. Seitdem haben Gerichte für Veröffentlichungen, die das Persönlichkeitsrecht einer Person schwer verletzen, sogar ein Schmerzensgeld von 100 000 Euro und mehr zugesprochen.

Das Recht am eigenen Bild (»Bildnisse dürfen nur mit Einwilligung des Abgebildeten verbreitet oder öffentlich zur Schau gestellt werden« § 22 Kunsturhebergesetz) gilt nur für die Abbildung von Menschen.
Bilder, die Personen des öffentlichen Lebens oder Versammlungen zeigen, dürfen auch ohne die Einwilligung der Abgebildeten veröffentlicht werden, wenn sie nicht im Einzelfall schutzwürdige Interessen verletzen, sie z. B. in ihrer Privatsphäre zeigen. Dasselbe gilt für Landschaftsaufnahmen oder Abbildungen von Ge-

bäuden oder anderen Gegenständen, auf denen die Betroffenen nur unwesentliches Beiwerk sind.

Den Schutz eigener und fremder Geistesprodukte (»Sprachwerke, wie Schriftwerke und Reden«) regelt in Inhalt und Umfang das Urheberrechtsgesetz.

Den Schutz der Informanten und sonstigen Nachrichtenquellen des Journalisten bezwecken zwei Bestimmungen der Strafprozessordnung: Gemäß § 53 Absatz 1 Ziffer 5 kann der Journalist das *Zeugnis verweigern* über die Person des Verfassers, Einsenders oder Gewährsmannes von Informationen für den redaktionellen Teil. Redaktionsunterlagen dürfen gemäß § 97 Absatz 5 *nicht beschlagnahmt* werden, wenn ein Zeugnisverweigerungsrecht besteht. Auch selbst recherchiertes Material ist grundsätzlich geschützt.

Weiterführende Literatur:

Dorothee Bölke, Presserecht für Journalisten. Freiheit und Grenzen der Wort- und Bildberichterstattung (Deutscher Taschenbuch Verlag, München 2005)

Udo Branahl, Medienrecht. Eine Einführung (5. Auflage, VS Verlag für Sozialwissenschaften, Wiesbaden 2006)

Frank Fechner, Medienrecht. (6. Auflage, UTB, Stuttgart 2005).

Jörg Soehring, Presserecht. Recherche, Berichterstattung, Ansprüche im Recht der Presse und des Rundfunks (3. erweiterte und überarbeitete Auflage, Schäffer Verlag, Stuttgart 2000)

Die Ausbildungswege

Im Buchteil »Ausbildungswege« beschreibe ich zunächst die Zugänge zum Journalistenberuf, die sich mit einem *Hochschulstudium* verbinden. Danach informiere ich über das *Volontariat* bei Presse und Rundfunk sowie über *Praktika* und *Kurse für Volontäre und Berufseinsteiger*.
Hochschulstudium und Volontariat sind kein Entweder-Oder: Die meisten Volontäre haben vorher studiert; wenn nicht, streben sie häufig ein Studium nach dem Volontariat an. In vielen Verlagen kommt als Volontär nur in Frage, wer sein Studium abgeschlossen hat.
Ein weiteres Kapitel ist den *Journalistenschulen* sowie den *Lehrgängen zur beruflichen Weiterbildung* gewidmet.
Den Schluss bildet ein Streifzug durch mehr am Rande liegende, aber nützliche Angebote und Möglichkeiten, journalistische Kenntnisse und Erfahrungen zu erwerben (»*Journalistenausbildung – do it yourself*«).
Ergänzt wird der Ausbildungsteil durch die Kapitel *Österreich* und *Schweiz*.

Wer in den Journalismus möchte, hat viele Wege zur Auswahl. *Den* Königsweg in den Beruf gibt es nicht. Selbst wer während des Studiums ein Praktikum nach dem anderen macht, sogar, wer anschließend ein Volontariat oder einen der raren Plätze an einer renommierten Journalistenschule ergattert, hat den gut bezahlten Job als festangestellter Redakteur oder gefragter freier Mitarbeiter anschließend noch lange nicht in der Tasche.

Der gerade Weg von der Schule übers Studium ins Volontariat zur Festanstellung in der Redaktion ist inzwischen die Ausnahme. Nach wie vor ist ein Hochschulstudium eine gute Ausgangsbasis für den Beruf. Es reicht jedoch in den seltensten Fällen aus. Möglichst früh sollten Ihnen Praktika, die ersten am besten noch während der Schulzeit, die Anforderungen des Be-

rufs nahe bringen: rasche Auffassungsgabe, Neugier, Gewandtheit im Formulieren und Redigieren, sicheres Umgehen mit der Technik, Genauigkeit und Teamgeist – das alles auch unter Zeitdruck.
Nach wie vor finden aber auch *Quereinsteiger* nach Studium oder Tätigkeit in einem ganz anderen Beruf in den Journalismus oder die Pressearbeit hinein. Sie erwerben die journalistischen Fähigkeiten durch »Learning by doing«, in Kurz- oder Fernkursen, in Aufbaustudiengängen und Weiterbildungen, kompakt oder berufsbegleitend.

Die Stationen, die ich im folgenden Kasten skizziere, sind nicht nur von links nach rechts oder von oben nach unten zu lesen, sondern eher wie ein Schachbrett oder ein anderes Spielfeld zu sehen. Sie beruhen auf den vier Kapiteln »Die Zugänge über die Hochschule«, »Das Volontariat« »Die Journalistenschulen« und »Journalistenausbildung: Do it yourself«.

Journalistische Berufswege

Schule	Studium	Hauptberufliche journalistische Arbeit
Schülerzeitung	Praktika bei verschiedenen Medien	Anstellung oder freie Mitarbeit bei Verlag, Sendeanstalt, Unternehmen
Erste journalistische Arbeiten	Volontariat Journalistenschule	Aufbaustudium, Weiterbildung
Praktikum bei Lokalzeitung, Lokalsender, Online-Portal	Kurse zur Aus- und Weiterbildung	Andere Tätigkeit: Public Relations, Medienproduktion, Management ...

Informationsquellen: In der Datenbank »Kursnet« der Arbeitsagentur ist eine umfangreiche Sammlung von Aus- und Weiterbildungsmöglichkeiten gespeichert: von eintägigen oder Wochen-

Die Ausbildungswege

end-Seminaren bis zu mehrjährigen Kursen. Über die Eingabe von Stichworten können auch Angebote aus dem journalistischen Bereich recherchiert werden. Die Datenbank ist über die Website der Arbeitsagentur erreichbar. Dort ist auch eine *Praktikumsbörse* mit in der Regel mehr als 100 Angeboten zum Bereich »Medien, Verlagswesen« zu finden.
(*www.arbeitsagentur.de*)
Im Internet werden viele Jobs angeboten, meist auch Hinweise auf freie Praktikumsplätze. Zum einen finden sich Angebote direkt auf den Internet-Seiten der *Medien* – zum Beispiel unter www.hubert-burda-media.de oder unter www.br-online.de/br-intern/stellen/. Zum anderen pflegen Fachzeitschriften oder andere Medien *Jobbörsen*, die regelmäßig aktualisiert werden. Ergiebig sind folgende Adressen: www.newsroom.de, jobs.pr-journal.de, www.journalist.de, www.jobs.zeit.de.

Weiterführende Literatur:

Bernhard Pörksen (Hrsg.), Trendbuch Journalismus. Erfolgreiche Medienmacher über Ausbildung, Berufseinstieg und die Zukunft der Branche (Herbert von Halem Verlag, Köln 2005)

Die Zugänge über die Hochschule

Acht Wege führen über die Hochschule in den Journalismus:
- Man kann ein *herkömmliches Fachstudium* absolvieren und sich daneben um den Erwerb journalistischer Kenntnisse und Erfahrungen bemühen.
- Man kann sich bei einem der Institute bewerben, die *studienbegleitende Journalistenausbildung* betreiben.
- Man kann *Journalistik* direkt studieren und mit dem Bachelor- oder Master-Grad abschließen.
- Man kann nach abgeschlossenem Fachstudium (Bachelor) ein zwei- bis viersemestriges *Master-Studium* oder *Aufbaustudium* Journalistik bzw. Medienwissenschaft anhängen.
- Man kann als zweites Fach bzw. *Nebenfach* Journalistik studieren.
- Man kann *andere praxisorientierte Vollstudiengänge* wählen, die oft unter der Bezeichnung »Medien-« oder »Kommunikationswissenschaft« firmieren.
- Man kann als Haupt- oder Nebenfach *Publizistik- und Kommunikationswissenschaft* studieren und dabei möglichst viele journalistikorientierte Studienangebote wahrnehmen.
- Man kann schließlich an einer *Hochschule bzw. Akademie für Fernsehen und Film* studieren.

Diese insgesamt acht Berufszugänge über die Hochschule werde ich im Folgenden darstellen. Zunächst aber muss ich deutlich machen, wie wichtig es heute auch und gerade für den Journalisten ist, dass er überhaupt *studiert* – und sein Studium auch *abschließt*.

Argumente für den Studienabschluss: Ein Studium vermittelt Grunderfahrungen *wissenschaftlichen, das heißt kritischen Arbeitens*. Dieses Wissen um die Relativität menschlicher Erkenntnisarbeit und den aus dieser Skepsis folgenden besonderen Umgang mit »Fakten« braucht der Journalist in einem

203

Die Zugänge über die Hochschule

Beruf, der zum größten Teil im Vermitteln fremder Entscheidungen, Projekte, Erkenntnisse und Aussagen besteht.
Sich durch eine Abschlussprüfung zu quälen, ist ein Akt der *Konzentration,* der *Disziplinierung* und *Willensanstrengung.* In diesem, charakterlichen, Sinne betrachte ich ein abgeschlossenes Studium als zusätzliche Qualifizierung. Vom früheren ZDF-Redakteur Horst Schättle weiß ich, dass die »Heute«-Redaktion die Probezeit eines zur Festanstellung anstehenden Nachrichtenredakteurs über den Examenstag legte, weil man erst Klarheit haben wollte, ob er die Prüfung schafft.

Wenn bereits der Lehrer der ersten Grundschulklasse nur noch mit Hochschulabschluss Unterricht erteilen darf – mit welchem Maß an *innerer Sicherheit* und *äußerer Anerkennung* will sich da künftig ein unzureichend vorgebildeter Journalist an die Öffentlichkeit wenden? Arbeitsplatzerwartung und gesellschaftliche Position des Uni-Absolventen haben sich in den Jahren des Massenstudiums so weitreichend nivelliert, Studium ist so selbstverständlich geworden, dass es reaktionärer Anachronismus wäre, ausgerechnet für den Journalisten das Bildungsniveau von einst genügen zu lassen.

Für Journalisten der Tagespresse berichtet Konstanze Rohde[50] in Auswertung einer Allensbach-Untersuchung, dass ein Studienabschluss auch die *Karrierechancen* erhöht. Der Anteil der Akademiker steigt mit der höheren Stellung in der Redaktionshierarchie. Mehr Akademiker arbeiten bei Zeitungen mit größerer Auflage. »Nur Journalisten mit Studium erreichen eindeutig die höchsten Einkommenskategorien.«

Und Sie sind besser vor Arbeitslosigkeit geschützt, stellt die Bundesanstalt für Arbeitsvermittlung fest: »... dass Personen mit einer besonders hohen Qualifikation auch in diesem (= journalistischen) Bereich ein geringeres Risiko hinsichtlich des Verlustes ihres Arbeitsplatzes eingehen«.[51]

Ein abgeschlossenes Hochschulstudium wird laut Gehaltstarifvertrag für Redakteure an Tageszeitungen als zwei Berufsjahre bei der Gehaltseinstufung angerechnet.

»Die *Berufszufriedenheit* wächst mit dem Ausbildungsniveau«, stellt der Sozialwissenschaftler Rüdiger Schulz[52] fest. »Akademiker sind zufriedener als Nicht-Akademiker.« Schulz führt das nicht allein auf die bessere Bezahlung zurück, »eher auf die *größere Freiheit und Unabhängigkeit* der qualifizierter Ausgebildeten«.

Lassen Sie sich durch journalistische Anfangserfolge bzw. zunehmende Beschäftigung bei den Medien nicht davon abhalten, *Ihr Studium abzuschließen*. Wer so gut als Journalist befähigt und ausgebildet ist, dass man ihn schon während seines Studiums brauchen kann, wird auch die Enthaltsamkeit in der Zeit vor dem Examen überbrücken und danach wieder ins Geschäft kommen. Bereits im Jahr 2004 hatten 69 Prozent, also mehr als zwei Drittel aller Volontäre in deutschen Tageszeitungsredaktionen ein abgeschlossenes Studium. Der Anteil der *Studienabbrecher* unter den Volontären ging von 28 Prozent (1993) auf neun Prozent zurück.[53]

Wegen der Seminar- und Buchlastigkeit der meisten Studien empfiehlt es sich, die Lebenswirklichkeit nicht aus den Augen zu verlieren. Ein *Betriebspraktikum* zum Beispiel lässt sich bestimmt einmal für die Semesterferien einplanen. Grundsätzlich eignet sich jeder Platz: die Werkhalle wie der Schalter, das Büro eines Verbandes wie das Paketauto der Post.

Neue Studienmodelle werden derzeit unter der Bezeichnung *Bachelor of Arts* (BA) und *Master of Arts* (MA) eingeführt bzw. alte Diplom- und Magister-Studiengänge zu BA- und MA-Programmen umstrukturiert.
- *BA-Programme* sollen möglichst schnell zu einem berufsqualifizierenden Abschluss führen (meist nach drei Jahren);
- *MA-Programme* setzen einen Studienabschluss voraus (meist einen BA-Abschluss) und sollen wissenschaftliche (Weiter-) Qualifizierung in ein bis zwei Jahren bieten. Das Zulassungsverfahren bezieht sich meist auf die Note des Bachelor-Abschlusses.

Die Zugänge über die Hochschule

Von den neuen internationalen akademischen Graden Bachelor und Master versprechen sich die Hochschulen eine größere Mobilität der Studenten und Absolventen und einen leichteren Berufseinstieg im Ausland. Zudem soll das Studium zügiger als bisher abgeschlossen werden können. Die Bildungspolitik schreibt den Universitäten und Fachhochschulen mit dem so genannten »Bologna-Prozess« vor, dass es ab dem Jahr 2010 in ganz Europa nur noch Bachelor- und Master-Studiengänge geben soll. Es ist deshalb davon auszugehen, dass alle noch bestehenden Diplom- oder Magisterstudiengänge demnächst umgebaut werden.

Die Diplom- und Magisterstudiengänge, die wir in den folgenden Abschnitten beschreiben, werden also nicht mehr lange so bleiben. Zudem werden immer wieder neue Journalistik-Angebote vor allem an Fachhochschulen, aber zum Teil auch an Universitäten gegründet. Über die folgende Auflistung hinaus lohnt sich deshalb eine aktuelle Recherche im Internet.
Allerdings stellt sich mitunter die Frage, ob hier nicht alter Wein in neue Schläuche gefüllt wurde. So manches MA-Programm wäre früher schlicht unter dem Titel »Aufbaustudium« gelaufen. Lassen Sie sich durch die Bezeichnungen nicht verwirren.

Was modern und international klingt, kann, muss aber nicht unbedingt besser sein. Die Zahl der Studiengänge, die »irgendetwas mit Medien« machen, ist in den letzten Jahren geradezu explodiert. Es lohnt sich immer ein Blick in die *Studienordnung*, auf die *technische Ausstattung* und die *Qualifikation der Dozenten*.
Alle Bachelor- und Master-Angebote müssen *akkreditiert* – also durch ein externes Institut und durch Gutachter bewertet werden. Fragen Sie nach, ob der betreffende Studiengang akkreditiert ist – und wenn ja, mit welchen Auflagen, und ob das Akkreditierungsgutachten einsehbar ist.
Zudem werden Studienangebote im Bereich Journalistik, Medien und Kommunikation immer mehr in *Hochschulrankings* einbezogen – zum Beispiel seit dem Jahr 2005 in das Ranking des Centrums für Hochschulentwicklung der Bertelsmann Stiftung

(www.che-ranking.de). Die Methoden solcher Rankings sind zwar umstritten, gleichwohl können diese Bewertungen von Studiengängen Sie bei Ihrer Entscheidung unterstützen.

Studiengebühren verlangen immer mehr Universitäten, Fachhochschulen und Journalistenschulen – meist zwischen 500 und 4 000 Euro pro Semester. Manchmal gibt es Ermäßigungen, die von der finanziellen Situation des Studenten und vom Einkommen der Eltern abhängen. Fast alle Bundesländer in Deutschland verlangen inzwischen generell Studiengebühren, die meist bei 500 Euro pro Semester liegen. Diese generellen Gebühren werden im Folgenden nicht erwähnt, sondern nur darüber hinaus gehende Gebühren für einzelne Studiengänge.

Weiterführende Webseiten:
www.medienstudienfuehrer.de

Fachstudium und Journalismus

Fachstudium ist gut, journalistische Vorkenntnisse sind gut; wie gut muss erst die Verbindung eines abgeschlossenen Fachstudiums mit journalistischen Vorkenntnissen sein. Wer so kalkuliert, rechnet vernünftig.

Das abgeschlossene Fachstudium hat zwei Vorteile: Erstens bietet es die Möglichkeit, *auf einen anderen Beruf umzusatteln*, falls man im Journalismus nicht befriedigend Fuß fasst oder später einmal (aus welchen Gründen immer) wieder aussteigen will. Zweitens *qualifiziert* es den angehenden Journalisten als Mitarbeiter gerade bei solchen Zeitungen und Zeitschriften sowie bei Funk und beim Fernsehen, die auch auf Spezialgebieten kompetent informieren und kommentieren möchten. Wirtschaft und Börsen, Recht und Justiz, Forschung und Technik, Medizin, Städtebau – ich habe willkürlich einige Spezialgebiete herausgegriffen, die journalistisch zu betreuen natürlich besonders gut Damen und Herren gelingen wird, die (neben dem Erwerb journalistischer Kenntnisse) ein einschlägiges Fach studiert haben.

Die Zugänge über die Hochschule

Auch als allgemeinere Vorbildung im Journalismus lässt sich ein Studium mit akademischem Abschluss verwenden (wenn man nicht in Seminaren verstaubt und im Seminarstil sein Deutsch verlernt): Für den politischen Redakteur und den Lokalredakteur zum Beispiel ist es auf jeden Fall von Vorteil, wenn er Rechtswissenschaften, Volkswirtschaft, Politologie oder Geschichte studiert hat, wie sich der Kulturredakteur in seinem Horizont und seiner Urteilsfähigkeit bereichert fühlen wird durch ein Studium der Germanistik oder Romanistik, der Kunstgeschichte oder Theaterwissenschaft.

Den Ausschlag bei der Wahl des Studiums sollte aber nicht eine Karriere-Spekulation geben, sondern das persönliche Interesse am Fach.
So weit, so gut. Schlimm wird es nur, wenn dann der Träger oder die Trägerin eines soeben erworbenen Master- oder Doktor-Titels die Redaktion aufsucht mit dem schlichten Wunsch nach einer Anstellung; und auf die Frage, was er oder sie denn schon alles journalistisch getrieben habe, die Antwort kommt: »Nichts. Bisher habe ich ja studiert.«

Der Erwerb journalistischer Kenntnisse und das Fachstudium sollten Hand in Hand gehen; beides ist nebeneinander zu bewältigen. »Allerdings dürfen die Schwierigkeiten, die sich aus dieser *Doppelbelastung* ergeben, nicht verschwiegen werden«, sagt Ernest Lang, M. A. in Politischen Wissenschaften und Radiojournalist, im Rückblick. »So ist meist eine Folge dieser zweigleisigen Ausbildung, dass sich die Studiendauer um zwei oder drei Semester verlängert, selbst wenn der angehende Journalist Praktika in erster Linie während der Semesterferien absolviert. Wer sich als Journalist engagiert und gleichzeitig sein Studium ernst nimmt, sitzt leicht zwischen zwei Stühlen. Deswegen hat es sich bewährt, die journalistische Arbeit im letzten Jahr vor dem Examen fast gänzlich zu unterbrechen und sich hinter die Bücher zu setzen.«
Wie man sich im Do-it-yourself-Verfahren *Kenntnisse des Journalismus* erwerben kann, besprechen wir im Beitrag »Journalistenausbildung – do it yourself«. Erwähnt sei auch der Beitrag

»Journalistenschulen«. Und erkundigen Sie sich, ob an Ihrer Hochschule Vorlesungen, vielleicht sogar praktische Übungen zu publizistischen oder medienkundlichen Themen stattfinden.

Studienbegleitende Journalistenausbildung

Gemeinsam ist den nachfolgend beschriebenen Instituten, dass sie Studenten während ihres *Fachstudiums* geplant und koordiniert journalistische Kenntnisse und Erfahrungen vermitteln.

Das ifp – Institut zur Förderung publizistischen Nachwuchses in München ist die »Journalistenschule in Trägerschaft der katholischen Kirche« und bildet studienbegleitend jährlich 15 Nachwuchsjournalisten aus, die sich »in ihrem Beruf von den Grundlagen des christlichen Glaubens leiten lassen«. Die Ausbildung findet in den Semesterferien statt. In mehrwöchigen Intensivseminaren (Print, Hörfunk, Fernsehen) lernen die Studierenden das journalistische Handwerk; anschließend werden Praktika bei Zeitungen, Nachrichtenagenturen und Rundfunkstationen vermittelt. Bewerber müssen der Bewerbung ein Gutachten eines persönlich bekannten Seelsorgers beilegen. Das Auswahlverfahren ist mehrstufig. *(www.ifp-kma.de)*

Die Dr.-Hans-Kapfinger-Stiftung bietet in Zusammenarbeit mit dem »Institut für Journalistenausbildung und Kommunikationsforschung an der Universität Passau e. V.« Studenten an der Universität Passau die Möglichkeit, neben dem regulären Studium zusätzliche Vorlesungen und Seminare über Journalismus zu belegen und jeweils während der Semesterferien ein Volontariat zu absolvieren. Es wird 18 Monate in verschiedenen Redaktionen der »Passauer Neuen Presse« und in anderen Medienhäusern geleistet. Jährlich werden sechs Studierende aufgenommen. Sie erhalten über vier Jahre ein Stipendium von monatlich 320 Euro. Bewerber sollten nicht älter als 24 Jahre sein.
(www.institut-journalisten.de)

Die Zugänge über die Hochschule

Die Kölner Journalistenschule für Politik und Wirtschaft bildet Fachjournalisten für Politik und Wirtschaft bei Presse und Hörfunk aus; die Ausbildung dauert acht Semester. Die ersten beiden Semester bieten eine journalistische Grundausbildung. Danach nehmen die Teilnehmer parallel zur journalistischen Ausbildung ein Bachelor-Studium der Volkswirtschaft an der Universität Köln auf. Während der Semesterferien werden mindestens sechs achtwöchige Pflicht-Praktika absolviert.
Zugangsvoraussetzung ist neben dem Abitur die erfolgreiche Teilnahme an einem schriftlichen Vortest und einem dreitägigen Qualifikationstest. Bewerben sollte man sich während des letzten Schuljahres zum 31. Januar. Die Studiengebühr beträgt 4 000 Euro pro Jahr und kann, abhängig vom Einkommen der Eltern, ermäßigt werden. *(www.koelnerjournalistenschule.de)*

Die Journalistenschule Mitteldeutschland im sächsischen Mittweida bietet ein studienbegleitendes Volontariat in Form von journalistischen Lehrredaktionen an. Die Schule ist als Aktiengesellschaft an die Hochschule Mittweida gebunden und wurde auch hauptsächlich dafür eingerichtet, den eigenen Studierenden im Medienbereich praktische Erfahrungen zu ermöglichen. Es kann sich aber auch bewerben, wer einen Studienplatz an einer anderen deutschen Hochschule oder Universität nachweist, und bereit ist, 250 Euro pro Semester zu bezahlen. Die Journalistenschule kooperiert mit der Europäischen Medien- und Business-Akademie in Hamburg. *(www.journalistenschule-mitteldeutschland.de* und *www.emba-medienakademie.de)*

Begabtenförderungswerke: Wer glaubt, dass er für die vom Bundeswissenschaftsministerium finanzierte Begabtenförderung in Frage kommt, kann sich bei Begabtenförderungswerken bewerben, die nicht nur das Studium finanzieren helfen, sondern auch unterschiedliche studienbegleitende Betreuungsprogramme für journalistisch interessierte Stipendiaten haben.
Die Ausbildung an der Journalisten-Akademie der *Konrad-Adenauer-Stiftung* beispielsweise umfasst Print-, Hörfunk-, Fernseh- und Online-Seminare und wird um die Vermittlung von

Studienbegleitende Journalistenausbildung

Praktika und freier Mitarbeit ergänzt. Die Absolventen erhalten ein Zertifikat, das ein abgeschlossenes Volontariat bestätigt *(www.journalisten-akademie.com)*. Ein ähnliches Programm bietet zum Beispiel auch die *Friedrich-Ebert-Stiftung (www.fes.de/ journalistenakademie)*.

Die *Heinrich-Böll-Stiftung* bietet seit 2008 eine studienbegleitende Stipendienförderung für Journalismus-Interessierte mit Migrationshintergrund. Praktika und Volontariate bei Medienpartnern – der Deutschen Welle, der »tageszeitung« (taz) und dem radiomultikulti des RBB sowie der Agentur »Zum goldenen Hirschen« – runden das Förderprogramm ab. Es richtet sich an Abiturienten und Studierende aus Einwandererfamilien bzw. binationaler oder bikultureller Herkunft. Bewerbung ist halbjährlich beim Studienwerk der Heinrich-Böll-Stiftung möglich. *(www.boell.de/studienwerk)*

Übereinstimmend nennen die Förderungswerke als Kriterien: überdurchschnittliche Schul- und Studienleistungen sowie gesellschaftspolitisches Engagement.

Tabelle: Begabtenförderungswerke

Cusanuswerk	katholisch	www.cusanuswerk.de
Evangelisches Studienwerk		www.evstudienwerk.de
Friedrich-Ebert-Stiftung	SPD-nah	www.fes.de
Friedrich-Naumann-Stiftung	FDP-nah	www.fnst.de
Hanns-Seidel-Stiftung	CSU-nah	www.hss.de
Hans-Böckler-Stiftung	gewerkschaftsnah	www.boeckler.de
Heinrich-Böll-Stiftung	Grünen-nah	www.boell.de
Konrad-Adenauer-Stiftung	CDU-nah	www.kas.de
Rosa-Luxemburg-Stiftung	PDS-nah	www.rosalux.de
Stiftung der deutschen Wirtschaft	arbeitgebernah	www.sdw.org
Studienstiftung des deutschen Volkes	unabhängig	www.studienstiftung.de

Die Zugänge über die Hochschule

Bachelor- und konsekutive Master-Studiengänge Journalistik

Es gibt immer mehr Journalistik-Studiengänge. Und das ist durchaus sinnvoll, weil akademische Journalistenausbildung dazu beiträgt, den Beruf zu professionalisieren. Im derzeitigen dynamischen Wandel der Medienmärkte, -techniken und -produkte reicht es nicht mehr, sich das »Handwerk« im Learning-by-doing-Verfahren durch Praktikum/Volontariat selbst beizubringen, sondern das »Kopfwerk« des Journalisten wird immer wichtiger. Dazu gehören zum Beispiel profunde Kenntnisse über das Publikumsverhalten, über die Rolle des Journalismus in der Gesellschaft, über digitale Medienwelten oder Qualität(smanagement) und Ethik. Vom Nachwuchs wird zunehmend gefordert, neue Produkte und Formate für die digitalen Ausspielkanäle zu entwickeln. Ich rate deshalb, sich schon im Studium mit Medienentwicklung und Journalismus wissenschaftlich fundiert und reflektiert zu beschäftigen.

Zwischen drei Typen von Journalistik-Angeboten kann man grundsätzlich unterscheiden. Sie werden in diesem und in den beiden folgenden Beiträgen vorgestellt:
- Auf ein *Bachelor-Studium* der Journalistik kann ein *konsekutiver Journalistik-Master* aufsetzen. Man studiert dann in der Regel fünf Jahre lang berufsorientiert, wobei ein Wechsel der Hochschule zwischen Bachelor und Master möglich ist.
- Wer im Bachelor ein anderes Fach studiert und erst im Master-Programm zum Journalismus wechselt, studiert einen *nicht-konsekutiven Journalistik-Master* – früher nannte man dieses Modell »Aufbaustudium«.
- Einige *Bachelor-Angebote* integrieren die Journalistik als Nebenfach.

Die Tendenz bei den Journalistik-Angeboten in Deutschland ist eindeutig: Während sich *Universitäten* häufig auf Master-Programme oder kommunikationswissenschaftliche Studiengänge beschränken, bauen *Fachhochschulen* praxisorientierte Bachelor-Programme für Journalismus und Public Relations aus. Zudem konzentrieren sich immer mehr Studiengänge entweder auf ein *Medium* (z. B. Online-, Hörfunk- oder Fernsehjournalismus) oder auf ein *Themengebiet* (z. B. Fachjournalismus im Bereich Technik, Naturwissenschaft, Musik, Geschichte oder Wirtschaft), integrieren aber zwei früher in der Ausbildung oft getrennte Berufsfelder: Sie wollen sowohl für den Journalismus als auch die Public Relations ausbilden, entweder gleichzeitig oder als alternatives Wahlfach in einem Studiengang.

Im Studiengang Journalistik der Universität Dortmund sind Hochschulstudium und Volontariat zu einer einheitlichen Ausbildung integriert. Jährlich werden 52 Studenten zum *Bachelor-Programm* zugelassen, die zuvor mindestens sechs Wochen in einer Zeitungs-, Zeitschriften- oder Rundfunkredaktion hospitiert haben, außerdem 15 bis 20 Bewerber mit abgeschlossenem Volontariat. Über die Zulassung entscheidet ein institutseigener Numerus Clausus. Das Bachelor-Studium ist in Dortmund acht Semester lang: Nach zwei Jahren Studium folgen zwei Semester Volontärpraktikum und dann wieder zwei Semester Studium, inkl. Bachelor-Arbeit. In der ersten Phase arbeiten die Studierenden während eines Jahres in den Lehrredaktionen für Print, Hörfunk, Fernsehen und Internet mit, wo sie Redaktionsabläufe, Teamarbeit und journalistisches Handwerk in der Praxis lernen und die institutseigenen Publikationen verantworten.

Das Bachelor-Studium wird in zwei Fächern absolviert. Zum Schwerpunktfach Journalistik kommen Lehrveranstaltungen zum Beispiel aus den Feldern Kultur-, Sozial- und Wirtschaftswissenschaften. So wählt jeder Studierende zusätzlich jeweils ein Komplementfach.

Wer den Bachelor abgeschlossen hat, kann ein zweisemestriges *Master-Programm* anschließen. Dort lernen die Studierenden, wie praktische journalistische Angebote mit Hilfe wissenschaftlicher Forschung verbessert werden können und wie auf medienspezifische Innovationen qualifiziert reagiert werden kann. Wer den Bachelor nicht in Dortmund gemacht hat, muss zusätz-

Die Zugänge über die Hochschule

lich ein zweijähriges Volontariat mitbringen. *(www.journalistik-dortmund.de)*

Der Bachelor-Studiengang Wissenschaftsjournalismus am Dortmunder Institut für Journalistik ist inhaltlich ähnlich ausgerichtet wie der allgemeine Journalistik-Studiengang – mit folgenden Unterschieden: Das *Zweitfach* hat ein stärkeres Gewicht; es können entweder Naturwissenschaften (mit biowissenschaftlichem oder physikalischem Schwerpunkt), Ingenieurwissenschaften (Maschinenbau oder Elektrotechnik) oder Datenanalyse/ Statistik gewählt werden. Die Journalistik-Lehrveranstaltungen greifen Themen aus den jeweils gewählten Zweitfächern auf. Ziel ist es, Journalisten auszubilden, die in den aktuellen Medien kompetent über Naturwissenschaft, Technik oder Medizin berichten können.

Das Studium dauert drei Jahre – hinzu kommt ein anschließendes einjähriges Volontariat. Der Studiengang hat zehn Plätze und fünf Plätze für Bewerber mit abgeschlossenem Volontariat. *(www.wissenschaftsjournalismus.org)*

An der Katholischen Universität Eichstätt-Ingolstadt löst ab dem Wintersemester 2008/09 ein *Bachelor-Programm* den traditionellen Diplomstudiengang ab. Bewerber müssen den Nachweis über ein zweimonatiges Redaktionspraktikum (zu absolvieren bis zum Studienbeginn) und zwei journalistische Arbeitsproben einreichen. Dann folgt ein mehrstufiges Auswahlverfahren: journalistische Übung, Wissenstest und Vorstellungsgespräch.

Das Studium beruht auf drei Säulen: Kommunikationswissenschaftliches Basiswissen, journalistische Praxis sowie gesellschaftliche Grundkompetenz und vertiefendes Sachwissen als Wahlbereich (Politik, Wirtschaft, Kultur). Verpflichtend sind ein Auslandsstudium im fünften Semester und zwei interne Praktika in den Semesterferien, in denen Journalisten aus der Medienpraxis in der Lehrredaktion und in den Studios der Universität unterrichten.

Später soll in Eichstätt auch ein *Master-Programm* Journalistik angeboten werden, das aber noch nicht im Detail feststeht. *(www.journalistik-eichstaett.de)*

Die Fachhochschule Hannover bietet gemeinsam mit der Hochschule für Musik und Theater die *Bachelor-Studiengänge* Journalistik und Public Relations an. Zulassungsvoraussetzung ist die allgemeine Hochschulreife (NC), wobei für rund die Hälfte der Studienplätze die Noten der Schulfächer Deutsch und Englisch höher gewichtet werden.

Ziel des Journalistik-Studiengangs ist es, »spezialisierungsfähige Generalisten« auszubilden: Man lernt die Arbeit für verschiedene Mediengattungen kennen (Zeitung, Radio, Fernsehen, Online) und bekommt einen ersten Einblick in das Spezialwissen unterschiedlicher Ressorts. Hinzu kommt Basiswissen aus Kommunikationstheorie und Kommunikationsforschung, Medienrecht und Medienökonomie. Im 4. Semester findet ein viermonatiges Praktikum in einem Medienbetrieb statt.

An das Bachelor-Programm schließt das zweijährige *Master-Programm* Kommunikation an, in dem zwischen den Studienschwerpunkten Journalistik und Public Relations gewählt werden kann. In der Journalistik geht es über die Beitragsproduktion hinaus stärker um Formatentwicklung. Neben einem Bachelor-Abschluss im Kommunikationsbereich ist als Zugangsvoraussetzung der Nachweis von vier Monaten Praxiserfahrung und von Englischkenntnissen erforderlich. Ausgewählt wird auf Grundlage der schriftlichen Bewerbung und eines Eignungsgesprächs.

Zum Wintersemester 2008/09 startet an der Fachhochschule Hannover zudem das *Master-Programm* Fernsehjournalismus. Studienvoraussetzungen sind auch hier ein Hochschulabschluss (Bachelor) für einen Medienberuf und mindestens vier Monate praktische Erfahrung im Fernsehen. Die Fachhochschule arbeitet mit den Sendern RTL, SAT 1 und dem NDR zusammen. *(www.ik.fh-hannover.de)*

»Journalismus & Public Relations« heißt ein dreijähriger *Bachelor-Studiengang* an der Fachhochschule Gelsenkirchen, der im

Die Zugänge über die Hochschule

Jahr 2005 gestartet ist und pro Jahr 67 Anfänger aufnimmt. Voraussetzung ist ein zwölfwöchiges Praktikum. Der Studiengang soll Absolventen in die Lage versetzen, komplexe Sachverhalte – vor allem aus Wirtschaft und Technik – zu recherchieren und in Text und Bild darzustellen. Redaktionspraxis wird u. a. in Projekten und Lehrredaktionen vermittelt. *(www.fh-gelsenkirchen.de)*

Die Fachhochschule des Mittelstands in Bielefeld – eine private, staatlich anerkannte Hochschule – legt im *Bachelor-Studiengang* »Medienkommunikation & Journalismus« neben der Medien- und Journalismuskompetenz viel Wert auf betriebswirtschaftliche Grundkenntnisse und bildet deshalb insbesondere für die Öffentlichkeitsarbeit von Unternehmen aus. Der Studiengang kann entweder in Vollzeit in drei Jahren (inklusive einem halben Jahr Praktikum) oder berufsbegleitend in vier Jahren absolviert werden. Die Studiengebühr beträgt beim Vollzeitmodell 470 Euro pro Monat, berufsbegleitend 360 Euro pro Monat. Dafür erhalten die Studierenden ein sehr dichtes praxisorientiertes Studienprogramm in Kooperation mit regional ansässigen Unternehmen. *(www.fhm-bielefeld.de)*

Einen Bachelor-Studiengang Business Journalism startete die private, staatlich anerkannte Fachhochschule Business and Information Technology School (BiTS) in Iserlohn zum Sommersemester 2006. Das Programm dauert drei Jahre und enthält neben volks- und betriebswirtschaftlichen Inhalten eine crossmediale journalistische Basisausbildung und Einblicke in die Unternehmenskommunikation. Zwei Studienblöcke werden im Ausland verbracht: in Brüssel und im australischen Perth. Das Studium kostet ca. 4100 Euro pro Semester. *(www.bits-iserlohn.de)*

Kommunikationsmanagement heißt ein *Bachelor-Studiengang*, den die Fachhochschule Osnabrück am Standort Lingen (Ems) anbietet. Public Relations stehen im Mittelpunkt des Studiums. Daneben werden auch journalistische und betriebswirtschaftliche Inhalte vermittelt (*www.kug.fh-osnabrueck.de*)

Bachelor- und konsekutive Master-Studiengänge Journalistik

An der Hochschule Mittweida in Sachsen gibt es ein ganzes Bündel an Studiengängen im Medienbereich (z. B. Medienwirtschaft, Medientechnik oder Film und Fernsehen). Interessant für Anfänger, die später in Journalismus oder Public Relations arbeiten wollen, ist die Möglichkeit, an der *Mitteldeutschen Journalistenschule* ein studienbegleitendes Volontariat zu absolvieren. Diese Journalistenschule wird zwar privat betrieben, gehört aber zur Hochschule. Die Journalistenschule kostet 250 Euro pro Semester.
(www.htwm.de; www.mitteldeutsche-journalistenschule.de)

Die Hochschule Magdeburg-Stendal bietet den dreijährigen *Bachelor-Studiengang* »Journalistik/Medienmanagement« an. Die Studienmodule legen einen Schwerpunkt in den Bereichen Wirtschaft/Medienwirtschaft sowie Journalistische Grundlagen/Medienpraxis. Zum Studiengang gehören ein Praktikum von insgesamt zwölf Wochen Dauer im Inland und ein Studienanteil von zwölf Wochen Dauer im Ausland. Im Zulassungsverfahren werden einzelne Abiturnoten höher gewichtet (z. B. Deutsch und Englisch); eine einschlägige praktische Tätigkeit (z. B. Praktikum) wirkt sich positiv aus.
Der *Master-Studiengang* Sozial- und Gesundheitsjournalismus setzt einen Bachelor-Abschluss in Journalistik, Publizistik oder Sozialwissenschaft inkl. journalistischer Praxis voraus. Neben Journalistik-Dozenten unterrichten auch Professoren aus den Bereichen Soziale Arbeit und Gesundheitswesen. *(www.hs-magdeburg.de)*

Im Bachelor-Studiengang »Medienwirtschaft und Journalismus« an der Fachhochschule Oldenburg-Ostfriesland-Wilhelmshaven sollen die Studenten in sieben Semestern dazu befähigt werden, Managementfunktionen für Medienprojekte zu übernehmen – vorwiegend in den Bereichen Print und Online. Dementsprechend sind journalistische Inhalte nur ein Baustein unter mehreren (daneben u. a. Wirtschaft, Informatik, Gestaltung und Statistik). Jährlich werden 35 Studenten zugelassen; Voraussetzung ist ein vierwöchiges Praktikum. *(www.fh-oow.de)*

Der Internationale Bachelor-Studiengang Fachjournalistik an der Hochschule Bremen vermittelt gesellschaftswissenschaftliche Grundlagenkenntnisse und besonderes Fachwissen in einem zu wählenden Schwerpunkt: entweder Technik oder Wirtschaft. Man studiert sieben Semester, davon eines im Ausland und eines als Praktikum in einem Medienbetrieb. Auch in den anderen Semestern sind regelmäßige Praxisveranstaltungen und eine Integration von Medientheorie und Medienpraxis eingeplant (in der Lehrredaktion sowie im Hörfunk- und TV-Labor).
Jedes Wintersemester werden 42 Studierende aufgenommen. *(www.fachjournalistik.de)*

Der Bachelor-Studiengang Technikjournalismus wird an der Fachhochschule Bonn-Rhein-Sieg in Sankt Augustin bei Bonn angeboten. Lehrinhalt ist das journalistische Handwerk – in Kombination mit speziell auf den Studiengang zugeschnittenen Angeboten aus Elektrotechnik und Maschinenbau. In dem sieben Semester dauernden Studium ist ein Praxissemester vorgeschrieben. Die Absolventen sollen später sowohl über Technik kompetent schreiben als auch mit Technik umgehen können – etwa im Multimediabereich. Es stehen 60 Plätze zur Verfügung. *(www.fh-bonn-rhein-sieg.de)*

Der Bachelor-Studiengang Online-Redakteur an der Fachhochschule Köln vermittelt in drei Jahren Content-Erstellung, Online-Redaktion, Online-Recherche, Journalismus, Webdesign, Medienrecht und Wirtschaftskommunikation. 30 Studenten werden pro Jahr – jeweils zum Sommersemester – aufgenommen. Voraussetzung ist ein sechswöchiges Praktikum. *(www.online-redakteure.com)*.

Der Studiengang Online-Journalismus an der Hochschule Darmstadt bildet jährlich 40 Studierende für journalistische Online-Redaktionen, Multimedia-Agenturen und PR-Abteilungen von Unternehmen und Organisationen aus. Im gemeinsamen Grundstudium werden Theorie und Praxis des Journalismus vermittelt, wobei zwar der Schwerpunkt auf den Darstellungsformen und redaktionellen Arbeitsweisen des neuen Mediums liegt, dies aber mit dem Handwerk der traditionellen Medien verknüpft wird. Nach dem Pflichtpraktikum im fünften Semester entscheiden sich die Studierenden entweder für Journalismus oder für PR. Im Mittelpunkt des Studiums stehen in Modell-Redaktionen und Modell-Agenturen Projekte zu den Themenfeldern Kommunikationswissenschaft, Politik, Risikokommunikation, Wirtschaft und Kultur. Aufnahmebedingungen sind Abitur oder Fachhochschulreife und zwölf Wochen Praktikum.

Das Studium dauert vier Jahre und führt zum Abschluss Diplom-Online-Journalist (FH). Eine Umstellung auf Bachelor und Master ist für 2009/2010 geplant. *(www.oj.h-da.de)*

Der Bachelor-Studiengang Wissenschaftsjournalismus an der Hochschule Darmstadt verknüpft journalistische Kompetenzen (Praxis und Theorie der Journalistik) und ein gesellschaftswissenschaftliches Basiswissen (Sozial- und Kulturwissenschaften) mit einer breiten naturwissenschaftlichen Grundausbildung in den Schwerpunkten Chemie, Biotechnologie und Physik (z. B. Mikrobiologie, Biochemie, Gentechnologie, Humanbiologie, Atomphysik).

In interdisziplinären Projekten werden wissenschaftsjournalistische Produkte hergestellt: Zeitungs- oder Zeitschriftenseiten, Radio- oder Fernsehbeiträge, Beiträge für Online-Magazine. Das Studium dauert drei Jahre. Pro Jahr werden 18 Studierende aufgenommen; Bedingungen sind Abitur oder Fachhochschulreife und zwölf Wochen Praktikum. *(www.wj.h-da.de)*

»**Musikjournalismus für Rundfunk und Multimedia**« heißen ein *Bachelor-* und darauf aufbauend ein *Master-*Programm der Hochschule für Musik in Karlsruhe. Es werden Musikjournalisten ausgebildet, die in Radio, Fernsehen und Neuen Medien für Programm- und Produktionsaufgaben in den Bereichen Kultur, Klassik und Pop arbeiten sollen. Im Mittelpunkt des Studiums stehen vor allem praxisorientierte Projekte, z. B. der Betrieb des nichtkommerziellen UKW-Senders »LernRadio« mit

Die Zugänge über die Hochschule

wöchentlich 20 Stunden Sendezeit. *(www.hfm-karlsruhe.de* oder *www.lernradio.de)*

Zum Bachelor-Programm »Fachjournalistik Geschichte« an der Universität Gießen gehören die Geschichtsvermittlung in den Medien, die Mediengeschichte sowie die Funktionsweise und gesellschaftliche Rolle der Medien – wobei das Hauptfach Geschichte im Allgemeinen ist. Zwei Praktika mit insgesamt zwölf Wochen sind verpflichtend. Das Studium soll »auf das breite Berufsfeld der Medien- und Öffentlichkeitsarbeit« vorbereiten. *(www.uni-giessen.de/geschichte/home/Hist-Neuer%20BA%20Fachjournalistik.php)*

Die Macromedia Fachhochschule der Medien bietet in Köln (seit 2007) und in München (ab 2008) jeweils einen *Bachelor-Studiengang* Journalistik an. Das siebensemestrige Studium an dem privaten, staatlich anerkannten Institut basiert auf einer praktischen journalistischen Ausbildung, ergänzt durch medienwissenschaftliche Seminare, Managementkompetenz und Fachwissen in einem der drei Berichterstattungsfelder Kulturjournalismus, Sportjournalismus und Wirtschaftsjournalismus. Das Studium kostet 3 825 Euro pro Semester. *(www.macromedia-fachhochschule.de)*

An der Fachhochschule Ansbach soll der *Bachelor-Studiengang* Ressortjournalismus zum Wintersemester 2008/09 starten. In den sieben Semestern beschäftigen sich die Studierenden mit praktischem Journalismus in Print, Online, Radio und Fernsehen und mit medienwissenschaftlichen Seminaren. Daneben kann in einzelnen Modulen Ressortwissen, zum Beispiel aus den Bereichen »Politik und Wirtschaft«, »Energie und Umwelt« oder »Medientechnik«, gewählt werden.
(www.fh-ansbach.de)

Die Universität der Bundeswehr in München will zum Wintersemester 2008/09 den *Bachelor-Studiengang* »Business Journalism« und das *Master-Programm* »Corporate Publishing« starten – und zwar im praxisorientierten Fachhochschulbereich, der zu dieser Universität gehört.

Der Bachelor ist auf die Vermittlung von Kompetenzen in Fernseh-, Hörfunk-, Print- und Online-Journalismus sowie in Betriebswirtschaftslehre und Kommunikationsmanagement ausgerichtet und soll für die Medienkommunikation der Bundeswehr sowie für PR/Öffentlichkeitsarbeit in der zivilen Wirtschaft vorbereiten.

Der Master vermittelt darauf aufbauend Kompetenzen in strategischer Kommunikation und der Gestaltung interner und externer Medien.

Das Studium an den Universitäten der Bundeswehr ist generell ein integraler Bestandteil der Offizierausbildung. Um zugelassen zu werden, müssen die Bewerberinnen und Bewerber neben der allgemeinen Hochschul- oder Fachhochschulreife ihre »charakterliche, geistige und körperliche Tauglichkeit für den Offizierberuf« in einem Assessment-Center nachweisen und sich 13 Jahre als Soldat verpflichten. *(www.unibw.de* und *www.treff.bundeswehr.de)*

Studiengänge für russische und deutsche Studenten gibt es an der *Moskauer Lomonossow-Universität* und an der *Staatlichen Universität in Rostow am Don*. Die Unterrichtssprache an dem mit Unterstützung verschiedener deutscher Stellen gegründeten »Freien Russisch-Deutschen Institut für Publizistik« ist Deutsch, aber Russisch-Kenntnisse sind notwendig, u. a. wegen des einjährigen Volontariats bei russischen Medien. *(www.frdip.de* und *www.frdip.ru/indexd.htm)*

An der Universität Leipzig baut das konsekutive *Master-Programm* Hörfunk auf ein Bachelor-Studium auf, das in den Sozialwissenschaften erworben sein muss – vorzugsweise in der Journalistik, der Medien- und Kommunikationswissenschaft. Die Studierenden sollen in zwei Jahren zu Radiojournalisten aus- bzw. weitergebildet werden. Voraussetzung ist ein sechsmonatiges Radiopraktikum, Kenntnisse in zwei Fremdsprachen und eine Eignungsprüfung in Form einer schriftlichen Bewerbung.

Die Zugänge über die Hochschule

Im Studium geht es nicht nur um Radiojournalismus, sondern auch um »gestalterische, organisatorische und technische Funktionen in Medienbetrieben, die Hörfunk-Programme und -Zusatzdienste produzieren«. *(www.uni-leipzig.de/~kmw)*

Der Master-Studiengang Journalistik und Kommunikationswissenschaft an der Universität Hamburg soll eine Brücke zwischen Theorie und Praxis schlagen. Im zweijährigen Studienprogramm stehen Seminare mit praktischen Übungen neben Seminaren zu Ergebnissen und Methoden der Kommunikationswissenschaft. Bezug zur journalistischen Praxis wird zum Beispiel durch die »Rudolf-Augstein-Stiftungsprofessur« hergestellt. Zugangsvoraussetzungen zu diesem konsekutiven Master sind ein Abschluss in Journalistik, Kommunikations-, Publizistik- oder Medienwissenschaft, englische Sprachkenntnisse und ein achtwöchiges Praktikum. *(www.journalistik.uni-hamburg.de)*

Der Master-Studiengang Multimediale Kommunikation an der Hochschule für Musik und Theater Hannover verknüpft »sozialwissenschaftliches Denken und praktische Kompetenz«. Die Ausbildung vermittelt kommunikationswissenschaftliche Kenntnisse und praktische Fertigkeiten zur Entwicklung von Multimedia-Angeboten. Die Schwerpunktbildung ermöglicht eine Spezialisierung entweder in Kultur und Unterhaltung oder in Wirtschaft. *(www.ijk.hmt-hannover.de)*

Weiterführende Literatur:
Klaus Meier, Journalistik (UVK, Konstanz 2007)

Nichtkonsekutive Master-Studiengänge und Aufbaustudiengänge Journalistik

Auch diese Studiengänge haben gemeinsam, dass sie ein *abgeschlossenes Hochschulstudium* voraussetzen. Nichtkonsekutiv heißt, dass Bewerber mit Bachelor-Abschlüssen in anderen Fächern als Journalistik, Medien- und Kommunikationswissenschaft in der Regel bevorzugt werden.

Die private »Hamburg Media School« bietet in Zusammenarbeit mit der Universität Hamburg den zweijährigen *Master of Arts in Journalism* an. Voraussetzung ist ein Studienabschluss, vorzugsweise aus den Bereichen Recht, Wirtschaft, Naturwissenschaft, Politik, Kultur oder Sport, sowie ein sechsmonatiges Praktikum im Journalismus oder in der Öffentlichkeitsarbeit.

Das Curriculum besteht aus vier Lerneinheiten, die zwar durch die Vorliebe der Medienschule für englische Überschriften gekennzeichnet sind, aber in deutscher Sprache vermittelt werden sollen: Media Systems & Journalism, Conditions & Values, Communication Skills, Media Production. Das Studium kostet 6 000 Euro pro Jahr.

Seit 2006 kooperiert die »Hamburg Media School« mit dem MAZ, der Schweizer Journalistenschule in Luzern (mehr im Kapitel »Schweiz«). Im Rahmen dieser Zusammenarbeit verbringen jedes Jahr Studierende aus der Schweiz die Hälfte ihres Studiums an der Hamburg Media School. *(www.hamburgmediaschool.de)*

In München ersetzt ein neuer Master-Studiengang den Diplomstudiengang Journalistik, der nach 25 Jahren eingestellt wurde. Der neue Studiengang »Journalismus« der Universität München führt in Zusammenarbeit mit der Deutschen Journalistenschule innerhalb von vier Semestern zum Master. Die Bewerber müssen an einem Auswahlverfahren an der Journalistenschule teilnehmen. *(www.ifkw.uni-muenchen.de* und *www.djs-online.de)*

Der Master-Studiengang Journalismus an der Universität Mainz bildet in vier Semestern im Zeitungs-, Zeitschriften-, Radio-, Fernseh- und Online-Journalismus aus. Ergänzt wird die Ausbildung durch den Besuch von Seminaren und Übungen aus benachbarten einschlägigen Wissensgebieten. In den Semesterferien sind journalistische Praktika zu absolvieren. *(www.journalistik.uni-mainz.de)*

Aufbaustudiengang Journalistik in Stuttgart-Hohenheim: Der theoretische Teil der Ausbildung ist ausgerichtet auf die Ver-

Die Zugänge über die Hochschule

mittlung von Grundlagenwissen über Kommunikationstheorie, Journalistik, empirische Kommunikationsforschung sowie Medienpolitik und Medienökonomie. In der praktischen journalistischen Ausbildung werden Arbeitstechniken des Journalismus, Formen der Darstellung sowie Stilformen gelehrt. Hinzu kommen Lehrveranstaltungen u. a. über Public Relations sowie über Medien- und Redaktionsmanagement. Bei der Bewerbung werden die Absolventen von natur-, wirtschafts- oder agrarwissenschaftlichen Studiengängen bevorzugt. Das Studium dauert vier Semester; obligatorisch ist ein viermonatiges Praktikum. Pro Jahr werden zum Wintersemester 30 Studenten aufgenommen. Abschluss: Diplom-Journalist. *(medien.sowi.uni-hohenheim.de/ journalistik)*

An der Universität Leipzig verknüpft der Master-Studiengang Journalistik wissenschaftliches Studium mit beruflicher Orientierung und praktischer Übung. Voraussetzung ist ein dreimonatiges redaktionelles Praktikum und das Bestehen eines Eignungstests. Das Studium dauert mindestens zwei Jahre und neun Monate: Nach der zweijährigen Regelstudienzeit müssen die Studierenden ein Volontariat von neun Monaten absolvieren, um den Master-Titel zu erhalten. *(www.uni-leipzig.de/~kmw)*

Das »Masterprogramm Medien Leipzig« bietet zwei berufsbegleitende *Master-Programme* an, die sich an »Medienschaffende mit erster Berufs- oder Studienerfahrung in allen medialen Tätigkeitsfeldern« wenden. Es handelt sich um ein Kooperationsprojekt der Universität Leipzig, der Hochschule für Technik, Wirtschaft und Kultur Leipzig sowie der Medienstiftung der Sparkasse Leipzig. Der Studiengang Web Content Management bereitet auf den Online-Journalismus vor. Der Studiengang Crossmedia Publishing konzentriert sich auf die crossmediale Verwertung journalistischer Inhalte. Beide Studiengänge dauern vier Semester und kosten 2 500 Euro pro Semester.
Das »Masterprogramm Medien Leipzig« plant zudem eine Kooperation mit der Akademie für Publizistik, Hamburg, dem Kuratorium für Journalistenausbildung, Salzburg, und der Schweizer

Journalistenschule MAZ, Luzern. Der Weiterbildungsstudiengang soll »New Media Journalism« heißen und im Herbst 2008 starten. *(www.mml-leipzig.de/studiengaenge)*

Der Weiterbildungs-Master-Studiengang Science Communication an der Hochschule Bremen ist berufsbegleitend auf zwei Jahre angelegt, trainiert die Public Relations für Forschungseinrichtungen und kostet 2500 Euro pro Semester. *(www.fachjournalistik.de)*

Der Master-Studiengang Multimedia & Autorschaft an der Universität Halle-Wittenberg qualifiziert für das Texten für neue Medien. In Kooperation mit der »Halleschen Europäischen Journalistenschule für Multimediale Autorschaft« und der Verlagsgruppe DuMont Schauberg sollen insbesondere Online-Journalisten ausgebildet werden. Spezialisierung ist in zwei Richtungen möglich: »Journalismus und Politik« oder »Kulturelle Bildung im Medienzeitalter«. *(www.mmautor.net)*

Der Ergänzungsstudiengang Journalistik/Evangelische Publizistik an der Universität Erlangen-Nürnberg steht für Bewerber mit einem abgeschlossenen Theologiestudium offen. Voraussetzung ist außerdem ein zweimonatiges Vorpraktikum. 20 Studierende werden zugelassen. Der dreisemestrige Studiengang vermittelt journalistische und fachjournalistische Fähigkeiten sowie kommunikations- und medienwissenschaftliche Kenntnisse, wobei die praktische Ausbildung im Vordergrund steht.
Im Herbst 2008 startet der neue Master-Studiengang »Medien – Ethik – Religion« für Hochschulabsolventen aller Fachrichtungen. *(www.theologie.uni-erlangen.de/cp)*

Der Aufbaustudiengang »Kulturjournalismus, Theater-, Film- und Fernsehkritik« an der Bayerischen Theaterakademie August Everding in München dauert zwei Jahre; er wird von dem Feuilletonredakteur C. Bernd Sucher (»Süddeutsche Zeitung«) geleitet und in Kooperation mit der Hochschule für Fernsehen und Film angeboten. Die Studierenden nehmen auch an Semi-

naren des Theaterwissenschaftlichen Instituts der Ludwig-Maximilians-Universität teil. Als Lehrbeauftragte und Gastdozenten arbeiten Theater-, Fernseh-, und Filmrezensenten aus verschiedenen Medien. Voraussetzung ist eine schriftliche und mündliche Aufnahmeprüfung; pro Jahr werden nur fünf bis sieben Studierende aufgenommen. Das Studium wird mit einem »bewerteten Zertifikat« abgeschlossen.
(www.prinzregententheater.de/theaterakademie)

Der Weiterbildungsstudiengang Kulturjournalismus an der Universität der Künste in Berlin dauert zwei Jahre und schließt mit dem Master ab. Pro Jahr werden 25 Studierende zugelassen. Die Studiengebühr beträgt 435 Euro pro Monat. Die Studieninhalte konzentrieren sich auf das journalistische Handwerkszeug, journalistische Praktika und Hospitanzen bei künstlerischen Projekten. *(www.udk-berlin.de)*

Der Master-Studiengang »Journalism and Media within Globalization: The European Perspective« wird in Kooperation zwischen einer dänischen, einer niederländischen und zwei britischen Hochschulen sowie der Universität Hamburg angeboten. Für das Aufnahmeverfahren ist die Dänische Journalistenschule in Aarhus zuständig. Voraussetzungen sind ein erster Studienabschluss, sehr gute Englischkenntnisse und drei Monate journalistische Berufserfahrung. Das erste Jahr wird in Dänemark und den Niederlanden verbracht; das zweite entweder in Großbritannien oder in Hamburg. Die Studiengebühr beträgt für das zweijährige Gesamtprogramm 8 413 Euro. *(www.mundusjournalism.com)*

Den Masterstudiengang »Deutsch-Französische Journalistik« (»Master professionnel du journalisme«) bietet das Frankreich-Zentrum der Albert-Ludwigs-Universität Freiburg an. Verliehen wird der Doppelabschluss als »Master of Arts (M. A.)« in Kooperation mit dem CUEJ (Centre d'enseignement du journalisme) an der Université Robert Schuman, Strasbourg. Der Masterstudiengang richtet sich an deutschsprachige Absolventen

von Hochschulen, Fachhochschulen, Berufsakademien aller Disziplinen – insbesondere an Bewerber, die bereits erste journalistische Erfahrungen erworben haben und eine berufliche Tätigkeit im Bereich der Medien in Deutschland oder Frankreich anstreben. Ziel der Ausbildung ist es, deutschsprachige Bewerber praxisnah auf eine berufliche Tätigkeit im Bereich Printmedien, Hörfunk, Fernsehen oder Online-Journalismus mit einer Spezialisierung auf Frankreich vorzubereiten.
(www.fz.uni-freiburg.de/studium/journalistik)

Journalistik als Nebenfach

Die Deutsche Sporthochschule (DSHS) Köln hat einen Studienschwerpunkt »Medien und Kommunikation«. Der Schwerpunkt kann im Hauptstudium des Diplom-Sportwissenschaftler-Studiengangs gewählt werden. *(www.sportpublizistik.de)*

Die Studienrichtung Sport, Medien und Kommunikation wird an der Technischen Universität München im Diplomstudiengang Sportwissenschaften angeboten. Neben wissenschaftlichen Themen werden berufspraktische Inhalte vermittelt. *(www.sp.tum.de)*

»Medien und Öffentlichkeitsarbeit« kann an der Universität Lüneburg im Studiengang Angewandte Kulturwissenschaften als erstes Nebenfach gewählt werden. Im berufsfeldorientierten Studienangebot finden sich neben wissenschaftlichen Seminaren auch Praxisübungen zu Presse, Radio, Fernsehen und Öffentlichkeitsarbeit. *(www.uni-lueneburg.de/fb3/ifam)*

Die Hochschule der Medien in Stuttgart bietet traditionell eine Ausbildung mit den Schwerpunkten Medientechnik, -gestaltung und -wirtschaft an. Sie verfügt über eine sehr gute technische Ausstattung: von Fernsehstudios und einem Hochschulradio bis zu Druckmaschinen. In einige Studiengänge sind auch journalistische Inhalte integriert – etwa in die Bachelor-Studiengänge

Die Zugänge über die Hochschule

»Informationsdesign« und »Werbung und Marktkommunikation« sowie in den Master-Studiengang »Elektronische Medien«. *(www.hdm-stuttgart.de)*

Das Nebenfach Journalistik wird an der privaten, staatlich anerkannten Gustav-Siewerth-Akademie in Weilheim (Schwarzwald) zusammen mit den Hauptfächern Philosophie oder Soziologie angeboten. Die Hochschule ist um die Vermittlung eines christlichen Weltbilds bemüht. Die Studiengrundgebühr beträgt 900 Euro pro Semester, 1 640 Euro einschließlich Wohnmöglichkeit im eigenen Studienhaus. *(www.siewerth-akademie.de)*

Andere praxisorientierte Vollstudiengänge

Einige Studienangebote im Bereich der Medien- und Kommunikationswissenschaften konzentrieren sich nicht nur auf wissenschaftliche Inhalte, sondern bieten auch eine Reihe praktischer Übungen an. Zwei Beispiele, die unter dem Begriff »Medienwissenschaft« firmieren:

An der Universität Trier kann Medienwissenschaft als Haupt- oder Nebenfach im Magisterstudiengang gewählt werden. Insgesamt werden 40 Studierende zugelassen, ein sechswöchiges Praktikum wird vor Studienbeginn empfohlen und muss bis zur Zwischenprüfung nachgewiesen werden. Das Studium ist medientheoretisch (sprach- und literaturwissenschaftlich) und medienpraktisch ausgerichtet und bietet praxisorientierte Lehrveranstaltungen an, in denen Print-, Hörfunk-, Video-, Online- und Multimediabeiträge produziert werden. *(medien.uni-trier.de)*

An der Universität Tübingen kann das Fach »Medienwissenschaft – Medienpraxis« in verschiedenen Kombinationen studiert werden: als (nichtkonsekutiver) Master-Studiengang und als Nebenfach in einem Bachelor-Studiengang. Spezielle Kombination ist der Bachelor-Studiengang Sportpublizistik. Das Angebot in allen diesen Studienmöglichkeiten besteht etwa zu

gleichen Teilen aus Medienwissenschaft und Medienpraxis. Medienpraktische Schwerpunkte sind Textgestaltung, Fernsehen/ Video, Hörfunk und Neue Medien.
(www.medienwissenschaft.uni-tuebingen.de)

Studium der Publizistik- und Kommunikationswissenschaft

Das Studium der Publizistik- und Kommunikationswissenschaft bereitet in unterschiedlicher Breite und mit unterschiedlicher Gewichtung auf folgende Tätigkeitsgebiete vor:
- *Kommunikationswissenschaft*, d. h. professionelle kommunikationswissenschaftliche Forschung und/oder Lehre
- *Kommunikationsmanagement und -politik, Öffentlichkeitsarbeit und Werbung* bei Behörden, Verbänden und Unternehmen
- *Kommunikationslehre* (z. B. Medienpädagogik und Mediendidaktik). Die Bedeutung dieses Fachs in den Bildungseinrichtungen steigt.
- *Journalismus*, d. h. Tätigkeiten in den Redaktionen der Massenmedien.

Der Anteil der Journalistik (als Studienangebot für künftige Journalisten) ist von Ort zu Ort recht verschieden. Allgemein lässt sich feststellen, dass die Publizistik-Institute von Aufgabe und Möglichkeiten her nicht *Aus*bildung, wohl aber »*Vor*bildung für den Journalistenberuf« leisten (Prof. Winfried Schulz). Viele Universitäten achten im Zuge des verschärften Wettbewerbs darauf, sich gegenüber den Fachhochschulen durch stärker forschende – und weniger berufspraktische – Orientierung zu profilieren. An den meisten Instituten ist die Vermittlung von Praxis fast ausschließlich Sache der Lehrbeauftragten aus Presse, Rundfunk, Film und Öffentlichkeitsarbeit.

Augsburg: Professur für Kommunikationswissenschaft der Universität *(www.imb-uni-augsburg.de/kommunikationswissenschaft/ aktuelles)*

Die Zugänge über die Hochschule

Bamberg: Master-Studiengang Kommunikationswissenschaft an der Universität *(www.uni-bamberg.de/fakultaeten/guk/faecher/kowi)*
Berlin: Institut für Publizistik und Kommunikationswissenschaft der Freien Universität *(www.kommwiss.fu-berlin.de)*
Berlin: Fachgebiet Kommunikationswissenschaft an der Technischen Universität *(www.kgw.tu-berlin.de)*
Bochum: Institut für Medienwissenschaft der Universität *(www.ruhr-uni-bochum.de/ifm)*
Braunschweig: Studiengang Medienwissenschaften der Technischen Universität *(www.mewi.hbk-bs.de)*
Bremen: Master-Studiengang Medienkultur an der Universität *(www.medien.uni-bremen.de)*
Bremen: Mass Communication an der privaten Jacobs University *(www.jacobs-university.de)*
Dresden: Institut für Kommunikationswissenschaft der Technischen Universität *(tu-dresden.de/die_tu_dresden/fakultaeten/philosophische_fakultaet/ikw)*
Düsseldorf: Fachgebiet Kommunikations- und Medienwissenschaft am Sozialwissenschaftlichen Institut der Heinrich-Heine-Universität *(www.phil-fak.uni-duesseldorf.de/kommunikations-und-medienwissenschaft)*
Erfurt: Studiengang Kommunikationswissenschaft an der Universität *(www.kommunikationswissenschaft-erfurt.de)*
Erlangen: Institut für Theater- und Medienwissenschaft an der Friedrich-Alexander Universität Erlangen-Nürnberg *(www.theaterwissenschafterlangen.de)*
Freiburg: Fachbereich Medien- und Kommunikationswissenschaft der Universität *(www.unifr.ch/mukw/mukw07)*
Göttingen: Zentrum für interdisziplinäre Medienwissenschaft der Georg-August-Universität *(www.zim.uni-goettingen.de/puk)*
Greifswald: Arbeitsbereich Kommunikationswissenschaft an der Ernst-Moritz-Arndt-Universität *(www.phil.uni-greifswald.de/Kommunikationswissenschaft.kowi.0.html)*
Halle-Wittenberg: Institut für Medien- und Kommunikationswissenschaften an der Martin-Luther-Universität *(www.medienkomm.uni-halle.de)*

Studium der Publizistik- und Kommunikationswissenschaft

Hannover: Institut für Journalistik und Kommunikationsforschung an der Hochschule für Musik und Theater *(www.ijk.hmt-hannover.de)*
Hohenheim-Stuttgart: Kommunikationswissenschaft an der Universität Hohenheim *(bsc-komm.uni-hohenheim.de)*
Ilmenau: Institut für Medien- und Kommunikationswissenschaft an der Technischen Universität *(www.tu-ilmenau.de/ifmk)*
Jena: Bereich Medienwissenschaft an der Friedrich-Schiller-Universität *(www.uni-jena.de/medien)*
Kassel: European Master of Arts in Media, Communication und Cultural Studies *(www.comundus.net)*
Köln: Institut für Theater-, Film- und Fernsehwissenschaft der Universität *(www.uni-koeln.de/phil-fak/thefife)*
Leipzig: Institut für Kommunikations- und Medienwissenschaft der Universität *(www.uni-leipzig.de/~kmw)*
Mainz: Institut für Publizistik der Johannes Gutenberg-Universität *(www.ifp.uni-mainz.de)*
Mannheim: Seminar für Medien- und Kommunikationswissenschaft der Universität *(www.uni-mannheim.de/mkw)*
Marburg: Institut für Neuere Deutsche Literatur und Medien an der Philipps-Universität *(www.uni-marburg.de/fb09/medienwissenschaft)*
München: Institut für Kommunikationswissenschaft und Medienforschung der Ludwig-Maximilians-Universität *(www.ifkw.lmu.de)*
Münster: Institut für Kommunikationswissenschaft der Westfälischen Wilhelms-Universität *(ifk.uni-muenster.de)*
Nürnberg: Lehrstuhl für Kommunikationswissenschaft der Friedrich-Alexander-Universität Erlangen-Nürnberg *(www.kowi.wiso.uni-erlangen.de)*
Osnabrück: Fach Medien (Fernsehen und Film) im Fachbereich Sprach- und Literaturwissenschaft an der Universität *(www.medien.uni-osnabrueck.de)*
Passau: Bachelor-Programm Medien und Kommunikation an der Universität *(www.uni-passau.de/studienangebot.html)*
Siegen: Medienwissenschaft an der Universität *(www.uni-siegen.de/fb3/medienwissenschaft)*

Die Zugänge über die Hochschule

Weimar: Fakultät Medien der Bauhaus-Universität
(www.uni-weimar.de/cms/universitaet/fakultaet-medien.html)
Medien- und kommunikationswissenschaftliche und medienkundliche Themen werden an weiteren Hochschulen im Rahmen anderer Fächer (z. B. Erziehungswissenschaft oder Germanistik) behandelt.

Weiterführende Literatur:

Heinz Pürer, Publizistik- und Kommunikationswissenschaft. Ein Handbuch (UVK, Konstanz 2003)

Weiterführende Webseiten:
www.medienstudienfuehrer.de
www.dgpuk.de

Film- und Fernsehakademien

Die meisten Film- und Fernsehakademien bilden nicht speziell für Fernsehjournalismus aus, sondern für Medienkunst. Ich stelle drei Hochschulen vor, die sich zumindest *auch* mit Fernseh-Journalismus befassen, dazu die beiden praxisorientierten Akademien in Leipzig und München.

Die Hochschule für Fernsehen und Film (HFF) in München bietet ein Vollstudium, an dessen erfolgreichem Ende ein Diplom erteilt wird.

Die *Abteilung Dokumentarfilm und Fernsehpublizistik* bildet Filmemacher, Redakteure, Regisseure und Autoren aus. In den ersten vier Semestern (Grundstudium mit Vordiplomprüfung) wird das Handwerk des Filmemachers gelehrt und geübt. Im fünften bis achten Semester besteht die Möglichkeit der Spezialisierung in den Bereichen Dokumentarfilm, Fernsehjournalismus, Dokudrama, Experimentalfilm oder Industrie- und Werbefilm. Das Studium wird nach drei Übungsfilmen – zum Teil in Gruppen – mit der individuellen Abschlussarbeit, zumeist einer Filmproduktion von professionellem Anspruch, beendet.

Bewerber müssen, von wenigen Ausnahmen abgesehen, die allgemeine Hochschulreife haben. Für die Vorauswahl sind Prüfungsaufgaben zu erledigen (z. B. Recherchen, Fotogeschichten, Analysen von Film- und Fernsehproduktionen). Wer in die engere Wahl kommt, hat eine praktische Prüfung (selbstständige Anfertigung eines Treatments o. ä.) und eine mündliche Prüfung zu absolvieren. Zulassungszahl pro Jahr 12–15 Studenten. (*www.hff-muc.de*)

Die Hochschule für Film und Fernsehen »Konrad Wolf« in Potsdam-Babelsberg hat als einen von elf Studiengängen »Drehbuch/Dramaturgie«, der »praktischen Journalismus zwar tangiert, es wird jedoch nicht gezielt für journalistisches Arbeiten ausgebildet«: Im Mittelpunkt steht die Vorbereitung auf Tätigkeiten als Drehbuchautor, Dramaturg oder Redakteur.

Das Studium bietet eine berufsbezogene künstlerisch-wissenschaftliche Ausbildung für vielfältige Berufsfelder in der Filmwirtschaft, in öffentlich-rechtlichen und privaten Fernsehanstalten, in neuen Medien, wie CD-ROM und Internet. Die Regelstudienzeit beträgt 8 Semester. *(www.hff-potsdam.de)*

Die Filmakademie Baden-Württemberg in Ludwigsburg bei Stuttgart bildet in einem neunsemestrigen Diplom-Studium für die Tätigkeitsfelder Film und Medien, Produktion und Filmmusik aus. Hauptthemen im Grundstudium sind Drehbuch, Regie, Kamera, Schnitt/Montage und Filmgestaltung. Im Projektstudium des 3. und 4. Studienjahrs entscheidet man sich für eines der folgenden Projektstudienfächer: Animation, Dokumentarfilm, Drehbuch, Kamera, Schnitt/Montage, Serienformate, Szenischer Film, Werbefilm. Außerdem werden die folgenden *Aufbaustudienfächer* angeboten: Filmmusik/Sounddesign, Film & TV Design, Szenenbild, Wirtschafts- & Wissenschaftsfilm. *(www.filmakademie.de)*

Die Fernseh Akademie Mitteldeutschland e. V. (FAM) in Leipzig bildet im sechssemestrigen *Bachelor-Studiengang Fernsehproduktion* für die beiden Fachrichtungen »Fernseh-Kamera« und »Fernseh-Journalismus« aus. Die ersten vier Semester finden an der FAM statt, die anschließenden zwei an der Hochschule für Technik, Wirtschaft und Kultur Leipzig (HTWK) – mit dem Abschluss »Bachelor of Arts«. (*www.f-a-m.tv*)

Die Zugänge über die Hochschule

Die Bayerische Akademie für Fernsehen (BAF) in München versteht sich als Berufsakademie und bietet ein praxisnahes zehnmonatiges Vollzeitstudium »Fernsehjournalismus«. Das Studium soll ein Fundament geben, auf dem man als Jungredakteur, Volontär oder Videojournalist mit Kamera- und Schnittkenntnissen in den Beruf einsteigen kann. Es kostet 650 Euro pro Monat. (*www.fernsehakademie.de*)

Ähnliche Ausbildungsmöglichkeiten für Film und Fernsehen bieten inzwischen einige (Fach-)Hochschulen, die im weitesten Sinne auf dem Gebiet der (digitalen) Mediengestaltung lehren. Beispiele sind die Studiengänge Digital Media und Media Direction, die an der Hochschule Darmstadt in Kooperation mit dem Cork Institute of Technology (Irland) in englischer Sprache angeboten werden *(www.mas.h-da.de)*, oder mehrere Angebote der Hochschule der Medien in Stuttgart – zum Beispiel Audiovisuelle Medien und Elektronische Medien *(www.hdm-stuttgart.de)*.

Das Volontariat

Die meisten Journalisten kommen noch immer (rund drei Viertel mit einem Hochschulstudium) über ein Volontariat in den Beruf. Auf etwa 2400 schätzt der Deutsche Journalisten-Verband die Zahl der Volontärsplätze – bei *Tageszeitungen* (knapp 1100), *Zeitschriften* (ca. 700) sowie *öffentlich-rechtlichem* und *privatem Rundfunk* (etwa 600).[48]

Weiterführende Literatur:
Deutscher Journalisten-Verband (Hrsg.), Journalisten 21 (Bonn 2006)
Deutsche Journalistinnen- und Journalisten-Union (Hrsg.), Der Volo-Ratgeber (Berlin 2006)

Volontariat bei Zeitung und Zeitschrift

Grundlage des Volontariats ist ein *Tarifvertrag* über das Redaktionsvolontariat an Tageszeitungen. In zähen Verhandlungen, begleitet von Streiks, haben der Deutsche Journalisten-Verband (DJV) und die Deutsche Journalisten-Union (dju) 1990 erreicht, dass die Volontäre jetzt einen tarifvertraglich gesicherten *Anspruch* auf Ausbildung haben. Dieser Anspruch richtet sich an alle Mitgliedsverlage des Bundesverbandes Deutscher Zeitungsverleger.

Was im Folgenden über das Volontariat gesagt wird, orientiert sich an den Bestimmungen dieses Tarifvertrags (zum Download angeboten von DJV und dju). (*www.djv.de, dju.verdi.de*) 💻

Voraussetzungen beim Volontär: Eine Mindest-Vorbildung wird nicht gefordert.

Über die *tatsächliche Vorbildung* der Volontäre informiert eine zuletzt 2004 bei den Zeitungen durchgeführte Umfrage.[49] Damals hatten demnach 69 Prozent aller Volontäre ein abgeschlossenes Studium, 9 Prozent waren Studienabbrecher, 7 Prozent kamen

Das Volontariat

mit einer Berufsausbildung ins Volontariat, und 15 Prozent hatten bloß das Abitur. Die meisten Verlage erwarten heute den Studienabschluss als Voraussetzung für ein Volontariat.
Wegen dieses begrüßenswerten Trends liegt das *Alter* solcher Volontäre zunehmend zwischen 28 und 30 Jahren. Die Redaktionen stellen meist lieber einen Volontär mit *Studienabschluss* ein als einen Abiturienten, der dann nicht in der Redaktion bleibt, weil er erst noch studieren will. Der Frauenanteil betrug 2007 bei den Volontären 53 Prozent.

Das Volontariat dauert zwei Jahre, es darf nicht verlängert werden. Das Volontariat kann auf bis zu 15 Monate verkürzt werden, »wenn aufgrund journalistischer Vorkenntnisse gewährleistet ist, dass der Umfang der Ausbildung in kürzerer Zeit vermittelt werden kann«. Auch durch Übernahme in das Redakteurverhältnis kann der Verlag das Volontariat verkürzen.
Die Probezeit beträgt 3 Monate.

Das Tarif-Gehalt des Volontärs ist im Gehaltstarifvertrag für Redakteure an Tageszeitungen festgelegt. 2007 betrug es für den Volontär im ersten Ausbildungsjahr vor Vollendung des 22. Lebensjahres 1 521 Euro (danach 1 687 Euro), im zweiten Ausbildungsjahr unterschiedslos 1 955 Euro. Dazu kommen Weihnachtsgeld und Urlaubsgeld.
Der *Manteltarifvertrag* für Redakteure an Tageszeitungen gilt weitgehend auch für Volontäre (z. B. Urlaub/Freistellung, Urheberrecht).

Bestandteile der Ausbildung: Neben der *praktischen Ausbildung* gibt es *betriebliche* und *überbetriebliche* Bildungsabschnitte (vgl. den Beitrag »Kurse für Volontäre und Berufseinsteiger«).

Die praktische Ausbildung nimmt den größten Zeitraum ein. Sie erstreckt sich auf mindestens drei *Ressorts:* Lokales, Politik (Nachrichten) und ein drittes Ressort (z. B. Wirtschaft, Kultur oder Sport). Bei einer Zeitung ohne Lokalressort »tritt ein anderes Ressort an dessen Stelle«.

Kleinere Verlage, die nicht über drei der genannten Ressorts verfügen, müssen sicherstellen, dass der Volontär »in einer Gemeinschaftsredaktion, in anderen Verlagen oder durch Teilnahme an sonstigen Bildungsmaßnahmen für das oder die weiteren Ressorts unterwiesen wird«.

Betriebliche Bildungsabschnitte: Der Volontär erhält eine »systematische *Einführung*« in die »betrieblichen Bereiche und den jeweiligen Produktionsablauf«. Zu dieser Einführung gehören auch eine »allgemeine Einweisung in die journalistische Tätigkeit« sowie »Informationen über grundsätzliche Fragen des Berufs«. Die Einführung dauert »in der Regel zwei Wochen«, mindestens aber eine Woche.
Während des Volontariats kommen die Volontäre »zur systematischen Vermittlung fachspezifischer Kenntnisse und zur Vertiefung der in der praktischen Ausbildung erworbenen Kenntnisse« mit dem *Ausbildungsredakteur* zusammen, – »regelmäßig, mindestens aber einmal monatlich«.

Was gelehrt und gelernt werden soll: Der Tarifvertrag nennt als *Ausbildungsziel,* »den Volontär/die Volontärin zu befähigen, an der Erfüllung der Funktion einer freien Presse mitzuwirken«. Stoff sind die »*journalistischen Tätigkeiten* (Recherchieren, Schreiben, Redigieren, Auswählen und Bewerten)« sowie die »*Darstellungsformen* (Nachricht, Bericht, Interview, Reportage, Bild, Feature, Glosse und Kommentar)«. Hinzu kommen *Layout- und Umbruchtechnik,* die »Arbeit mit einem ggf. vorhandenen *Redaktionssystem*« und »die Einführung in die Arbeitsweise der *übrigen Bereiche* des Verlags einschließlich der technischen Herstellung der Zeitung«.
Außerdem: Aufgaben und Arbeitsweisen der Medien, Pressegesetze und einschlägige Grundzüge des Verfassungsrechts, des Urheber- und Verlagsrechts.

Ausbildungsbeauftragter/Ausbildungsredakteur: In jedem Ressort wird ein *Ausbildungsbeauftragter* benannt.
Der Volontär hat außerdem Anspruch »auf Anleitung und Bera-

tung« durch einen (zentral zuständigen) *Ausbildungsredakteur*, der »die Ausbildung fördert und überwacht«. Der Ausbildungsredakteur wird hierfür im erforderlichen Umfang »von anderweitiger Arbeitspflicht freigestellt«.

Wieviele *Redakteure* vorhanden sein müssen, damit der Volontär »eine ordnungsgemäße Ausbildung nach diesem Tarifvertrag« erhält, ist ebenfalls im Tarifvertrag geregelt. Die von den Tarifpartnern ausgehandelte Verhältniszahl lautet 3:1, also bei drei Redakteuren höchstens ein Volontär. Werden mehr als vier Volontäre ausgebildet, muss das Verhältnis mindestens 4:1 betragen.

Der Volontär als Aushilfe: *Vorübergehend* darf der Volontär *kurzfristig* einen Redakteur vertreten – »nach ausreichender Einarbeitung, sofern die fachliche Anleitung und Beratung« des Volontärs sichergestellt ist. Grundsätzlich aber ist eine Vertretung von Redakteuren durch Volontäre »unzulässig und darf vom Verlag nicht angeordnet werden«.

Dem Volontär darf die *presserechtliche Verantwortung* nicht übertragen werden. Der Verlag ist verpflichtet, den Volontär »von jeglicher presserechtlicher *Haftung* freizustellen«.

Übernahme als Redakteur. Der Verlag ist verpflichtet, dem Volontär spätestens drei Monate vor Ausbildungsende schriftlich mitzuteilen, ob er übernommen wird. Bei einer Übernahme hat er »mit der Mitteilung einen Anstellungsvertrag ... anzubieten«. Diese anschließende Festanstellung »ist heute nicht mehr die Regel«, berichtet Gabriele Bartelt-Kircher, die Leiterin der Journalistenschule Ruhr, »so dass mehrmediale Praktika und Kenntnisse des Online-Journalismus für eventuelle Agentur-Gründungen immer wichtiger werden«.

Wie man sich um ein Volontariat bemüht. Der Andrang ist enorm, die Anforderungen sind gestiegen. Auch für eine Lokalredaktion weit draußen stehen heute schon Akademiker als Volontärbewerber Schlange. Im groben Durchschnitt kommen auf eine Volontärstelle 100 Bewerber.

Volontariat bei Zeitung und Zeitschrift

Den ersten Eindruck (der bereits zur Ablehnung führen kann) vermittelt der *Bewerbungsbrief:* sauber in der Form, präzise und knapp im Inhalt (also ohne Bekenntnisse »es war schon immer mein Wunsch ...«). Dazu gehören ein Foto, der tabellarische Lebenslauf – unterschrieben und datiert –, Zeugniskopien und Kopien von eigenen veröffentlichten Artikeln (Arbeitsproben).

Journalistische Praxis (meist als freier Mitarbeiter bei dem entsprechenden Blatt am Heimat- oder Studienort) ist schon fast selbstverständliche Voraussetzung: Eine Umfrage der jungen Kommunikationswissenschaftlerin Julia Eggs[49a] bei 173 Volontären und Jungredakteuren erbrachte, dass 85 Prozent von ihnen die Redaktionen, in denen sie später ausgebildet wurden, schon als freie Mitarbeiter kennen gelernt haben. Die freie Mitarbeit dauerte im Durchschnitt drei Jahre und acht Monate.
Führerschein, PC- und *Fotokenntnisse* werden von der Redaktion erwartet.

Natürlich liest man die Stellenangebote (z. B. in den journalistischen Fachzeitschriften), gibt vielleicht selbst eine Anzeige auf, und natürlich bewirbt man sich *nicht nur bei einer* Zeitung. Dieses An-viele-Redaktionen-schreiben, ist mit ein Grund dafür, dass sich Bewerbungen bei den Verlagen zu solch beängstigend hohen Zahlen summieren.
Unter mehreren gleich guten Bewerbern hat allerdings der *ortsnähere* die größeren Chancen, weil er Land und Leute kennt, und ihm das vor allem in der Lokalredaktion die Arbeit sehr erleichtert. Besonders chancenreich sind, wie gesagt, Bewerber, die sich der Redaktion bereits durch eigene Mitarbeit bekannt gemacht haben.

Medieneinsteigern rät Beate Füth, die Leiterin der Akademie Berufliche Bildung der deutschen Zeitungsverlage (ABZV), nach dem Abitur ein *Praktikum* bei einer Zeitung zu machen, um den journalistischen Alltag kennen zu lernen. »Wer beurteilen will, ob ihm dieser Beruf Spaß macht, darf nicht nur auf seine Erfahrungen bei einer Schülerzeitung zurückgreifen.«

Das Volontariat

Manche Verlage haben eine Aufnahmeprüfung, die denen der Journalistenschulen in Aufwand und Anspruch recht ähnlich ist. Andere Redaktionen lassen zumindest eine *Probearbeit* schreiben, wieder anderen genügt ein *Vorstellungsgespräch*. »In manchen Regionen«, berichtet der DJV, »sind Verlage dazu übergegangen, vor dem Abschluss eines Anstellungsvertrages den Interessenten als freien Mitarbeiter zu testen.«

Auch bei Zeitschriften gibt es (ca. 700) Volontariate; damit kommen sie in der Stellenzahl gleich nach den Zeitungen. Der *Tarifvertrag* über das Zeitschriften-Volontariat gilt für alle Verlage, die Mitglied des Verbands Deutscher Zeitschriftenverleger sind *(www.vdz.de).* Er regelt auch das Gehalt, das dem Volontär mindestens bezahlt werden muss.

Neben der Ausbildung in den spezifischen Zeitschriftenstationen sind vier Wochen externe Schulung an anerkannten journalistischen Bildungseinrichtungen und zwei weitere Wochen für fachliche Unterweisung vorgeschrieben.

Nachschlagewerke: Einen Überblick über die in Deutschland erscheinenden Zeitungen und Zeitschriften vermittelt als Buch oder CD der jährlich erscheinende »Stamm, Leitfaden durch Presse und Werbung«.

Eine Auswahl von Medien findet man online bei Journalismus-Katalogen wie *www.journalismus.com* oder *www.journalistenlinks.de.*

Weiterführende Literatur:

Deutscher Journalisten-Verband (Hrsg.), Ausbildungstarifvertrag mit Erläuterungen (Bonn)

Stamm, Leitfaden durch Presse und Werbung. Presse- und Medien-Handbuch (2 Bände, Stamm Verlag Essen, jährlich)

Volontariat bei Funk und Fernsehen

Bei ARD und ZDF kann nach dem »Rahmenkonzept für die interne Ausbildung« Volontär nur werden, wer alternativ eine der folgenden drei *Voraussetzungen* erfüllt:
- abgeschlossenes Hochschulstudium
- abgeschlossenes Studium an einer Fachhochschule oder einem Fachinstitut
- einschlägige mehrjährige Tätigkeit bei Zeitungen, Rundfunk, Presse, Nachrichten- oder Fernsehagenturen, Verlagen, Bühnen oder in vergleichbaren Berufen.

ARD und ZDF bieten insgesamt rund 200 Volontärsplätze an. Das Volontariat dauert in der Regel 18 Monate. Die besten Chancen haben Akademiker mit möglichst viel journalistischer Praxis. Jede Rundfunkanstalt hat einen *Ausbildungsbeauftragten*, an den man sich mit seinen Fragen wenden kann. Adresse und Redaktionsstruktur (Hörfunk und Fernsehen) jeder ARD-Anstalt und des ZDF finden sich im Internet. *(www.ard.de; www.zdf.de)*

Der Rundfunk Berlin-Brandenburg (RBB), der selbst keine Volontäre ausbildet, hat als attraktiven Ersatz zusammen mit der Medienanstalt Berlin-Brandenburg (MABB) und dem Technik-Unternehmen Media Consult International (MCI) die *ems – Electronic Media School*/Schule für elektronische Medien gegründet, also für Hörfunk, Fernsehen und Internet. Die kostenlose Ausbildung dauert 18 Monate, die Ausbildungsvergütung beträgt 720 bis 850 Euro. 16 Bewerber werden jeweils aufgenommen. *(www.ems-babelsberg.de)*

Der private Rundfunk bildet nach Schätzung des Deutschen Journalisten-Verbandes über 400 Volontäre aus; wie gut, das hängt von der Qualität der Redakteure und des Programms ab, nicht zuletzt auch von der Größe und finanziellen Stärke der Station.

Die meisten Volontäre arbeiten beim *Radio*. Vor allem dort ist der junge Mitarbeiter entsprechend den Programm- und Produktionsbedingungen (und oft auch aus wirtschaftlichen Gründen) Mädchen für alles. Radio-Praxis wird er also in jedem Fall reichlich erwerben, – was man als Gewinn nicht gering einschätzen sollte. Für eine gründliche journalistische Ausbildung fehlt es dagegen mancherorts an den Voraussetzungen. Auf jeden Fall ist ein Ausbildungsvertrag wichtig, der u. a. den Ausbildungsumfang und einen überbetrieblichen Volontärkurs verbindlich vorsieht. Seit 2005 gilt ein Ausbildungstarifvertrag für Volontäre, den die Gewerkschaften mit dem Tarifverband Privater Rundfunk (TPR) abgeschlossen haben.

Privatradio und Privatfernsehen beschäftigen auch gern *Praktikanten* (siehe Beitrag »Praktika und Hospitanzen«).

Die ARD-ZDF-Medienakademie bietet für Volontäre und Mitarbeiter im Programmbereich der öffentlich-rechtlichen Sendeanstalten Weiterbildungskurse für Radio, Fernsehen und Internet an. Das Seminarangebot umfasst das komplette Spektrum der kreativen und technischen Programmgestaltung und orientiert sich an aktuellen Entwicklungen und Standards. Es wird konzipiert und durchgeführt von Fachleuten aus Medienpraxis, Wirtschaft, Kultur, Politik und Wissenschaft.

Die Seminare des *offenen Angebots* können Medienschaffende aus allen Medienunternehmen und – organisationen, öffentlich-rechtlich wie kommerziell, besuchen. Interessierte Einsteiger/-innen in der Branche sind ebenfalls willkommen.
(www.ard-zdf-medienakademie.de)

Weitere Ausbildungstipps enthalten die Handbücher »Radio-Journalismus« und »Fernseh-Journalismus« der gelben Reihe »Journalistische Praxis«. Informationen darüber, welche Privatsender es gibt, bekommt man bei den für jedes Bundesland bestehenden Landesmedienanstalten sowie der Arbeitsgemeinschaft der Landesmedienanstalten. *(www.alm.de)*

Andere Volontariate

Auch andere Verlage, Agenturen und Unternehmen bieten Volontariate an. Dabei sind Dauer, Inhalt der Ausbildung sowie die Bezahlung oft sehr unterschiedlich.
Manche *Anzeigenblätter* vergeben Volontariate – ob man dazu raten kann, hängt ganz davon ab, wie professionell und mit einem wie großen redaktionellen Teil das Anzeigenblatt gemacht wird.
Auch *Nachrichtenagenturen* nehmen Volontäre, ebenso *Pressestellen, PR-Agenturen* und *Produktionsfirmen*.
Buchverlage bieten ebenfalls so genannte Volontariate an. Auch in diesem Bereich gibt es keinen Tarifvertrag. Dauer, Ausbildung, Inhalte und Bezahlung sind also Verhandlungssache.

Schwarze Schafe unter den Arbeitgebern für Volontärsstellen findet man immer wieder. Wie erkennt man, ob das angebotene Volontariat eine solide Ausbildung umfasst? Ein Kriterium:
- Hält sich der Arbeitgeber an die Tarifverträge für Redaktionsvolontariate bei Zeitungen oder Zeitschriften?

Das erkennt man, wenn man Dauer und Bezahlung mit dem tarifvertraglich Geforderten vergleicht. Andere Kriterien:
- Wie gut ist die Ausbildung organisatorisch in der Redaktion verankert?

Auch hier gibt der Volontärs-Tarifvertrag wertvolle Anregungen, die als Checkliste dienen können. Ein wichtiges Kriterium zum Schluss:
- Besteht grundsätzlich die Möglichkeit, dass man bei Eignung hinterher als Redakteur übernommen wird?

Auch das lässt sich beim Arbeitgeber vor Antritt des Volontariats erfragen. Wenn der die Frage mit »Nein« beantwortet, kann man sich immer noch überlegen, ob die Ausbildung nicht trotzdem genau die richtige für einen ist.

Das absurdeste Volontariat, das mir in meiner Praxis begegnete, war ein so genanntes Wochenend-Volontariat, das ein PR-Unternehmen, genauer: eine Event-Agentur, anbot. Wer hier

Das Volontariat

brav 52 Wochenenden lang den Besen geschwungen und Mädchen für alles gespielt hätte – unbezahlt –, dem hätte der Arbeitgeber am Ende ein selbst erstelltes Zertifikat ausgehändigt. Dass es sich dabei um ein wertloses Papier handelt, dürfte nach dem bisher Gesagten klar sein.

Die beiden Journalistengewerkschaften DJV und dju können durch ihre regionalen Büros in vielen Fällen Auskunft und Hilfestellung geben. (*www.djv.de, www.dju.verdi.de*)

Wehrdienst und Pressearbeit: Das ist zwar kein Volontariat, wohl aber eine Chance, die Ableistung der Wehrpflicht und den Erwerb journalistischer Praxis miteinander zu verbinden. Wer über eine journalistische Ausbildung verfügt, kann sich für eine Tätigkeit in der Redaktion der monatlich erscheinenden Bundeswehr-Zeitschrift »Y.-Magazin der Bundeswehr«, der wöchentlich erscheinenden Zeitung »Bundeswehr aktuell« oder eine der Redaktionen für Internet bzw. Intranet (z. B. in der Informations- und Medienzentrale der Bundeswehr) bewerben.
Mindestens journalistische Grunderfahrungen (z. B. Schülerzeitung oder freie Mitarbeit) sollte mitbringen, wer in einer der bundeswehreigenen Pressestellen eingesetzt werden möchte.
Auch »Radio Andernach«, ein vom Bataillon für operative Information in Andernach betriebener Radiosender, der deutsche Soldaten während ihrer Auslandseinsätze mit aktuellen Informationen aus der Heimat versorgt, hat Stellen für interessierte Grundwehrdienstleistende.
Auf der Internetseite »www.bundeswehr-karriere.de« sind unter »Tipps für Grundwehrdienstleistende« alle zur Verfügung stehenden Redakteur-Stellen mit den entsprechenden Standortangaben zusammengefasst, so dass man sich mit diesem Stellenbezug an das zuständige Kreiswehrersatzamt wenden kann.
»Darüber hinaus«, so schreibt mir das Bundesministerium der Verteidigung, »hilft die direkte Kontaktaufnahme mit der so ins Auge gefassten Dienststelle, sich eingehend über das genaue Aufgabenspektrum zu informieren.«

Praktika und Hospitanzen

Praktika und Hospitanzen bekommt man meist leichter und rascher als Volontariate; sie sind allerdings auch sehr viel kürzer (ein bis drei Monate) und unverbindlicher. 💻
Oliver aus München, offensichtlich praxisbegabt, beschrieb seine Ausbildungsstrecke so: »Meine ersten Erfahrungen mit dem Journalismus sammelte ich bei einem zweimonatigen Praktikum bei der Fernsehzeitung *Gong*. Im Anschluss arbeitete ich zwei Monate als Hospitant in der Redaktion der Schwesterzeitschriften *die Aktuelle* und *die Zwei*. Mein erster Kontakt mit der tagesaktuellen Presse fand als Praktikant in der Lokalredaktion der Münchner *Abendzeitung* (November und Dezember) statt. Seit dem 1. Januar bin ich Hospitant im Team der Funk- und Fernsehredaktion der *Süddeutschen Zeitung*. Im Februar werde ich bei deren Jugendmagazin *jetzt.de* hospitieren.«

Auch wer ein Volontariat anstrebt, muss oft vorher ein Praktikum oder eine Hospitanz bei der Zeitung oder beim Sender absolviert haben. Man kann unterscheiden zwischen »Schnupperpraktika«, bei denen man als Schüler oder gleich nach dem Abitur vier Wochen erfahrenen Redakteuren über die Schulter schauen darf, und Praktika von mindestens drei Monaten Dauer, bei denen man selbst schreibt, schneidet, produziert. »Etwa die Hälfte unserer freien Mitarbeiter gewinnen wir über ein Praktikum, nicht über ein Volontariat«, sagt Ulrich Bönte vom Bayerischen Fernsehen.

Bei ARD und ZDF bietet die zwei bis drei Monate dauernde *Hospitanz* (auch Hospitation genannt) die Möglichkeit, durch eigene Mitarbeit erste Erfahrungen mit den Besonderheiten von Funk und Fernsehen zu sammeln. Zugang zu einem *Praktikum* haben Studierende, deren Studienpläne den Nachweis eines Aufenthalts in einer Redaktion vorschreiben bzw. vorsehen.
Jede Rundfunkanstalt hat einen *Ausbildungsbeauftragten*, an den man sich mit seinen Fragen wenden kann. Adresse und Redaktionsstruktur (Hörfunk und Fernsehen) jeder ARD-Anstalt sind im

Das Volontariat

ARD-Jahrbuch abgedruckt und finden sich ausführlich unter *www.ard.de;* fürs ZDF ist es das ZDF-Jahrbuch *(www.zdf.de).*

Bezahlt wird allgemein recht unterschiedlich. Die Spanne reicht von einigen hundert Euro bis (leider nicht selten) gar nichts. Auf die Qualität der Ausbildung achten sollte man in jedem Fall; der Deutsche Journalisten-Verband (DJV) hat eine »Checkliste Journalistisches Praktikum« erstellt.
Über den gewünschten Arbeitgeber und dessen Produkte informiert man sich vorher sowieso: »Jemand, der nicht weiß, was wir hier machen, hat keine Chance«, sagt Sebastian Steinmayr, Chefredakteur der Dienstleistungsgesellschaft für Bayerische Lokal-Radioprogramme (BLR). Man kann auch einem Netzwerk von Nachwuchsjournalisten beitreten und sich in deren Online-Community informieren (z. B. www.jungejournalisten.de). Dafür lässt man hinterher die anderen an seinen Erfahrungen teil haben.

Bewerben muss man sich für ein Praktikum genauso wie für eine Stelle. Tipps fürs erfolgreiche Bewerben gibt es in Ratgeber-Büchern und in Seminaren, die zum Beispiel beim Arbeitsamt nichts kosten. (Vgl. auch die Praktikum-Tipps in den Lehrbüchern »Radio-Journalismus« und »Fernseh-Journalismus«.)

Weiterführende Literatur:

Elke Ahlswede, Das Praktikum im Journalismus (UVK, Konstanz 2002)

Deutsche Journalistinnen- und Journalisten-Union (Hrsg.), Praktikum (Schriftenreihe »journalismus konkret« 4, 2. Auflage, Berlin 2007)

Stamm, Leitfaden durch Presse und Werbung. Presse- und Medien-Handbuch (Stamm Verlag Essen, jährlich)

Zimpel, Die deutschen Vollredaktionen, Teil 1, Zeitungen. Teil 2, Zeitschriften (Verlag Dieter Zimpel München, Loseblattausgabe)

Weiterführende Webseiten:

www.djv.de/djv/tarifvertraege.shtml

www.volonet.de

www.radiojournalismus.de/radio-volontariat.htm

www.planetpraktika.de

www.zimpel-online.de

Kurse für Volontäre und Berufseinsteiger

sind in ihrem Wert gar nicht hoch genug einzuschätzen. Wer in seiner Redaktion wenig zum Lernen kam, kann in einem mehrwöchigen Kurs Einiges aufholen. Wer schon viel über Journalismus gelernt hat, kann das Mitgebrachte mit dem Neuen vergleichen und sein Wissen ergänzen. Und egal, wie nützlich der Unterricht für ihn ist, auf jeden Fall wird ihm der Blick über den Zaun, das Gespräch mit Kollegen aus anderen Häusern Informationen und Anregungen vermitteln, die er daheim nicht bekommen kann.

Volontär-Kurse: Der Volontär hat nach den Tarifverträgen über das Redaktionsvolontariat an Tageszeitungen und an Zeitschriften einen *Anspruch* auf Teilnahme »an geeigneten, vom Arbeitgeber bestimmten außerbetrieblichen Bildungsmaßnahmen«; Dauer: »insgesamt mindestens vier Wochen«, möglichst im ersten Ausbildungsjahr. Bei der Auswahl des Kurses werden Vorschläge des Volontärs »in die Entscheidung einbezogen«.
Im weiteren Verlauf nimmt der Volontär für mindestens insgesamt zwei Wochen »an weiteren Bildungsveranstaltungen teil, die der fachlichen Vertiefung oder Spezialisierung dienen«.
Die *Kosten* trägt der Verlag (Teilnahmegebühren, Fahrt- und Aufenthaltskosten); die Vergütung wird weitergezahlt.
Der Volontär hat laut Ausbildungstarifvertrag keinen Anspruch auf den Besuch einer außerbetrieblichen Bildungsmaßnahme, wenn er an »Bildungsmaßnahmen an vom Arbeitgeber betriebenen Journalistenschulen« teilnehmen kann und »Gleichwertigkeit besteht«. So ist z. B. die *Journalistenschule Ruhr (JSR)* keine herkömmliche Journalistenschule (siehe Kapitel »Journalistenschulen«), sondern die überbetriebliche Aus- und Weiterbildungseinrichtung für Volontäre und Redakteure der WAZ-Zeitungsgruppe und der Zeitungsgruppe Thüringen.

Kurse für Berufseinsteiger und Fortbildungsinteressierte
veranstalten alle in diesem Beitrag vorgestellten Institute, meistens *neben* den eigentlichen Volontär-Kursen.

Das Volontariat

Die Akademie für Publizistik in Hamburg ist eine Institution zur berufsbegleitenden, überbetrieblichen Aus- und Fortbildung von Journalisten aller Medien. Pro Jahr bietet die Akademie 10 vierwöchige Kurse für Presse-Volontäre sowie einen für Fachzeitschriften-Volontäre, zwei Kurse (zweimal zwei Wochen) für Radio-Volontäre und zwei vierwöchige Kurse für Fernseh-Volontäre an.

Im Bereich der Weiterbildung veranstaltet die Akademie jährlich mehr ca. 50 ein-, zwei-, drei- und fünftägige Seminare, ebenfalls für alle Medien sowie, auf Anfrage, Inhouse-Workshops für Redaktionen. Hinzu kommen Seminare für Führungskräfte (Personalführung, Blattmachen, Marketing) sowie öffentliche Mediendispute. Ein weiterer Schwerpunkt im Programm: Seminare für Freie Journalisten. Es werden auch Seminare zur »PR und Öffentlichkeitsarbeit« angeboten.

Die 1970 gegründete Akademie für Publizistik ist ein eingetragener, gemeinnütziger Verein. Mitglieder/Förderer sind Verleger- und Journalistenorganisationen, Verlage, Rundfunkorganisationen, das Presse- und Informationsamt der Bundesregierung sowie Einzelpersonen aus allen Medien. *(www.akademie-fuer-publizistik.de)*

Die Akademie der Bayerischen Presse (ABP) veranstaltet in München und Kulmbach Grundkurse für Volontäre und für Seiteneinsteiger: Grundkurs I (zwei Wochen) für Volontäre und journalistische Berufsanfänger bei Zeitungen, Zeitschriften und sonstigen Medien; darauf aufbauend Grundkurs II (zwei Wochen) für Zeitungen, Zeitschriften, TV, Unternehmenskommunikation und Pressestellen.

Daneben finden laufend ein- bis sechstägige Seminare statt, die journalistisches Grundwissen – auch für Redakteure und freie Journalisten – vermitteln. Außerdem gibt es Seminare für Pressejournalisten über Sachthemen.

Die ABP kooperiert mit der Akademie für Neue Medien in Kulmbach. Die inhaltlich und weitgehend auch personell identischen Veranstaltungen werden besonders von Teilnehmern aus Nordbayern und den neuen Ländern besucht.

Die ABP wird vom Verband Bayerischer Zeitungsverleger (VBZV), dem Verband der Zeitschriftenverlage in Bayern (VZB) und dem Bayerischen Journalisten-Verband (BJV) getragen und vom Freistaat Bayern finanziell gefördert. Mitglieder sind auch der Bayerische Rundfunk (BR) und die Bayerische Landeszentrale für neue Medien (BLM). (*www.a-b-p.de*)

Akademie Berufliche Bildung der deutschen Zeitungsverlage (ABZV). Das von der ABZV jährlich herausgegebene Bildungsprogramm der deutschen Zeitungsverlage mit dem Titel »Qualifizierte Mitarbeiter für die Zeitung von morgen« informiert über sämtliche regionalen und zentralen Veranstaltungen: 14-tägige Grundlagenseminare und Aufbaukurse für Volontäre sowie 1–3tägige Weiterbildungsseminare für Redakteure. (*www.abzv.de*)

Die Journalisten-Akademie in Stuttgart ist eine Einrichtung des DJV-Landesverbands Baden-Württemberg. Sie bietet Zeitschriften-Grundlagenseminare für Volontäre und Seiteneinsteiger, Fachseminare für Redakteure, Weiterbildung für Volontäre und Jungredakteure im Privatfunk, Fachseminare für freie Journalisten, Seminare zur Presse- und Öffentlichkeitsarbeit für Kommunen und Wirtschaftsunternehmen. (*www.djv-bw.de*)

Die Evangelische Medienakademie ist »offen für alle, die sich für den Journalismus qualifizieren wollen und denen an einem unabhängigen, kritischen Journalismus gelegen ist«. In den Kursen der Evangelischen Medienakademie wird die Vermittlung des journalistischen Handwerks verbunden mit der Reflexion ethischer Fragen im Journalismus.
Speziell an Berufseinsteiger richtet sich der zweiwöchige »Orientierungskurs praktischer Journalismus«. Er vermittelt ein realistisches Bild des praktischen Journalismus und gibt den Teilnehmern Gelegenheit, sich selbst zu erproben: beim Recherchieren, beim Schreiben von Nachricht, Bericht, Reportage und Porträt sowie beim Führen von Interviews. Darüber hinaus bietet die Evangelische Medienakademie zwei- bis fünftägige Fortbildungskurse für Journalisten aus allen Medien an. Für Tageszeitungs- und Zeit-

schriften-Volontäre veranstaltet die Medienakademie vierwöchige Grundkurse. Die Evangelische Medienakademie ist ein Geschäftsbereich des Gemeinschaftswerks der Evangelischen Publizistik gGmbH. (*www.evangelische-medienakademie.de*)

Das Institut zur Förderung publizistischen Nachwuchses (ifp) in München bildet Volontäre in der katholischen Presse und im Privatfunk aus. In mehrwöchigen Seminaren werden die Volontäre systematisch in den Presse-, Hörfunk- und Fernsehjournalismus eingeführt. Bewerbungsschluss für das zweijährige Volontariat in der katholischen Presse und in privaten katholischen Radioredaktionen ist jeweils am 1. März. Bei den Radiovolontariaten handelt es sich um Redaktionen, die ein kirchlich orientiertes Vollprogramm produzieren oder privaten Rundfunkanbietern kirchliche Programminhalte zuliefern. Daneben bietet das ifp seit 1991 überbetriebliche Kurse für Volontäre an Tageszeitungen aus dem ganzen Bundesgebiet an. Zwei je 14-tägige, aufeinander aufbauende Grundkurse werden durch ebenfalls zweiwöchige Aufbaukurse ergänzt. Alle Kurse finden in München statt. (*www.ifp-kma.de*)

Das Institut für Journalistenausbildung, Passau, hat jährlich ca. zwölf Wochen- bzw. Kurzseminare im Programm, die in der Akademie für politische Bildung, Tutzing, und anderen Bildungseinrichtungen stattfinden. Themen u. a.: journalistische Stilmittel (Kommentar, Nachricht, Reportage usw.), Zeitungsgestaltung, Recherche, Medienrecht, aber auch Kommunikationstraining und Sachwissen wie Europafragen, Wirtschaft, Kommunaler Haushalt. (*www.institut-journalisten.de*)

KLARA heißt eine »Schule für Journalismus und Öffentlichkeitsarbeit« in Berlin. Sie bietet nicht nur *Volontärkurse,* sondern auch ein umfangreiches und thematisch vielfältiges Programm mit *Seminaren* von meist zwei Tagen Dauer. Einige Themen: Überschrift und Bildtext – Reportage, Feature, Report – Nachrichten schreiben – Texten und Redigieren – Fortbildung zum Bildredakteur – Arbeiten als freier Journalist – Die interessante Mitarbeiterzeitschrift – Kommunales. (*www.klaraberlin.de*)

Journalistenschulen

Die renommierten Journalistenschulen in Deutschland haben gemeinsam: die höchste Zahl von Bewerbern um einen Ausbildungsplatz, die erstklassige handwerkliche Ausbildung, den Abschluss als Redakteur im 1. Berufsjahr (tariflich) und die hohe Wahrscheinlichkeit, im Anschluss eine gute Stelle als festangestellter oder freier Mitarbeiter zu finden.
Journalistenschulen des »*klassischen*« *Typs* werden von einem Verein oder einer Institution getragen (Deutsche Journalistenschule, Berliner Journalistenschule, Evangelische Journalistenschule). Die anderen gehören einem *Verlag* oder *Sender* und sollen vor allem Nachwuchs für das eigene Haus heranbilden. Das Kapitel »Journalistenschulen« unterteile ich dementsprechend in »offene« und »verlags-/senderinterne«.

Bei den verlags- oder sendereigenen Schulen ist aber noch einmal ein wichtiger Unterschied zu machen: Die einen wählen ihre Schüler (Volontäre) allein nach dem Ergebnis der Aufnahmeprüfung und unabhängig von spezifischen Wünschen der einen oder anderen Redaktion aus (u. a. Henri-Nannen-Schule, Georg von Holtzbrinck-Schule, RTL Journalistenschule).
Die anderen veranstalten zwar auch eine Aufnahmeprüfung, lassen dann aber die Chefredaktionen ihrer Blätter entscheiden, wer von den Prüfungsbesten einen Platz in einer Redaktion (und damit auch in der Journalistenschule) bekommt – und wer nicht (u. a. Burda-Journalistenschule, Journalistenschule Ruhr).
Die *Medien-Akademie Augsburg* bildet cross-medial den Nachwuchs der »Augsburger Allgemeinen«, der »Allgäuer Zeitung« und der »RT.1 group« aus - also junge Zeitungs-, Internet-, Radio- und Fernsehmacher. *(www.medienakademie-augsburg.de)*
Die *Würzburger Medienakademie* ist als zentrales Aus- und Weiterbildungsunternehmen für die drei Unternehmen Mediengruppe Main-Post, Vogel Business Medien und Robert Krick

Verlag geplant. Im Herbst 2008 sollen erstmals Redaktionsvolontäre aufgenommen werden.
(www.wuerzburgermedienakademie.de)
Im Beitrag »Lehrgänge zur beruflichen Weiterbildung« werden einige Akademien mit ihren, meist durch die Bundesagentur für Arbeit geförderten, Lehrgängen vorgestellt.

Offene Journalistenschulen

Die Deutsche Journalistenschule (DJS) in München wurde 1949 gegründet; sie ist die renommierteste Journalistenschule in Deutschland. Fast 2 000 Redakteurinnen und Redakteure gingen bisher aus ihr hervor; sie arbeiten in Redaktionen von Zeitungen, Zeitschriften, bei Radio und Fernsehen, in Online-Redaktionen und Pressestellen; andere sind freie Journalisten oder Auslandskorrespondenten.

Die DJS bildet jährlich 45 junge Menschen kostenlos zu Redakteurinnen und Redakteuren aus. Sie bietet *zwei Ausbildungswege* an: einen 16-monatigen Kompaktkurs und – zusammen mit der Uni München – ein viersemestriges Masterstudium »Journalismus«.

Die *Inhalte* der sehr praxisorientierten »Lehrredaktion« sind bei beiden Wegen gleich: Das crossmediale Training umfasst die Bereiche Zeitung, Zeitschrift, Radio, TV und Internetjournalismus; es werden alle journalistischen Formen und die aktuellen technischen Fertigkeiten (Layouten, Schnitt von Radio- und TV-Beiträgen, Kamera usw.) geübt. Die Master-Studenten besuchen zusätzlich Uni-Vorlesungen und -Übungen. Jeder DJSler absolviert zwei je dreimonatige Praktika, die die Schule vermittelt.

Der DJS stehen als *Dozenten* rund 120 aktive Journalistinnen und Journalisten, hauptberufliche Journalismustrainer und Techniker zur Verfügung. Sie lädt auch Wissenschaftler, Politiker oder Künstler ein. Die Schule ist mit modernster Technik ausgestattet: Redaktionssysteme, digitales Hörfunkstudio, große Profi-TV-Kameras und Profi-Videokameras, digitale Schnittsysteme usw.

Das *Ziel der Ausbildung*: verantwortungsbewusste Journalisten, die fit sind für die Arbeit im multimedialen Zeitalter.

Aufnahmebedingungen: für den Kompaktkurs Abitur, Alter maximal 28 Jahre; für den Masterstudiengang abgeschlossenes Hochschulstudium (Magister, Diplom, Staatsexamen, Bachelor) in einem beliebigen Fach, Alter maximal 30 Jahre.

Zweistufige *Aufnahmeprüfung*: zunächst eine schriftliche Reportage samt Rechercheplan. Die besten Autorinnen und Autoren lädt die DJS zu einer zweitägigen Prüfung ein. Die Bewerber beantworten dabei Fragen aus dem Zeitgeschehen und identifizieren Pressefotos; sie fertigen eine schriftliche Arbeit an und unterhalten sich mit einer Journalisten-Kommission.

(*www.djs-online.de* und *www.ifkw.lmu.de*)

Die Berliner Journalisten-Schule bildet jährlich 16 Journalistenschüler zu Redakteuren aus. Träger der Schule ist der Journalisten-Bildungsverein des Deutschen Journalistenverbandes (DJV) Berlin; er übernimmt die Kosten der Ausbildung. Für ihren Lebensunterhalt müssen die Teilnehmer selbst sorgen. Angeboten wird eine 15-monatige Kompaktausbildung. Sie umfasst eine Grundausbildung (zwei Monate) sowie eine Presse- und Rundfunkausbildung von je drei Monaten Dauer. Hinzu kommen Praktika (je drei Monate Presse und Rundfunk); vier Wochen sind Ferien.

Grundlage des *Aufnahme-Wettbewerbs* ist eine schriftliche Reportage (mindestens drei Themen zur Auswahl). Die Einsender der besten Arbeiten werden zur endgültigen Auswahl eingeladen (Bildertest, Fragebogen, schriftliche Arbeit, Gespräch mit der Auswahlkommission); Höchstalter: 27 Jahre.

(*www.berliner-journalisten-schule.de*)

Die Evangelische Journalistenschule (EJS) in Berlin ist eine Abteilung der Evangelischen Medienakademie. Die Ausbildung verbindet die Vermittlung des journalistischen Handwerks mit der Reflexion ethischer Fragen im Journalismus. Sie dauert 18 Monate und ist einem Volontariat gleichzusetzen. Die Ausbildung umfasst Lehrredaktionen im Print-, Hörfunk-, Fernseh- und

Online-Journalismus sowie Praktika in den verschiedenen Medien. Alle zwei Jahre bietet die EJS 16 Ausbildungsplätze für diejenigen, die das Bewerbungsverfahren erfolgreich durchlaufen haben.
Die Ausbildungskosten trägt die Evangelische Kirche in Deutschland. Es werden keine Vergütungen gezahlt.
(*www.evangelische-medienakademie.de*)

Die Henri-Nannen-Schule/Hamburger Journalistenschule bildet junge Menschen von 19 bis 27 Jahren zu Journalisten für Zeitung, Zeitschrift, Radio, Fernsehen und Online-Medien aus. Träger sind der Verlag Gruner+Jahr und »Die Zeit«, der »Spiegel« beteiligt sich ebenfalls.
Die Schule lädt im Abstand von eineinhalb Jahren per Inserat zu einem *Auswahlverfahren* ein, aus dem jeweils 20 Lehrgangsteilnehmer hervorgehen. Das Auswahlverfahren beginnt mit der Aufgabe, eine Reportage und einen Kommentar zu einem vorgegebenen Thema zu schreiben. Die 50 Besten bekommen eine Einladung zur dreitägigen Schlussprüfung nach Hamburg. Hier muss unter Zeit- und Konkurrenzdruck eine Reportage geschrieben, ein Wissens- und Bildertest absolviert und im Gespräch mit einer zwölfköpfigen Prüfungskommission eine gute Figur gemacht werden.
Ausbildung: Sie besteht aus 34 Wochen Unterricht in der Schule, 36 Wochen Praxis in vier Redaktionen (bei unterschiedlichen Verlagen und öffentlich-rechtlichen Sendern) und 8 Wochen Urlaub.
Die Abfolge der Lehreinheiten: 10 Wochen Grundseminar Zeitung/handwerkliche Fertigkeiten, 11 Wochen Praktikum Zeitung, 7 Wochen Seminar Zeitschrift: General Interest, 10 Wochen Praktikum Zeitschrift: General Interest, 4 Wochen Seminar Zeitschrift: Special Interest, 5 Wochen Praktikum Zeitschrift: Special Interest, 10 Wochen Seminar Multimedia: Online, Hörfunk u. Fernsehen, 10 Wochen Praktikum: Freie Wahl, 3 Wochen abschließendes Seminar: Meisterkurse (nach Eignung und Neigung).
Der Unterricht besteht aus Vorträgen, Diskussionen und prakti-

schen Übungen. Trainiert werden *alle Formen des Handwerks*: von der Meldung bis zum Kommentar, vom Gerichtsbericht bis zur Reportage. Die Schüler entwerfen eigene Blattkonzepte, produzieren im Multimedia-Seminar Hörfunk- und Fernsehbeiträge sowie ein crossmedial angelegtes Online-Angebot. Sie werden vertraut gemacht mit den wirtschaftlichen, juristischen und ethischen Rahmenbedingungen des Journalismus. Hinzu kommen Abendveranstaltungen, in denen die Lehrgangsteilnehmer mit prominenten Journalisten, Chefredakteuren oder Verlagsmanagern diskutieren.
Die Ausbildung ist kostenlos; die Lehrgangsteilnehmer erhalten eine monatliche Lehrgangsbeihilfe von 761 Euro brutto. (*www.journalistenschule.de*)

Verlags-/senderinterne Journalistenschulen

Die Axel Springer Akademie bildet in einem Zwei-Jahres-Programm junge Leute zu Redakteuren aus. Jährlich werden etwa 40 Schüler aufgenommen. Die Ausbildung verbindet diejenige an einer Journalistenschule mit einem klassischen Volontariat. Sie teilt sich auf in: 6 Monate Seminare an der Akademie in Berlin; 6 Monate Redaktion »Welt Kompakt«, die in Kooperation mit der Axel Springer Akademie erscheint, 12 Monate Einsatz in der jeweiligen Stammredaktion (»Bild«-Gruppe, »Welt«-Gruppe, »Hamburger Abendblatt« oder eine der Zeitschriften). Darüber hinaus bietet die Akademie einigen Schülern – je nach Talent und Qualifikation – die Möglichkeit, im Ausland oder in Verlagsabteilungen zu hospitieren. Die Volontäre erhalten eine monatliche Unterhaltsbeihilfe.
Aufnahmebedingungen: Einzige formale Voraussetzung ist das Abitur. Unabdingbar sind journalistisches Talent, Kreativität und Engagement sowie gute Kenntnisse in mindestens einer Fremdsprache und erste Medienerfahrung.
Auswahlverfahren: Ausgewertet werden die Bewerbungsunterlagen und Textproben von der Akademieleitung und Chefredakteuren der Axel Springer AG. Wer in die engere Wahl kommt, wird

zu einem Schreib-, einem Wissenstest und einem Vorstellungsgespräch eingeladen. (*www.axel-springer-akademie.de*)

Die Burda Journalistenschulen in München und Offenburg bilden *Zeitschriftenredakteure* für Hubert-Burda-Media aus. In München wird zusätzlich eine *TV-Ausbildung* angeboten. Jährlich werden etwa 30 Teilnehmer für das zweijährige Volontariat aufgenommen.

Die Ausbildung findet an den Standorten München und Offenburg statt und gliedert sich in folgende Abschnitte (in Monaten): Grundausbildung, in München in Kooperation mit der Deutschen Journalistenschule (2), in Offenburg mit einer hauseigenen Schule und anderen Zeit- und Lehrplänen, Zweitredaktionen bei einem tagesaktuellen Medium (Zeitung, Nachrichtenagentur oder Online-Redaktion) und zwei Zeitschriften, in München: Hörfunk und TV-Ausbildung (0,5), Burda Stammredaktion (15,5), zusätzlich ein Monat druckreife Entwicklung einer Zeitschrift.

Die TV-Volontäre erhalten statt der Zeitschriftenausbildung einen Monat TV-Ausbildung und bleiben in ihrer Stammredaktion (Focus-TV) insgesamt 17,5 Monate.

Aufnahmevoraussetzungen: Fachhochschulreife oder Abitur und abgeschlossenes Studium bzw. abgeschlossene Berufsausbildung, erfolgreich absolviertes Praktikum in der Burda-Redaktion, in der man die Ausbildung machen möchte. Die Volontäre bekommen ein Gehalt.

(*www.hubert-burda-media.de/job_U_karriere*)

Die Georg von Holtzbrinck-Schule für Wirtschaftsjournalisten in Düsseldorf bildet für die Redaktionen der Handelsblatt-Gruppe (»Handelsblatt«, »Wirtschaftswoche«, »Karriere«) aus. Unter den zahlreichen Bewerbern – mit abgeschlossenem Studium, vornehmlich Wirtschaft, Jura und Politik – werden pro Ausbildungszeitraum zehn Volontäre ausgesucht. Verlangt sind erste journalistische Erfahrungen (z. B. Praktika, freie Mitarbeit). Schulbesuch/Volontariat dauern 18 Monate. Schule ist eine Woche je Monat, in der restlichen Zeit wird in den Redaktionen der Verlagsgruppe gearbeitet. Neben den Hauptressorts Wirtschaft und Politik, Unternehmen sowie Finanzen/Börse werden die Volontäre auch zwei Monate in den Online-Redaktionen der Publikationen eingesetzt. Im Unterricht wird das journalistische Handwerk vermittelt, wirtschaftliches Grundwissen erarbeitet und zudem eine Auslandsreise zur Recherche durchgeführt.

Die »Schüler-Selbstverwaltung« ist ein Prinzip der Schule: Programmideen der Volontäre werden von ihnen selbst umgesetzt – etwa durch Exkursionen und Projekte oder die Einladung von Interviewpartnern aus Politik und Wirtschaft. Zur Abrundung verbringen die Volontäre ein zweimonatiges Praktikum außer Haus: in der Regel bei einem anderen Medium.

Bei gutem Abschluss und entsprechendem Bedarf der angeschlossenen Redaktionen haben Absolventen nach dem Volontariat die Aussicht auf einen Jahresvertrag als Jungredakteur. (*www.holtzbrinck-schule.de*)

Die Journalistenschule Ruhr (JSR) in Essen ist die überbetriebliche Aus- und Weiterbildungseinrichtung der WAZ-Mediengruppe und der Zeitungsgruppe Thüringen (ZGT). Sie bildet für regionale Tageszeitungen und den Westdeutschen Zeitschriften Verlag in Düsseldorf rund 90 Volontäre aus. Die Auswahl der Volontäre erfolgt durch ein Assessment-Center.

Die Kurse der JSR-Volontäre stehen auch Volontären anderer Verlage offen. (*www.journalistenschule-ruhr.de*)

Die RTL Journalistenschule für TV und Multimedia, getragen von RTL Television und der Landesanstalt für Medien Nordrhein-Westfalen (LfM), verteilt ihr *zweijähriges Ausbildungsprogramm* auf 13 Monate in Redaktionen von RTL, 6 Monate an der Journalistenschule in Köln und 4 Monate in Wahlstationen, z. B. im Bereich Presse, Hörfunk oder Public Relations.

Während der Ausbildung sind die Schüler Angestellte der Journalistenschule mit einer Lehrgangsbeihilfe. Ausgewählt werden alle zwei Jahre 30 Bewerber. (*www.rtl-journalistenschule.de*)

Journalistenschulen

Lehrgänge zur beruflichen Weiterbildung

Akademien in freier Trägerschaft bieten wie die klassischen Journalistenschulen mehrmonatige Lehrgänge zur beruflichen Weiterbildung an, in denen journalistisches Handwerk vermittelt und praktisch umgesetzt wird. Die Ausbildung dauert in der Regel sechs Monate und findet im Vollzeit-Unterricht statt. Wer die Kosten von bis zu 8000 Euro nicht selbst übernehmen kann und die persönlichen Voraussetzungen erfüllt, kann über den sogenannten *Bildungsgutschein* gefördert werden.

Bei der zuständigen Arbeitsagentur oder dem kommunalen Träger kann sich nach Fördermöglichkeiten durch den Bildungsgutschein erkundigen, wer einen Hochschulabschluss oder einschlägige Berufserfahrung hat, arbeitslos oder arbeitsuchend ist und Leistungen nach Arbeitslosengeld I oder Arbeitslosengeld II bezieht. Die Schulen und ihre Lehrgänge müssen von einer unabhängigen Stelle geprüft und zertifiziert worden sein. Im Rahmen des Bildungsgutscheins können die *Teilnahme*, im Rahmen des Arbeitslosengelds unter bestimmten Bedingungen auch der *Unterhalt* während des Lehrgangs finanziert werden.

Ein genauer Blick in den *Lehrplan*, auf die technische *Ausstattung* und die Qualifikation der *Dozenten* ist für Interessenten wichtig. Projektunterricht, Praxisprojekte und publizierte Arbeitsproben der Teilnehmer während des Lehrgangs lassen erkennen, ob die Ausbildung praxisnah ist.
Aussagekräftig ist auch die *Vermittlungsquote:* Wie viele Absolventen der jeweiligen Akademie konnten in journalistische Berufe vermittelt werden? In welchen einschlägigen Branchen, in welchen Redaktionen arbeiten sie?

Die Journalistenakademie Dr. Hooffacker & Partner startet drei- bis viermal im Jahr Lehrgänge zum *Online-Journalismus* und zur *Pressearbeit* einschließlich Videojournalismus. Die Lehrgänge dauern ein halbes Jahr und finden in München statt. Sie vermitteln in jeweils zwei 3-monatigen Modulen journalistisches Handwerk sowie die erforderlichen Technik-Kenntnisse, außerdem die berufsnotwendige soziale Kompetenz. Praxis erwerben die Lehrgangsteilnehmer in Projektarbeit für soziale und kulturelle Einrichtungen sowie durch Mitarbeit an schuleigenen Online-Angeboten. Aufnahmebedingungen: Studium; einschlägige Berufserfahrung; Aufnahmegespräch.

Die Journalistenakademie und ihre Lehrgänge sind nach dem Bildungs-Qualitätsstandard BQM zertifiziert.
(*www.journalistenakademie.de*)

Die Zeitenspiegel-Reportageschule Günter Dahl ist eine Kooperation zwischen der Reportageagentur »Zeitenspiegel« und der Volkshochschule Reutlingen. Die Ausbildung dauert zwölf Monate und richtet sich an talentierte junge Journalisten, die schon erste berufliche Erfahrungen gesammelt haben. Praktika von ca. drei Monaten bei Zeitungen und Zeitschriften sind darin eingeschlossen. Schwerpunkt ist der Printbereich.

In einer Lehrredaktion lernen die Teilnehmer vom ersten Tag an das Handwerkszeug, um Reportagethemen unter Alltagsbedingungen umzusetzen. (*www.reportageschule.de*)

Das Seminarprogramm Journalismus der Akademie der Diözese Rottenburg-Stuttgart und der Pädagogischen Hochschule Weingarten liefert in elf einwöchigen Intensivkursen eine Basisqualifikation für journalistisches Arbeiten mit Vertiefungsmöglichkeiten. Das Programm gliedert sich in folgende, auch einzeln buchbare, Seminare: Professioneller Journalismus, Schreibpraxis I (Nachrichten), Schreibpraxis II (bunte Formen), Politischer Journalismus, Bildjournalismus, Kulturjournalismus, Textdesign für Print und Online, Wissenschaftsjournalismus, Elektronische Medien, Öffentlichkeitsarbeit und Wirtschaftsjournalismus.

Absolventen erhalten ein Hochschulzertifikat der Pädagogischen Hochschule.

Das Programm findet statt in Kooperation mit den Bregenzer Festspielen, dem Südwestrundfunk, dem Südkurier, der Schwäbischen Zeitung, dem Österreichischen Rundfunk und dem Munzinger Archiv. *(www.seminarprogramm.info)*

Das Mibeg-Institut in Köln bildet Interessierte in den Arbeitsfeldern Fach- und Wissenschaftsredaktion, Online-Redaktion, Unternehmenskommunikation und Marketing weiter. Auch hier ist eine Förderung über den Bildungsgutschein möglich. *(www.mibeg.de)*

Die WBS Training AG bietet, ebenfalls durch Bildungsgutschein förderbar, an einigen Standorten einen Lehrgang *Fachredakteur* bzw. einen Lehrgang *Technische/r Redakteur/in* an. Dauer: jeweils sechs Monate. (*www.wbstraining.de*)

Die DAA Phoenix Medienakademie in Berlin vermittelt in zwei Monaten vor allem technisches Handwerk des Online-Journalismus. (*www.daa-phoenix-medienakademie.de*)

Die Akademie für Neue Medien Kulmbach hat drei Kompaktkurse im Programm: eine fünfmonatige Hörfunkausbildung unter dem Titel *Broadcaster*, eine sechsmonatige Ausbildung *Online-Journalist*, in der man den Umgang mit Suchmaschinen, die Online-Recherche, Datenbankanwendungen, E-Commerce, Sprachausbildung, Layout, Schirmbindung und Website-Gestaltung erlernt, und einen viereinhalbmonatigen Lehrgang *PR/Kommunikationsmanager/in*. Eine Förderung nach SGB III kann im Rahmen der Einzelfallanerkennung möglich sein. (*www.bayerische-medienakademien.de*)

Weil laufend neue Angebote hinzu kommen, andere entfallen, ist die Online-Recherche zu empfehlen, beispielsweise bei der Kursübersicht auf *www.arbeitsagentur.de*, beim Journalismus-Portal *www.journalismus.com* oder bei landesweiten Portalen mit ihren Datenbanken wie *www.mediencampusbayern.de* oder *www.aim-mia.de*.

Journalistenausbildung – do it yourself

Auch wer keinen der bisher beschriebenen Ausbildungswege geht, keine der genannten Ausbildungsstätten besucht, kann ein guter Journalist werden.

Wer keinen Hochschulabschluss vorweisen kann, sollte auf jeden Fall einen *Beruf* erlernt und die notwendigen Prüfungen abgelegt haben. Ein Reisebürokaufmann wird Lokalreporter, ein Inspektor mit Drang zum Schreiben wird Redakteur, eine Marketing-Chefin wechselt zum Wirtschaftsmagazin: alles mögliche und legitime Wege in einen journalistischen Beruf.
Grundsätzlich aber muss ich wiederholen, was ich schon weiter vorn im Buch festgehalten habe: Der Anteil der in unserem Beruf Tätigen, die nicht studiert und keine journalistische Ausbildung hinter sich gebracht haben, wird mehr und mehr zurückgehen. Quereinsteiger besuchen vielleicht einen Lehrgang zur beruflichen Weiterbildung (siehe voriges Kapitel) oder einen Kurzkurs (siehe unten).

Nicht nur als Hauptberuf ist journalistische Tätigkeit möglich; unabhängiger von den Schwankungen der Medienkonjunktur wird sich fühlen, wer den Journalismus als Steckenpferd betreibt – *im Nebenberuf*, d. h. in der Regel: als ständiger oder gelegentlicher freier Mitarbeiter.

Bücher, Zeitschriften, Newsletters

Empfehlenswerte *Lehrbücher* habe ich (alphabetisch nach Autorennamen) jeweils gleich an der einschlägigen Textstelle angegeben, also zum Beispiel Bücher über Zeitungsjournalismus im Beitrag über das Arbeitsfeld Presse.
Bei den journalistischen *Medienzeitschriften* kann man zwischen *verbandsorientierten* und *frei verlegten* Blättern unterscheiden.

Zeitschriften der Journalistenverbände. Die inhaltsreichste und auflagenstärkste verbandsorientierte Medienzeitschrift ist der »Journalist« des Deutschen Journalisten-Verbandes. (*www.journalist.de*)
Ebenfalls monatlich erscheint »M – Menschen Machen Medien« als medienpolitische Zeitschrift des Fachbereichs 8 Medien, Kunst und Industrie in ver.di. »M« enthält Beiträge der Fachgruppe Journalismus (dju – Deutsche Journalistinnen- und Journalisten-Union) sowie der Fachgruppe Rundfunk/Film/Audiovisuelle Medien (*www.mmm.verdi.de*).
»Der Fachjournalist«, herausgegeben vom Deutschen Fachjournalisten-Verband e. V., ist gerade wegen seiner Zielgruppe (Fachleute, die neben ihrem Hauptberuf ihr Fachwissen auch journalistisch auswerten wollen) stark auf Journalismus orientiert. (*www.dfjv.de*)

Medienzeitschriften für Journalisten. Eine verbandsunabhängige Medienzeitschrift ist das »Medium Magazin«. Es informiert witzig und präzise übers journalistische Handwerk, über Ausbildung und Arbeitsplätze, vor allem in den Print-Medien. (*www.mediummagazin.de*)
Journalismus und vor allem Technik bei den elektronischen Medien vermittelt »Cut – das broadcast-magazin«.
(*www.cut-online.de*)
»Insight« liefert, wie der Untertitel »Markt und Management für Journalisten« bereits andeutet, vor allem Übersichten, Einblicke und Tipps bezüglich der Chancen des Journalisten auf dem Medienmarkt. (*www.insight-online.de*)
Die vierteljährlich erscheinende »Message« firmiert als »Internationale Zeitschrift für Journalismus« und reflektiert auf hohem Niveau die journalistische Praxis. (*www.message-online.de*)
Halbjährlich erscheint das »Journalistik Journal«, das sich jeweils einem bestimmten journalistischen Problem (zuletzt »Massenmedien und Migration«),Ressort, Arbeitsfeld oder Medium widmet. (*www.journalistik-journal.de«*)
Die Zeitschrift »Media Perspektiven« beschäftigt sich in wissenschaftlichen Beiträgen mit Situation und Wirkung (vor allem der

elektronischen) Medien; sie wird im Auftrag der ARD-Werbegesellschaften herausgegeben. (*www.media-perspektiven.de*)

Ein kostenloser Online-Dienst, den ich jeden Monat besonders gern lese, ist der Newsletter »ABZV aktuell« der Akademie Berufliche Bildung der Deutschen Zeitungsverlage (ABZV). Eigentlich eine Vorschau auf Seminare, bringt der Newsletter zum größeren Teil unterhaltsam und kess Tipps und Infos, die auch in einer gut gemachten Medienzeitschrift stehen könnten: über richtiges Deutsch in der Zeitung, über die Medienszene, über neue Fachbücher und – und – und.
(*www.abzv.de/newsletter*)
Medienszene und Personality-News drängen sich als Begriffe auf, wenn man sich den wöchentlich erscheinenden Abo-Newsletter »V.i.S.d.P.« anschaut, ein flott gemachtes Internet-»Magazin für Medienmacher«. (*www.visdp.de*)
Weitere Adressen von Newsletters findet man unter *www.newsletter-verzeichnis.de*.

Lernen durch Mitarbeit

Nicht nur Volontäre können von Redakteuren erzählen, denen sie viel verdanken. Auch wer bloß für kurze Zeit oder gelegentlich mit Redaktionen Kontakt hat, stößt dort mit etwas Glück auf Partner, die ihr Wissen und Können weitergeben.
Simpelster Fall: Ein Beitrag von Ihnen erscheint im Blatt; Sie vergleichen den gedruckten Text mit der zurückbehaltenen Kopie und stellen fest, was der Redakteur weggestrichen, was er verändert hat. Wenn Ihnen die Gründe nicht einleuchten, sprechen Sie den Redakteur ruhig darauf an und fragen Sie ihn. Hat er noch einen Funken beruflicher Leidenschaft über die Jahre gerettet, wird er sich so bald wie möglich Zeit nehmen und sich über Ihre Fragen freuen.
Auch er profitiert von einer solchen Diskussion; denn die Frage »Warum haben Sie das so gemacht?« bringt ihn dazu, sich einmal wieder Rechenschaft abzulegen über die Handwerksregeln

und Maßstäbe einer Alltagsarbeit, die er sonst mehr oder minder routinemäßig tut.

Eine Redaktion von innen kennen lernen, dazu bedarf es nicht unbedingt eines Volontariats. Ein Jahr vor dem Abitur habe ich zum ersten Mal hinter einem Redaktionsschreibtisch gesessen und Meldungen aus den Landkreisen umgeschrieben. Beziehungen? Keineswegs. Ich hatte mich beim Chefredakteur beworben, gesagt, dass ich Schülerzeitungsredakteur sei und später Journalist werden wolle, ich verlange auch gar kein Geld, ob er nicht während der Sommerferien einen Platz für mich habe. Er hatte. Vor wenigen Jahren erzählte mir eine Studentin, sie arbeite gegen eine Tagespauschale bei genau diesem Blatt für ein paar Wochen als Urlaubsaushilfe für Redaktion und Umbruch der Radio- und Fernsehseite. Vorbildung: eine andere Zweimonatsstation als Lokalreporterin bei einer Tageszeitung am Bodensee.
Solche improvisierten *Praktika* (vgl. Beitrag »Praktika und Hospitanzen«) werden meist nicht ausgeschrieben, man muss sie sich suchen. Das gilt wohl auch für *Redaktionsaufenthalte*, die auf Grund einer 2006 zwischen Zeitungsverleger-Verband (BDZV) und Kultusministerkonferenz beschlossenen Rahmenerkärung an Schülerinnen und Schüler zur Berufsorientierung vergeben werden sollen. *(www.bdzv.de)*

Andere Wege in die Redaktion: Zeitungen mit einer Jugend-Seite freuen sich über schreibgewandte Leser, die mitarbeiten. Der Kinder- oder Jugendfunk des öffentlich-rechtlichen Senders vor Ort sucht auf seinen Internet-Seiten jugendliche Mitarbeiter. Ein Schüler bot einer Computerzeitschrift einen Artikel an und arbeitete bald regelmäßig als Aushilfe in der Redaktion. Ein junger Mann schuf sich erste Kontakte als Teilnehmer einer Jugend-Fernsehdiskussion.
Wer einem *Verband* angehört, probiert es mit der Verbandszeitschrift. Und wer auf einem Gebiet *Spezialwissen* hat, kann auch daraus publizistisch Kapital schlagen: Eine Biologin veröffentlicht bei »Spiegel online« einen Reisebericht über Japan, wo sie beruflich zwei Jahre verbracht hat. Eine Studentin schreibt über

Hundezucht, weil das ihr Hobby ist. Ein Disk-Jockey schreibt über Platten und Musiker. Ein Student der Volkswirtschaft brachte im Wirtschaftsteil der »Süddeutschen Zeitung« 80 Zeilen über einen Vortrag unter, zu dem er sowieso gegangen wäre.

Auch Flugblätter, Stadt-Magazine, Studentenzeitungen und Uni-Radios sind Übungsfelder. Die Ausrede »Die geben mir ja eh' keine Chance, weil ich noch nichts veröffentlicht habe« überzeugt nicht: Man muss es erst einmal probieren.

Wer mehr darüber nachlesen will, wie man mit einer Redaktion Kontakt aufnimmt, beziehungsweise zunächst eine in Frage kommende Redaktion findet, schaue im Kapitel »Wege in die Redaktion« nach sowie im Abschnitt »Wie man sich um ein Volontariat bemüht« (im Beitrag »Volontariat bei Zeitung und Zeitschrift«).

Chancen bei Fachzeitschriften sollte man nicht übersehen. Ein Beispiel aus dem bereits erwähnten »Stamm« (Leitfaden durch Presse und Werbung): Im Teil »Zeitschriften und Anzeigenblätter« gibt es in der Gruppe Handel die Sparte Nahrungs- und Genussmittelhandel. Blätter wie das »Fisch Magazin« (in Hamburg), »Der Biergroßhandel« (in Stuttgart) oder »Käsetheke« (Bad Breising) haben vielleicht gerade auf Sie als Mitarbeiter gewartet, wer kann das vorher sagen. Wenn Sie aber auch nach ernstlicher Selbstprüfung sich nicht für die Probleme des Nahrungs- und Genussmittelhandels erwärmen können, durchforsten Sie eben das Stichwortverzeichnis nach Bereichen, die eher Ihrem Interesse entsprechen.

Um Ihnen die *Vielfalt der Sachgebiete*, für die es Zeitschriften gibt, vorzuführen, habe ich einige Suchbegriffe mit dem Buchstaben P ausgewählt:

Pädagogik, Paläontologie, Papierhandel, Papierwarenhandel, Parfümerien, Parfümhersteller, Parkettindustrie, Parteipolitische Arbeitnehmerzeitschriften, Patienten, PC, Pensionäre, Personalräte, Personalwirtschaft, Personenverkehr, Pfadfinder, Pfarrer, Pferdesport, Pferdezucht, Pflanzenschutz, Pflegedienste, Pharmazeutika, Pharmazie, Philatelie, Philologen, Philosophie,

Physik, Physiotherapie, Pinselhersteller, Politik, Politische Frauenzeitschriften, Polizei, Postgeschichte, Präparatoren, Protestanten, Psychiatrie.

Schülerzeitungen und jugendeigene Zeitschriften sind ein wichtiges Übungsfeld für Leute, denen es der Journalismus angetan hat. Alles selber machen, von der Anzeigenbeschaffung übers Artikelschreiben bis zum Vertrieb, bringt einem Erfahrungen ein, wie man sie später in dieser Unmittelbarkeit und Vielfalt kaum noch haben wird. Inzwischen hat sich das Betätigungsfeld auch auf den Online-Journalismus ausgeweitet.

Die *Jugendpresse Deutschland* ist als Dachverband der geeignete erste Ansprechpartner für Interessenten, die noch keinen Kontakt zu dem Jugendpresse-Verband in ihrem Land haben. Zu den Angeboten für junge Medienmacher gehören Handbücher, Informations- und Artikeldienste, Schülerzeitungswettbewerbe, Medienworkshops sowie ein Jugendpresseausweis. (*www.jugendpresse.de*)

Weiterführende Literatur:
Deutscher Fachjournalisten-Verband (Hrsg.), Fachjournalismus. Expertenwissen professionell vermitteln (UVK, Konstanz 2004)

Weiterführende Webseiten:
www.fachzeitungen.de

Kurzkurse

Fast alle Bildungsanbieter, die Volontär-Kurse im Programm haben (vgl. »Kurse für Volontäre und Berufseinsteiger«), veranstalten auch Kurzkurse. Auch Volkshochschulen sowie Bildungswerke von Parteien, Kirchen, Gewerkschaften o. ä. bieten Kurzkurse in praktischem Journalismus. Erkundigen Sie sich in Ihrem Land, in Ihrer Stadt.

Der Deutsche Journalisten-Verband (DJV) bietet Weiterbildungsseminare für alle Journalisten aus allen Medien und unabhängig von ihrer Mitgliedschaft in einer Gewerkschaft. Die rund 25 Seminare pro Jahr helfen bei der Arbeit von Betriebs- und Personalräten in Medienbetrieben sowie bei der beruflichen Qualifizierung. Der Schwerpunkt liegt auf Betriebs- und Personalräteschulungen: u. a. Outsourcing, Pauschalisten und Scheinselbstständigkeit; praktische Probleme der Personalratsarbeit. (*www.djv.de/bildung*)

Die dju, Deutsche Journalistinnen- und Journalisten-Union in ver.di, veranstaltet auf Bundesebene eine Reihe von Fort- und Weiterbildungs-Seminaren für Journalistinnen und Journalisten; Dauer: meist ein Wochenende. Darüber hinaus gibt es auf regionaler Ebene eine große Zahl von Wochenendveranstaltungen zu den verschiedensten Themen: Dritte Welt, Lokaljournalismus, Polizei und Presse, Klischees in der Sprache, Bild-Journalismus, Online-Journalismus u. a.»Die Teilnahme ist unabhängig von einer Mitgliedschaft möglich«, schreibt die dju. (*dju.verdi.de*)

Das Förderungswerk der Hanns-Seidel-Stiftung legt jährlich ein umfangreiches Programmheft »Journalistische Nachwuchsförderung« auf, das alle Medien (einschließlich Bildjournalismus) abdeckt, dazu noch Sprecherziehung/Phonetik. Die meist ein Wochenende dauernden Seminare finden in den professionell ausgestatteten Bildungszentren Kloster Banz und Wildbad Kreuth statt. Teilnehmen können Redakteure von Schüler- und Jugendzeitschriften, Studierende mit dem Berufsziel Journalismus, Volontäre und Nachwuchsjournalisten aus allen Medienbereichen bis zum Höchstalter von 35 Jahren. (*www.hss.de*)

Die Friedrich-Ebert-Stiftung (FES) bietet in ihrer *Journalisten-Akademie* ein Weiterbildungsprogramm für Journalist/innen und Berufseinsteigende.
Das Bildungsangebot ist in Modulen aufgebaut: Die Basis-Module »Kernkompetenz« und »Medienpraxis« vermitteln journalistisches Handwerkszeug vom Nachrichtenschreiben bis zur Einführung in den Hörfunk- oder Fernsehjournalismus; die Module »Politikberichterstattung« und »Berufsrolle« vermitteln Hinter-

grundwissen zu herausragenden politischen Themen sowie zu Fragen der journalistischen Praxis. Das Spezial-Modul »Hospitationsprogramme« enthält das vierwöchige Hospitanz-Programm im deutschen Bundestag sowie das einwöchige Hospitanzprogramm im Europa-Parlament.

Die *JugendMedienAkademie* der FES bietet Schülerzeitungsredakteuren Seminare an, die methodisch und inhaltlich speziell auf sie zugeschnitten sind; sie finden in den Regionalbüros und der Akademie der FES statt – beispielsweise in Leipzig, Erfurt, Stuttgart, München und Berlin. (*www.fes.de/journalistenakademie*) und *(www.jugendmedienakademie.de)*

Die Georg-von-Vollmar-Akademie veranstaltet in Kochel am See, auch in Zusammenarbeit mit anderen Institutionen, zweitägige Seminare zu den Bereichen Internet und Politik für Journalisten. Redakteure von Schüler- und Verbandszeitungen erhalten handwerkliche Grundlageninformationen in Wochenendseminaren. (*www.vollmar-akademie.de*)

Die Friedrich-Naumann-Stiftung führt verschiedene Kurse im Bereich Pressearbeit/Journalismus durch: das zweitägige standardisierte Seminar »Auf den Punkt gebracht – Pressearbeit für die Praxis im Verband« sowie »Die Kunst des Zeitungmachens«, einen fünftägigen Workshop für Schülerzeitungsredakteure. Darüber hinaus veranstaltet das Regionalprogramm der Stiftung im ganzen Bundesgebiet neben eintägigen Basisseminaren zur Presse- und Öffentlichkeitsarbeit auch »Medienpolitische Diskurse«. (*www.fnst.org*)

Die Linke Medienakademie, ein Projekt der Rosa-Luxemburg-Stiftung, bietet mehrmals im Jahr in Berlin Journalismus-Workshops. (*www.linke-medienakademie.de*)

Das Medienbüro Hamburg, eine gemeinnützige Einrichtung der ev.-lutherischen Kirche, verfügt über ein eigenes Hörfunkstudio und veranstaltet Seminare rund um Journalismus und Presse- und Öffentlichkeitsarbeit. (*www.medienbuero-hamburg.de*)

Die Christliche Medien-Akademie ist die Medienschule des Christlichen Medienverbundes KEP e.V. Überwiegend in Wochenendseminaren wird Grund- und Aufbauwissen u.a. in den Bereichen Journalismus, Kommunikation, Neue Medien, Presse- und Öffentlichkeitsarbeit vermittelt. Standardseminare des offenen journalistischen Fortbildungsangebots befassen sich z. B. mit Fotojournalismus, Hörfunkpraxis, Interviewtechnik, TV-Redaktion, Regie, Lokaljournalismus, Medienrecht, Recherche, Grundformen und Reportage. (*www.christliche-medienakademie.de*)

Die Journalistenakademie Dr. Hooffacker & Partner organisiert in Zusammenarbeit mit der Deutschen Journalisten-Union (dju) ein- bis mehrtägige Seminare zum journalistischen Handwerk. Schreiben fürs Internet, crossmediales Arbeiten, journalistische Darstellungsformen, Audio- und Videoschnitt, Presse- und Öffentlichkeitsarbeit sowie individuelles Coaching für Journalisten sind Beispiele aus dem Jahresprogramm. (*www.journalistenakademie.de*)

Die Initiative Tageszeitung legt den inhaltlichen Schwerpunkt ihrer Seminare auf den Lokaljournalismus. Sie unterstützt Redaktionen in ihrer Alltagsarbeit, lenkt den Blick auf Zukunftsthemen und aktuelle Entwicklungen und regt Neuerungen an. Zudem werden regelmäßig praxisgerechte Angebote für Redaktionen erarbeitet, darunter Online-Lexika mit Recherchehilfen und Themenideen. (*www.initiative-tageszeitung.de*)

Am Journalistenzentrum Haus Busch werden Kurse zu journalistischen Darstellungsformen quer durch alle Medien angeboten. Hinzu kommen Seminare zu Anwenderprogrammen wie Photoshop. Besondere Themenschwerpunkte liegen auf Pressestellen-Journalismus sowie Fernsehjournalismus. (*www.hausbusch.de*)

Die Akademie Klausenhof führt in Hamminkeln regelmäßig Seminare für Volontäre und Jungredakteure durch. Themen sind: Umwelt, Ausländer unter uns, EDV-Einsatz, Entwicklungspolitische Bildung, Tourismus. Außerdem: Hörfunkseminare, Kurse über Desktop-Publishing, Praxisseminare zum Thema Öffentlichkeitsarbeit, Recherche-Seminare in Polen sowie medienbezogene Fachtagungen. (*www.akademie-klausenhof.de*)

Fernlehrgänge

Fern- und Online-Lehrgänge können eine journalistische Ausbildung und vor allem das Lernen durch Mitarbeit (vgl. den Beitrag gleichen Titels) nicht ersetzen, lediglich ergänzen.

Beim klassischen Fernlehrgang wird der Lehrstoff in Lehrbriefen vermittelt; die Lehrgangsteilnehmer müssen Aufgaben bearbeiten, die per Post korrigiert zurückgeschickt werden. Der Wert von Fernlehrgängen in der journalistischen Ausbildung ist umstritten, insbesondere, weil vorwiegend Schreiben trainiert wird (vgl. die Darstellung journalistischer Tätigkeiten in diesem Buch).
Online-Lehrgänge üben vorwiegend Fertigkeiten und Techniken ein, gelegentlich verbunden mit individuellem Schreibcoaching. Sie sind an einen bestimmten zeitlichen Ablauf gebunden und verwenden oft auch interaktive Lehrmethoden.

Viele Lehrgangsanbieter sind organisiert im *Deutschen Fernschulverband* in Hamburg (*www.fernschule.de*), aber auch eine solche Mitgliedschaft garantiert keine solide Ausbildung. Die Kosten liegen zwischen ca. 350 Euro für vier Wochen bis hin zu 1 000 und 1 500 Euro für Lehrgänge, die auf ein Jahr konzipiert sind.
Mehrwöchige Online-Workshops mit dem Schwerpunkt auf der Vermittlung praktischer Fähigkeiten veranstaltet *akademie.de* zu Themen wie »Webgerecht Texten«, »Pressearbeit«, »Recherche im Internet«, »Texten für den Unternehmenserfolg« oder »Seitenoptimierung für Suchmaschinen«. (*www.akademie.de*)
An der *Freien Journalistenschule* in Berlin werden Menschen mit fachlicher Ausbildung per Fernstudium berufsbegleitend zu Fachjournalisten weitergebildet. Die Fernschule vermittelt Wis-

sen in den Feldern Fachjournalismus, Medien und Öffentlichkeitsarbeit. Die empfohlene Studiendauer beträgt 12 Monate (1 Modul pro Monat). *(www.freiejournalistenschule.de)*
Am *IST-Institut* kann man in einem 15-monatigen Fernlehrgang Sportjournalismus studieren. Vermittelt wird eine Kombination von klassischen journalistischen Inhalten und den Besonderheiten des Sportjournalismus wie »Das deutsche Sportsystem« oder »Praxiswissen Sportmedizin«. *(www.ist.de/Sportjournalismus)*
Die *Studiengemeinschaft Darmstadt* hat die Jahres-Lehrgänge Online-Redakteur und Journalist im Programm. Online-Redakteur kann man hier sogar in einem reinen Online-Lehrgang werden. *(www.sgd.de)*
Unter der Rubrik »Werbung und Kreativität« bietet die Hamburger *Fernakademie für Erwachsenenbildung* Fernlehrgänge zum Journalisten und zum Online-Journalisten an. Journalist soll man hier in 12 Monaten werden, »wobei Sie wöchentlich etwa 6 Stunden benötigen«. *(www.fernakademie-klett.de)*
Auch das *Institut für Lernsysteme*, das ebenfalls zur Klett-Gruppe gehört, ist in Hamburg angesiedelt. Es bietet auch die gleichen beiden Fernlehrgänge an. *(www.ils.de)*

Wettbewerbe und Stipendien

Zu vielen Journalisten-Wettbewerben kann man nur bereits veröffentlichte Sachen einreichen, andere bewerten auch Unveröffentlichtes. In jedem Fall ist gutes Abschneiden geeignet, einen Anfänger in Fachkreisen bekannt zu machen und zusätzliche Kontakte herzustellen. Hier eine Auswahl eingeführter Journalistenpreise:

Der Axel Springer Preis für Junge Journalisten wird für die Sparten Print, Hörfunk, TV-Reportagen und Internetjournalismus vergeben. Der jeweils 1. Preis ist mit 5 000 Euro dotiert, der zweite mit 4 000, der dritte mit 2 500. Die Altersbegrenzung liegt bei 30, lediglich in der Kategorie TV bei 35 Jahren. *(www.axel-springer-preis.de)*

Der Otto-Brenner-Preis für Kritischen Journalismus prämiert Beiträge, die für die demokratische und gesellschaftspolitische Verantwortung stehen und vorbildlich für kritischen Journalismus sind. Er ist mit insgesamt 20 000 Euro dotiert. Für Nachwuchs-Journalisten aus Schüler- und Jugendzeitungen, aus Videogruppen und anderen Medienprojekten gibt es einen »Newcomer-Sonderpreis« in Höhe von 2 500 Euro. In Zusammenarbeit mit dem *Netzwerk Recherche* werden drei Recherche-Stipendien in Höhe von je 2 500 Euro ausgelobt.
(*www.otto-brenner-stiftung.de*)

Der Journalistenpreis der deutschen Zeitungen – Theodor-Wolff-Preis wird jährlich in fünf gleichrangigen Einzelpreisen von je 6 000 Euro vergeben, wobei je zwei Preise für Artikel aus den Kategorien »Lokales« und »Allgemeines« ausgesetzt sind. Außerdem wird ein Preis für einen herausragenden »Leitartikel/Kommentar/Essay« ausgelobt. Bewerben können sich Journalistinnen und Journalisten aus allen Sparten: Politik, Wirtschaft, Lokales und Kommunalpolitik, Wissenschaft, Kultur und Gesellschaft, Sport, Tourismus, Lebenshilfe, Parlaments-, Gerichtsberichterstattung usw. (*www.bdzv.de*)

Henri-Nannen-Preis (inkl. Egon-Erwin-Kisch-Preis): Der »Stern« verleiht diese Auszeichnung in sieben Kategorien, die die Vielfalt von modernem Printjournalismus widerspiegeln: Preise gibt es für die beste Reportage (Egon Erwin Kisch-Preis), für die beste investigative Leistung, für die beste fotografische Leistung, für eine besonders verständliche und anschauliche Berichterstattung über einen komplexen, gegenwärtigen oder zeitgeschichtlichen Sachverhalt, für ein herausragendes Beispiel unterhaltsamer, humorvoller Berichterstattung.
Außerdem wird der Henri-Nannen-Preis jedes Jahr als Auszeichung für ein publizistisches Lebenswerk sowie für engagiertes Eintreten für die Pressefreiheit im In- und Ausland vergeben.
(*www.stern.de/kisch*)

Der Helmut Schmidt-Journalistenpreis zeichnet Journalisten aus dem deutschsprachigen Raum aus, die sich durch verbrau-

cherfreundliche Berichterstattung über Wirtschafts- und Finanzthemen hervorgetan haben. Altbundeskanzler Helmut Schmidt ist Namensgeber dieses Preises und Laudator auf der Veranstaltung. Ausgelobt wird der Helmut Schmidt-Journalistenpreis von der Direktbank ING-DiBa. Das Institut für Verbraucherjournalismus unterstützt die ING DiBa bei der Vergabe.
(*www.institut-verbraucherjournalismus.de*)

Hinzugekommen zu den eingeführten Journalistenpreisen sind in den letzten Jahren *zahlreiche neue Ausschreibungen* von Unternehmen und Institutionen.
Eine vollständige Übersicht ist nahezu unmöglich – ich empfehle eine gezielte Internet-Recherche. Eine gute Übersicht bietet Newsroom.de. (*www.newsroom.de/journalistenpreise/*)

Mit seinen Stipendien zwischen 2 500 und 3 500 Euro möchte das *Netzwerk Recherche* jungen Journalisten die Chance bieten, bei einem spannenden Thema in die Tiefe zu gehen. Bewerben können sich alle Journalisten, die für bundesdeutsche Medien arbeiten und eine detaillierte Projektskizze mit genauem Konzept sowie einem Termin- und Kostenplan vorlegen.
(*www.netzwerk-recherche.de*)

Die Michael-Jürgen-Leisler-Kiep-Stiftung vergibt alljährlich ein Stipendium für eine Studienreise in die USA, das mit einem Preis von 7 500 US-Dollar dotiert ist. Das Stipendium ist auf die Dauer von sechs Wochen ausgelegt und mit einer Hospitanz bei einem amerikanischen Sender oder Printmedium verbunden.
(*www.kiep-stiftung.de*)

Das Deutsch-Französische Jugendwerk unterstützt Frankreich-Kontakte durch Redaktionsaufenthalte und Sprachkurse.
(www.dfjw.org)

Die Reise-Stipendien der Heinz-Kühn-Stiftung sind für junge Journalisten aus Nordrhein-Westfalen bestimmt; finanziert werden sechswöchige und dreimonatige Aufenthalte in Ländern der Dritten Welt. (*www.heinz-kuehn-stiftung.de*)

Ein Praktikum im Ausland kann man (meist völlig auf eigene Kosten) bei deutschsprachigen Zeitungen, Zeitschriften und Radiostationen auch außerhalb des deutschen Sprachraums machen.

Die *Arbeitsgemeinschaft Internationale Medienhilfe* vermittelt Praktikanten in alle Erdteile, insbesondere zu deutschsprachigen Auslandsmedien. (*www.imh-deutschland.de*)

Einige Monate in Ostasien recherchieren, über die USA schreiben, eine Zeitlang in einer Redaktion in Osteuropa, dem südlichen Afrika oder Lateinamerika mitarbeiten: Die *IJP (Internationale Journalisten-Programme)* bieten jungen talentierten Journalisten die Chance, als Korrespondenten auf Zeit aus dem Ausland zu berichten. Dafür vergeben die IJP, eine gemeinnützige Organisation von Journalisten für Journalisten, jedes Jahr mehrere Dutzend Auslandsstipendien. (*www.ijp.org*)

Eine Broschüre »Journalistische Praktika und Programme im Ausland« hat die Deutsche Journalistinnen- und Journalisten-Union (dju) herausgegeben. (*http://dju.verdi.de*)

Die hier angegebenen Adressen für Wettbewerbe und Stipendien sind nur *Beispiele* für die Vielzahl der Möglichkeiten. Hilfreiche Linksammlungen bieten Journalistenportale wie *www.journalismus.com* oder *www.journalistenlinks.de*.

Österreich

Der Arbeitsmarkt

Eine repräsentative Erhebung aus dem Jahr 2006 ergab eine Zahl von rund 7100 Personen, die hauptberuflich in Österreich als JournalistenInnen arbeiten. Zusätzlich sind ca. 900 als freie JournalistInnen tätig. Der Anteil der Frauen beträgt rd. 42 %, jener der Männer rd. 58 %. Das Durchschnittsalter liegt bei 40,2 Jahren und ein Großteil (zwei Drittel) ist bei Printmedien beschäftigt. Im internationalen Vergleich ist der Akademikeranteil mit 34 % gering. In Bezug auf die Beschäftigungsverhältnisse zeigte die Studie, dass von den hauptberuflichen Journalisten rd. 70 % angestellt sind, wobei rd. 76 % der hauptberuflichen Journalisten Vollzeit arbeiten. Etwa 15 % der JournalistInnen sind in leitender Position tätig, drei Viertel davon sind Männer (vgl. Kaltenbrunner/Karmasin/Kraus 2007).

Tageszeitungen: Es gibt in Österreich 17 Kaufzeitungen und mehrere Gratis-Tageszeitungen. Einige der Kauf-Tageszeitungen haben lokale und regionale Ausgaben, die von eigenen Redaktionen erarbeitet werden; zwei sind Parteizeitungen (je eine SPÖ und ÖVP). Auflagenstärkste Tageszeitung ist mit Abstand die »Neue Kronen Zeitung«. Wien verfügt mit sieben Tageszeitungen über die höchste Zeitungsdichte. Ansonsten steht in den meisten der weiteren acht Bundesländer jeweils eine starke bodenständige Tageszeitung einer Regionalausgabe der »Neuen Kronen Zeitung« oder des ebenfalls in Wien erscheinenden »Kurier« gegenüber. Aufgrund der Dominanz der »Neuen Kronen-Zeitung«, einer zum Teil engen wirtschaftlichen Verflechtung und einiger starker Bundesländerzeitungen ist der österreichische Tageszeitungsmarkt ökonomisch in hohem Maße konzentriert.
In Wien erscheint neben den Kaufzeitungen die Gratis-Tageszeitung »Heute«; sie ist vor allem im Netz der Wiener Städtischen

Österreich

Verkehrsbetriebe, respektive der U-Bahn, und in einigen anderen Bundesländern kostenlos erhältlich. Weiters wurden in Oberösterreich und in Tirol Gratisblätter gegründet. Für Aufsehen sorgte die 2006 neu gegründete Tageszeitung »Österreich«, die ebenfalls zum Teil gratis verteilt wird.

Wochenzeitungen, Magazine, Gratisblätter: Neben den (wenigen) Tageszeitungen gibt es in Österreich jedoch zahlreiche *lokale Wochenzeitungen*, von denen einige – vor allem in Niederösterreich sowie im Burgenland – eine Art Tageszeitungsersatz-Funktion erfüllen. Insgesamt bestehen rund 160 solcher Blätter, von denen die meisten großteils im Abonnement bezogen werden. Es gibt unter den Wochenzeitungen zunehmend auch Titel, die – finanziert durch Anzeigen und sogenannte Druckkostenbeiträge – gratis an die Haushalte verteilt werden.

Der Markt der Wochenzeitungen sowie der *Anzeigenblätter* zusammen besteht aus derzeit 226 Titeln und stellt für Journalisten einen wichtigen Arbeitsmarkt dar.

Neben den Wochenzeitungen und Gratisblättern existieren mehrere *politische Magazine, Lifestyle- und Programmzeitschriften.* Viele von ihnen erscheinen in der 1992 gegründeten Verlagsgruppe »News« (wie etwa »News«, »tv-media«, »Format«, »E-Media«, »Woman« u. a. m.) oder gehören über Beteiligungen dieser Gruppe an (wie etwa das politische Nachrichtenmagazin »profil«). Insgesamt gibt es rund 56 solcher (mehr oder weniger auflagenstarker) Illustrierten und Magazine.

Neben diesen Presseerzeugnissen gibt es zahlreiche *Fach-, Kunden- und Verbandszeitschriften,* in denen auch Journalisten als redaktionelle Mitarbeiter tätig sind.

Die Adressen aller Zeitungs- und Zeitschriftenverlage, der Austria Presse Agentur (APA), der Werbeagenturen, der Verbände des Medienwesens sowie vieler Institutionen und Organisationen, die Öffentlichkeitsarbeit pflegen, findet man im jährlich neu erscheinenden »Pressehandbuch«. Es wird vom Verband Österreichischer Zeitungen (VÖZ) in Wien herausgegeben, er-

Der Arbeitsmarkt

scheint im Verlag Manz, Wien und ist auch als CD-ROM erhältlich. Der VÖZ (www.voez.at) ist eine gute Anlaufstelle für Auskünfte über das österreichische Pressewesen.

Über die Lage des Medienwesens in Österreich informieren folgende Publikationen:
Thomas Steinmaurer: »Konzentriert und verflochten. Österreichs Mediensystem im Überblick« (Studien-Verlag, Innsbruck und Wien 2002).
Thomas Steinmaurer: Das Mediensystem Österreichs; in: Internationales Handbuch Medien. Hrsg. vom Hans-Bredow-Institut (Nomos-Verlag, Baden-Baden 2004, S. 505–520).

Rundfunk (Radio, Fernsehen): In Österreich besteht seit Mitte der 1990er Jahre ein duales Rundfunksystem mit einem öffentlich-rechtlichen sowie zahlreichen privaten (vor allem regionalen) Rundfunkveranstaltern.

Das größte Rundfunkunternehmen Österreichs ist der ORF *(www.orf.at)*. Er ist eine *öffentlich-rechtliche Rundfunkanstalt* und unterhält eine große Sendezentrale in Wien sowie in allen neun Bundesländern voll hörfunk- und fernsehtaugliche Landesstudios. Der ORF produziert insgesamt 13 Hörfunkprogramme (Ö1, Ö3, FM4, Radio Österreich International ROI, neun regionale Bundesländerprogramme) und zwei Fernseh-Vollprogramme (ORF1, ORF2) sowie zwei Spartenprogramme (Sport plus und TW1). Sie alle strahlen rund um die Uhr ihre Sendungen aus. Weiters betreibt der ORF den ORF-Teletext und den Online-Auftritt www.orf.at.

Neben dem ORF gibt es private Radio- und Fernsehveranstalter. Die privaten *Radio*betreiber strahlen regionale (jeweils bundeslandweit) und lokale (örtlich begrenzte) Programme aus. Ein Sender – »Krone-Hit-Radio« verfügt über eine bundesweite terrestrische Privat-TV-Lizenz. Insgesamt gibt es rund 70 Radioanbieter, an denen übrigens auch viele Tages- und Wochenzeitungen beteiligt sind. Die privaten Radioprogramme verstehen sich zumeist als Musiksender und weisen in aller Regel nur einen geringen redaktionellen Anteil auf. Ihre Adressen findet man im

Österreich

»Pressehandbuch« sowie beim Verband österreichischer Privatsender (*www.voep.at*).
Über eine nationale Lizenz für *Privatfernsehen* verfügt der Sender ATV (mit Sitz in Wien). Weiters senden im Kabel und/oder über Satellit Anbieter wie »Austria 9« (Burda u. a.) und – ab Februar 2008 – »Puls 4« (ProSieben.Sat1).
Zudem gibt es vier größere Sender in den Ballungsräumen um Wien, Linz und Salzburg, daneben in einigen Bundesländern auch einige kleine lokale TV-Veranstalter.
Ihre Adressen stehen ebenfalls im jährlich erscheinenden »Pressehandbuch«. Wertvolle Informationen über das Rundfunkwesen Österreichs kann man auch den Webseiten der Rundfunk und Telekom Regulierungs-GmbH in Wien (RTR) entnehmen. (*www.rtr.at*)

Agenturen, Pressedienste: Die einzige große österreichische Nachrichtenagentur ist die *Austria Presse Agentur (APA)*, eine gemeinsame Einrichtung der österreichischen Tageszeitungen sowie des ORF. Sie unterhält in Wien ihr Stammhaus und Landesredaktionen in allen österreichischen Bundesländern. Die APA kooperiert mit vielen nationalen und internationalen Nachrichtenagenturen und Informationbrokern. Sie versorgt über zahlreiche Dienste nicht nur das österreichische Medienwesen, sondern tausende andere Geschäftskunden in vielfältiger Weise mit aktuellen Nachrichten und Informationen unterschiedlicher Art. (*www.apa.at*)
Die Online-Agentur »pressetext Austria« bietet gratis Informationen per E-Mail an: Firmeninformationen, Neuigkeiten, Fotos und Web-TV. (*www.pressetext.at*)
In zunehmendem Maße einen Arbeitsmarkt für journalistische Mitarbeiter bilden die zahlreichen Pressestellen von Unternehmen, Verbänden, Institutionen und Behörden sowie eine unüberschaubar große Anzahl von Werbe- und PR-Agenturen. Ihre Adressen sind ebenfalls dem »Pressehandbuch« zu entnehmen.

Online-Medien: Nahezu alle österreichischen Tages- und Wochenzeitungen, Zeitschriften und Magazine, ORF und APA sowie viele andere Medienbetriebe und Kommunikationsunternehmen unterhalten teils mehr, teils weniger stark ausgebaute Online-Auftritte, in denen ebenfalls journalistische Mitarbeiter tätig sind. 🖳

Wege in die Redaktion

In Österreich ist der Zugang zum Journalistenberuf nicht geregelt. Der typische Einstiegsweg in den Beruf ist die *freie Mitarbeit*. Oft werden die ersten Kontakte während eines Ferialpraktikums geknüpft.

Die jungen Medienmitarbeiter sind zum Großteil akademisch gebildet. Viele haben ein Fachstudium abgeschlossen, ein Teil hat ohne Abschluss studiert.

Neben der »Schnupper-Mitarbeit« etwa in den Ferien beschäftigen die Redaktionen zunehmend freie Mitarbeiter in unterschiedlichen Kooperationsverhältnissen. Neben den klassischen Werkverträgen gibt es »neue Selbstständige« (werden steuerlich und versicherungstechnisch als Selbstständige behandelt) und dienstnehmerähnliche Verhältnisse.

Um die Schulung der jungen Mitarbeiter kümmern sich in den Redaktionen zumeist erfahrene Kollegen. Die Tageszeitung »Die Presse« hat hierfür eine eigene Lehrredaktion eingerichtet. Außerdem bieten Institutionen Weiterbildungsprogramme an, allen voran das von den Mediensozialpartnern eingerichtete Kuratorium für Journalistenausbildung (siehe den folgenden Beitrag).

Für die österreichische Presse bilden die *Redakteursaspiranten*, deren Stellung etwa der von Volontären in deutschen Verlagen entspricht, neben freiberuflichen Mitarbeitern den hauptsächlichen Nachwuchs. Die einschlägigen Pflichten der Verlage von Tageszeitungen regelt sehr knapp *§ 7 des Kollektivvertrags*: »... Die Ausbildungszeit des Redakteursaspiranten beträgt 5 Jahre, ... Wer zum Zeitpunkt des Eintritts in den Verlag eine abgeschlossene Hochschul- oder einschlägige Fachhochschulausbildung nachzuweisen vermag, ist zu Beginn der Tätigkeit im 4. Jahr einzustufen.«

Als Ausbildung sieht der Kollektivvertrag vor: »Während der Ausbildungszeit als Redakteursaspirant ist als Voraussetzung für die spätere Übernahme als Redakteur oder Reporter das in § 5 näher bezeichnete Journalisten-Kolleg (= die Grundausbildung des Kuratoriums für Journalistenausbildung, die in insgesamt zwölf Wochen berufsbegleitend Basiskönnen und Wissen vermittelt) oder eine andere gleichwertige Ausbildung verbindlich zu absolvieren.« Die Aufteilung der Kosten für die Ausbildung zwischen Verlag und Aspirant ist zu vereinbaren, wobei der Verlag die Kosten übernehmen und dafür den Lohn kürzen darf, oder der Aspirant die Ausbildung selbst bezahlen muss.

Da immer mehr Verlage dazu übergehen, freie Mitarbeiter anstelle von angestellten zu beschäftigen, ist auch die Zahl der Aspiranten im Kollektivvertrag geregelt. Demnach (§7, Ziffer 5) müssen Verlage mit 10 bis 25 Dienstnehmern zumindest einen Aspiranten anstellen, einen weiteren für je weitere 25 fest angestellte Dienstnehmer. Dabei darf die Zahl der Aspiranten ein Drittel der Zahl der Redakteure nicht übersteigen.

In der Praxis verschwimmen diese Kategorien. Die Verlage handhaben die Kollektivvertragsregelungen in unterschiedlichem Ausmaß. Freie Mitarbeiter werden bei Anstellung oft als Redakteure angestellt, unabhängig von ihrer Ausbildung. Der Begriff Redakteur wird in Österreich oft als Synonym für Journalist verwendet, sodass sich freie Mitarbeiter oft als Redakteure bezeichnen.

Das Vorarlberger Medienhaus nimmt Redaktions-Trainees auf, die in einem 12monatigen Programm ausgebildet werden. Im Rotationsprinzip durchlaufen die Trainees die Redaktionen der Print-, Online- und Radioredaktionen des Vorarlberger Medienhauses. Die Ausbildung »on the job« wird durch regelmäßige Workshops ergänzt. Voraussetzung für die Bewerbung ist ein

Universitäts- oder Fachhochschulabschluss. Über die Aufnahme entscheidet ein zweitägiges Auswahlverfahren, in dem ein Wissenstest, eine Recherchearbeit und ein persönliches Gespräch erfolgreich zu absolvieren sind. *(www.vol.at/trainee)*

Bei der Austria Presse Agentur (APA) müssen sich potenzielle Mitarbeiter zunächst einem schriftlichen Test unterziehen, bei dem journalistisches Formulieren und inhaltliches Gewichten von Themen geprüft wird. Dies ist die Voraussetzung für ein Volontariat bzw. Praktikum. Eine Chance auf Anstellung als Redakteur gibt es in der Regel erst, wenn man darüber hinaus für einige Monate oder Jahre als freier Mitarbeiter der APA tätig war. Während dieses Zeitraums wird die hauseigene APAcademy durchlaufen; dort werden Agenturjournalismus allgemein und die Besonderheiten der APA in Theorie und Praxis gelehrt. Jung-Journalisten erhalten in der APAcademy bei mehrtägigen Veranstaltungen sowohl einen genauen Einblick in das Unternehmen als auch eine praxisbegleitende und APA-maßgeschneiderte Grundausbildung vor allem in Agenturformat und Medienrecht (Präsentationen) sowie in einer »Schreibwerkstatt«. Kurse werden immer dann abgehalten, wenn ausreichend Kandidaten – vor allem neue Freie Mitarbeiter – in den Redaktionen vorhanden sind.
Wichtig sind für die APA Sprachkenntnisse: Neben Englisch und Französisch ist immer mehr auch die Beherrschung von Sprachen aus dem CEE-Raum (Mittel- und Osteuropa) von Vorteil, insbesondere aus jenen Staaten, die neu in der EU bzw. Kandidaten für eine Aufnahme in die Union sind. *(www.apa.at)*

Der Österreichische Rundfunk (ORF) bildet grundsätzlich nur Journalistinnen und Journalisten aus, die bereits im Unternehmen als freie Mitarbeiter/innen oder Angestellte arbeiten. Die Abteilung Human Resources Management (GHR) ist mit der Bewerberauswahl, den Aus- und Weiterbildungsagenden sowie den Personalentwicklungsagenden beauftragt.
Für Jungjournalist/innen im ORF bietet diese Abteilung – neben zahlreichen Einzelseminaren für neue und für erfahrene Journa-

Österreich

list/innen – auf Grund der Trimedialität (Radio, Fernsehen, Internet) unterschiedliche Grundkurse. Neben den Fachseminaren absolvieren die Jungjournalist/innen eine umfassende Sprechausbildung. Zuletzt erhielten auch Praktikant/innen im Rahmen des so genannten »Crash-Kurses« eine fünfwöchige Ausbildung bei einer Beschäftigungsdauer, die aus kollektivvertraglichen Gründen im Wesentlichen auf höchstens vier Monate beschränkt ist.

Alle neuen journalistischen Mitarbeiter/innen werden mit Hilfe eines Assessment Centers (mehrteiliger Test mit u. a. Mikrofon- und Kameratest) ausgewählt. Dadurch wird sichergestellt, dass die Kandidat/innen fachlich, stimmlich und persönlich den Anforderungen eines elektronischen Mediums entsprechen. Bewerbungen sind elektronisch an das Human Resources Management zu richten. *(http://jobs.orf.at)*

Die Privatradios verfügen über eine eigene Ausbildungseinrichtung, den *Verein Privatsenderpraxis.* Dieser bietet Aus- und Weiterbildung für die Mitarbeiter privater Radio- und Fersehsender in Österreich. Außerdem senden die Privatradio- und Fernsehstationen ihre Mitarbeiter zu Kursen und Seminaren des Kuratoriums für Journalistenausbildung oder ähnlicher Einrichtungen. (E-Mail: *ausbildung@privatsenderpraxis.at*)

Informationen über die Privat-Rundfunk-Landschaft (Radio und Fernsehen) erhält man bei der Rundfunk und Telekom Regulierungs-GmbH RTR *(http://rtr.at)* oder beim Verband Österreichischer Privatrundfunksender (VÖP) c/o Fachverband der Telekommunikations- und Rundfunkunternehmen in der Wirtschaftskammer Österreich (Mail: *rene.tritscher@wko.at*).

Neben den klassischen Medien bieten vor allem die PR-Abteilungen und Agenturen sowie Kunden- und Mitarbeiterzeitungen ein weites Betätigungsfeld für Berufseinsteiger.

Kuratorium für Journalistenausbildung/ Österreichische Medienakademie

Das Kuratorium für Journalistenausbildung (KfJ) versteht sich als Österreichische Medienakademie und ist eine Einrichtung der Mediensozialpartner. Seine Trägerverbände sind der Verband Österreichischer Zeitungen, die Journalistengewerkschaft sowie der Österreichische Zeitschriften- und Fachmedien-Verband.
Ziele des KfJ sind die berufsbegleitende Aus- und Fortbildung von Journalisten aus Print-, Funk- und Online-Medien sowie die studienbegleitende Ausbildung von Studierenden aus Universitäten und Hochschulen.

Das Veranstaltungsangebot der größten österreichischen Einrichtung für publizistische Bildungsarbeit ist vielfältig und umfasst die folgenden großen Bereiche:
– *Österreichisches Journalistenkolleg*
– *Fachseminare* zur Fort- und Weiterbildung von Journalisten
– *Workshops* über Print-, Rundfunk-, Foto- und Online-Journalismus
– *Stipendien* für journalistisch interessierte Studierende zur Teilnahme an Veranstaltungen des KfJ sowie für Ferialvolontariate.

Daneben fungiert das KfJ als Herausgeber der Schriftenreihe »Journalistik« sowie als Betreuer des von Heinz Pürer, Meinrad Rahofer und Claus Reitan herausgegebenen, regelmäßig aktualisierten Lehrbuches »Praktischer Journalismus. Presse, Radio, Fernsehen, Online.«

Das Österreichische Journalisten-Kolleg dauert vier mal drei Wochen. Es bietet journalistische Ausbildung in den Bereichen Agentur, Zeitung, Zeitschrift, Radio und Online. Die Teilnehmer müssen alle Bereiche besuchen und erhalten zum Abschluss ein Zertifikat, das ihnen die umfassende journalistische Ausbildung bestätigt. Im Journalisten-Kolleg werden die Journalisten mit allen Tätigkeiten (Recherche, Interview etc.) und Darstellungsformen (Nachricht, Analyse, Reportage, Kommentar etc.) in allen Medien in praktischen Übungen vertraut gemacht. Außerdem umfasst das Kolleg die Themen Berufs- und Arbeitsrecht, Zeitungs- und Zeitschriftengestaltung, wirtschaftliches und politisches Grundlagenwissen sowie die Ressortbereiche Lokales und Wirtschaft.

Die Fachseminare und Workshops dienen in erster Linie der berufsbegleitenden Fort- bzw. Weiterbildung von Journalisten während der gesamten Berufslaufbahn. Sie befassen sich praktisch und theoretisch mit Fragen des Print-, Online- und Radiojournalismus, mit wissenschaftlichen, technischen, wirtschaftlichen und politischen Entwicklungen und Grundsatzfragen der Massenmedien sowie mit anderen allgemeinen und besonderen Problemen der gesellschaftlichen Kommunikation.
Die Workshops bieten die Chance, Wissen und Können für die tägliche Praxis auf hohem internationalen Niveau zu erwerben.

Stipendien: Praxisinteressierten Studenten aller Fachrichtungen bezahlt das KfJ Ferialvolontariate in österreichischen Medienbetrieben (Tages- und Wochenzeitungen, wöchentliche Zeitschriften, APA, ORF sowie Privatradios). Ausgeschrieben werden diese Stipendien durch das KfJ jeweils zu Jahresbeginn an den österreichischen Universitäten und Hochschulen.
Daneben vergibt das KfJ auch Stipendien für die Teilnahme am Österreichischen Journalisten-Kolleg und anderen Seminaren.

Die Kurskosten werden in der Regel von den entsendenden Redaktionen/Verlagshäusern/Institutionen getragen. Ansonsten müssen die Teilnehmer für die Seminarkosten selbst aufkommen. Für Studenten und frei schaffende Medienmitarbeiter stehen in beschränktem Ausmaß Stipendien zur Verfügung. Geschäftsführer des KfJ ist Dr. Meinrad Rahofer. *(www.kfj.at)*

Weitere Ausbildungsinstitute

Die Katholische Medien Akademie (KMA) hat als journalistischen Leiter den ehemaligen ORF Generalintendanten Gerhard Weis, der als Motto formuliert:
»Die Absolventen sollen lernen, zwischen Wahrheit und Unwahrheit, Sinn und Unsinn, wichtig und unwichtig unterscheiden zu können.«
Die KMA bringt die StudentInnen mit 50 Kurstagen (verteilt auf drei Semester) und verpflichtenden Redaktionspraktika auf Jobkurs. Die Ausbildung umfasst Print- und Hörfunkjournalismus, »Neue Medien« und eine Einführung in den Fernsehjournalismus. In den Kurstagen wird hauptsächlich »Journalismus pur« betrieben, ergänzt um die notwendige Theorie. Am Ende der Ausbildung war jeder KMA-Absolvent zumindest freier Mitarbeiter einer Redaktion
Zielgruppe sind StudentInnen aller Studienrichtungen. Die Ausbildung kann neben dem Studium absolviert werden. Der ORF holt sich die meisten KMA-Absolventen, aber auch Tages- und Wochenzeitungen beschäftigen KMA-Jungjournalisten. (*www.kma.at*)

Das Friedrich Funder Institut (FFI) ist ein unabhängiges Institut, das im Bereich der Publizistik, Medienforschung und vor allem Journalistenausbildung tätig ist. Seinen Sitz hat es auf dem Gelände der Politischen Akademie der ÖVP.
Das Ausbildungsprogramm ist für die Gruppe der 16- bis 20-Jährigen konzipiert. Ziel ist es, eine solide Grundausbildung über die Abläufe und Vorgänge moderner Medien und die Arbeit der Journalistin und des Journalisten zu vermitteln.
Das Basisprogramm ist für Schülerzeitungsredakteure (und solche die es noch werden wollen) und zur Vermittlung eines ersten Eindrucks gedacht. Im Spezialisierungs-Programm werden Kenntnisse und Fertigkeiten über einen Teilbereich des Journalismus vermittelt, von Online- über Print- bis hin zu Radio/TV-Journalismus. (*www.ffi.at*)

Österreich

Friedrich Austerlitz-Institut für JournalistInnenausbildung:
Der Verein hat die Aufgabe, – anknüpfend an die Tradition sozialdemokratischer Presse, wie sie beispielsweise mit der Person Friedrich Austerlitz verbunden ist –, die Aus-, Fort- und Weiterbildung von journalistischen MitarbeiterInnen österreichischer Medienunternehmen zu fördern und zu unterstützen. Der Verein vergibt Stipendien an JournalistInnen in Ausbildung und veranstaltet Aus- und Weiterbildungsseminare. *(www.fai.at)*

Die OÖ. Journalistenakademie ist eine von der Regionalzeitung »Oberösterreichische Rundschau« und dem Bildungshaus Schloss Puchberg/Wels getragene Einrichtung der Aus- und Weiterbildung für Journalisten in Oberösterreich. Sie führt mehrwöchige Einstiegsseminare für Print und Radio durch, bietet zusätzlich pro Jahr rund 20 Ressortkurse an und eine praxisorientierte Ausbildung in der »Lehrredaktion« mit einem zweijährigen Einsatz bei allen wesentlichen Medien des Landes Oberösterreich. Zum jährlichen Fixangebot gehören zwei Grundkurse (je 12 Tage), zwei Radiokurse (je 6 Tage), ein Intensivseminar (16 Tage) sowie Aufbau- und Weiterbildungsseminare zu den Themenbereichen Recherchieren im Internet, Digitale Fotografie, Kreativ Schreiben, Ethik im Journalismus, außerdem diverse Ressortseminare sowie ein Mediensymposium. Akademieleiter ist Prof. Rudolf Chmelir. *(www.journalistenakademie.at)*

Universitäten und Fachhochschulen

Das Studium der Publizistik- und Kommunikationswissenschaft an den Universitäten Wien, Salzburg und Klagenfurt beansprucht nicht, eine praktisch-handwerkliche Ausbildung zu vermitteln.
Vielmehr geht es laut Studienordnung um jene *wissenschaftliche Berufsvorbildung*, »welche den Absolventen die notwendigen Grundvoraussetzungen vermittelt, die für Kommunikationsberufe in Praxisfeldern wie z. B. Journalismus (Presse, Hörfunk, Fernsehen, Film), Öffentlichkeitsarbeit, Werbung, Medienpolitik

(in Verbänden, Parteien und Behörden), Medienpädagogik, Medienforschung und künftigen weiteren Berufsfeldern erforderlich sind.
Im Hinblick auf die öffentliche Aufgabe der Massenmedien soll das Studium neben dem Erlernen berufsspezifischer Fertigkeiten zur Reflexion über die gesellschaftlichen Aufgaben und Funktionen der Massenkommunikation und über die besondere Verantwortung der Kommunikationsberufe anregen.«

Wien: Das Institut für Publizistik und Kommunikationswissenschaft der Universität Wien bietet ein Bakkalaureats- und ein Magisterstudium an.
Das *Bakkalaureatsstudium* »Publizistik- und Kommunikationswissenschaft« dauert sechs Semester und umfasst 88 Semesterstunden, die sich in Pflicht- und Wahlfächer teilen. Pflichtfächer sind Studieneingangsphase, Medien- und kommunikationstheoretische Grundlagen, Inter- und transdisziplinäre Grundlagen. Wahlfächer sind z. B. Printjournalismus, Hörfunkjournalismus, Multimediajournalismus, Öffentlichkeitsarbeit sowie Markt- und Meinungsforschung.
Das *Magisterstudium* »Publizistik- und Kommunikationswissenschaft« dauert vier Semester und umfasst 32 Semesterstunden. Es setzt den Abschluss des Bakkalaureatsstudiums Publizistik- und Kommunikationswissenschaft bzw. eines anderen fachlich in Frage kommenden Bakkalaureatsstudiums oder eines einschlägigen Studiums an einer anerkannten inländischen oder ausländischen Universität oder Fachhochschule voraus.
(http://www.univie.ac.at/Publizistik/)

Salzburg: *Das Bakkalaureats-* und weiterführende *Magisterstudium* an der Universität Salzburg, Fachbereich Kommunikationswissenschaft ist jeweils ein Vollstudium. Das Bakkalaureatsstudium umfasst 88 Semesterstunden, das weiterführende Magisterstudium 24 Semesterstunden.
Das Lehrangebot konzentriert sich neben dem Kernbereich (Theorien, Methoden, empirische Kommunikationsforschung, Mediensysteme, Kommunikationsprozesse) auf folgende inhalt-

liche Schwerpunkte in beiden Studiengängen, die zugleich auf die wichtigsten Berufsfelder verweisen: Journalistik; Public Relations, Organisations- und Unternehmenskommunikation; Audiovisuelle Kommunikation; Neue Informations- und Kommunikationstechnologien (ICT; Internet-Kommunikation); Medienökonomie (Medienmanagement); Internationale und Interkulturelle Kommunikation (inkl. Tourismus- und Freizeitwirtschaft); Interpersonelle Kommunikation.

Daran anschließend kann ein *Doktoratsstudium als viersemestriges Aufbaustudium* betrieben werden.

Um den auch für das Studium der Kommunikationswissenschaft notwendigen Praxisbezug herzustellen, absolviert der Student an der Universität *Praktika*, die von Redakteuren als Lehrbeauftragten betreut werden. Den Studierenden wird überdies nahe gelegt, in den Semesterferien sowie in vorlesungsfreien Zeiten *Ferienvolontariate* bei Presse und Rundfunk abzuleisten. Bei der Vermittlung helfen die Institute, und einige der bereits erwähnten Institutionen (vor allem das KfJ).

Das *Schwerpunktfach Journalistik* umfasst die wissenschaftliche Berufsvorbildung in drei wesentlichen Bereichen journalistischer Kompetenz:
- Vermittlung journalistischen *Fachwissens* (Einführungs-Vorlesungen, Print-Praktika, Hörfunk- bzw. TV-Praktika, Online-Praktika, Proseminare, Seminare etc.),
- Vermittlung journalistischen *Sachwissens* (Lehrveranstaltungen, freie Wahlfächer, Forschungsprojekte, Vorträge, Abschlussarbeiten etc.),
- *Vermittlungskompetenz* (Online-Recherche, Gestaltung/Kommunikationsdesign, kreatives Schreiben etc.)

Die praxisbezogene Ausbildung und Forschung konzentriert sich auf drei Projekt-Kerne: das Print-Labor, das Web-Labor, das Uni-Radio. Daneben stehen das Studio für Audiovision sowie EDV-Räume zur Verfügung. Die Verbindung mit der Berufspraxis erfolgt u. a. durch die Kooperation mit dem Kuratorium für Journalistenausbildung/Österreichische Medienakademie, dem ORF-Landesstudio Salzburg, den »Salzburger Nachrichten« und anderen Medienunternehmen, vor allem aber auch durch Lektor/innen aus verschiedenen Medienbereichen. *(www.uni-salzburg. ac.at)*

Klagenfurt: Das *Diplomstudium* Publizistik und Kommunikationswissenschaft an der Universität Klagenfurt dauert 8 Semester und umfasst insgesamt 120 Semesterwochenstunden.
Das Studium gliedert sich in zwei Abschnitte mit den Schwerpunkten:
Struktur, Organisation und Schwerpunkte der Forschung, Kommunikations-, Medien- und Kulturtheorie, Cultural Studies – Medien in gesellschaftlichen Kontexten, Methoden der Medienanalyse und der Rezeptionsforschung, Medienwirtschaft, Organisationskommunikation & Public Relations, Pädagogische Perspektiven (Medienerziehung und Medienpädagogik, Bildung und Kommunikation, Mediendidaktik), Gender-Studies, kulturelle Identität & interkulturelle Kommunikation, Kognitionswissenschaftliche Perspektiven, Neue Informations- und Kommunikationsmedien. *(http://www.uni-klu.ac.at/mk/)*

Krems: Das Internationale Journalismus Zentrum (IJZ) an der Donau Universität in Krems bietet postgraduale berufsbegleitende Kommunikationsweiterbildung mit den Abschlüssen *Master of Arts (MA)* und *Master of Science (MSc)* sowie weitere Universitätslehrgänge mit dem Abschluss »akademischer Experte/Expertin«. Ursprünglich als reine Journalistenausbildungsstätte gegründet, umfasst der Wirkungsbereich des IJZ heute fünf berufsbegleitende Universitätslehrgänge in Qualitätsjournalismus MA (4 Semester), PR und Integrierte Kommunikation MSc (4 Semester), Kommunikation und Management MSc (4 Semester), Fernsehjournalismus (2 Semester, akademischer Experte) sowie Fernstudium Public Relations (3 Semester, akademischer PR-Fachmann/-frau).
Für AbsolventInnen ergibt sich darüber hinaus eine weiterführende Studienvariante zum Prof. MBA Communication and Leadership. *(www.donau-uni.ac.at/journalismus)*

Österreich

Der Medienkundliche Lehrgang an der Universität Graz bietet im Laufe von vier Semestern als interfakultäre Einrichtung »eine praxisnahe Ausbildung für einen Medienberuf auf gehobener Ebene«. Zum Lehrgang zugelassen sind ordentliche und außerordentliche Hörer. Der Lehrgang wendet sich aber auch an solche InteressentInnen, die durch medienkundliche Kenntnisse eine Zusatzqualifikation (z. B. als PressesprecherIn eines Unternehmens etc.) erwerben wollen. Es handelt sich um einen 4-semestrigen Universitätslehrgang, der mit einem *Diplom* abzuschließen ist. Die Absolvierung des Lehrganges berechtigt zur Führung der Bezeichnung »Akademische(r) Medienfachfrau/ mann«. *(www.uni-graz.at/lmkwww)*

Hochschulkurse und Lehrgänge hält in Wien das dortige Institut für Publizistik- und Kommunikationswissenschaft ab. Derzeit ist dies ein viersemestriger postgradualer Universitätslehrgang für Public Communication in Verbindung mit dem Public Relations Verband Austria (PRVA). *(www.public-communication.at)*
Einen viersemestrigen Universitätslehrgang zum Sportjournalismus veranstaltet der Fachbereich Kommunikationswissenschaft an der Universität Salzburg in Kooperation mit dem Fachbereich Sport und Bewegungswissenschaft.
(http://spowww.sbg.ac.at/iffb)

SciMedia, ein postgradualer Lehrgang für *Wissenschaftskommunikation* wird unter der Trägerschaft des »Instituts für interdisziplinäre Forschung und Fortbildung/IFF« für rund 15 Teilnehmer in Wien angeboten. Der Lehrgang bildet für Wissenschaftsjournalismus wie für Wissenschafts-PR aus und dauert zwei Semester. SciMedia soll in Zukunft als Universitätslehrgang geführt werden. *(www.scimedia.at)*

Filmakademie Wien: An der Universität für Musik und Darstellende Kunst kann in der Abteilung Film und Fernsehen einer der *Bakkalaureats*-Studienzweige Drehbuch, Kamera, Produktion, Regie oder Schnitt gewählt werden. Der Schwerpunkt der Ausbildung liegt auf theoretischen und künstlerischen Aspekten der

Filmgestaltung. Unterrichtet werden die theoretischen und technologischen Grundlagen des Films und des Fernsehens, Bildtechnik und Kamera, Buch und Dramaturgie, Regie und Schnitt, Ton, Rechtskunde, Architektur in Film und Fernsehen, Medienanalyse, Produktionstechnologie. Aufbauend stehen die sechs *Magisterstudien* Bildtechnik und Kamera, Buch und Dramaturgie, Digital Art – Compositing, Produktion, Regie, Schnitt zur Auswahl. *(www.mdw.ac.at/I111/html)*

FH-Studiengang Journalismus und Medienmanagement an der Fachhochschule der Wirtschaftskammer Wien: Der 3-jährige *Bachelor*-Studiengang sieht sich als führende Ausbildung für JournalistInnen und MedienmanagerInnen in Österreich. Schwerpunkte sind Medienkunde, Medienökonomie, journalistisches Arbeiten und technologische Grundlagen, wirtschaftliche und rechtliche Grundlagen, Fremdsprache, Social Skills.

Der für einen Beginn im Herbst 2009 geplante 2-jährige *Masterstudiengang* Journalismus soll als berufsbegleitendes Abendstudium angeboten werden. *(www.fh-wien.ac.at)*

FH-Studiengang Journalismus und Public Relations an der Fachhochschule Joanneum Graz: Das sechssemestrige *Bachelor*-Studium eröffnet für AbsolventInnen Perspektiven in Redaktionen und Medienhäusern, in der Medienberatung und in Kommunikationsabteilungen von Politik, Kultur und Gesellschaft. Praxisorientierte Projektarbeiten, durchwegs mit externen Partnern in Verbindung mit einer soliden fach- und grundlagentheoretischen Bildung, bereiten die Studierenden für alle Tätigkeitsfelder in Print-, TV-, Radio- und Onlinejournalismus sowie in der Unternehmenskommunikation und in PR-Agenturen vor. Ein verpflichtendes Praxissemester, das im In- oder im Ausland absolviert werden kann, bietet noch während des Studiums Einblick in das zukünftige Arbeitsleben.

Die Grundlagen für das Bachelor-Studium wurden aus dem seit 2002 bestehenden Diplomstudium »Journalismus und Unternehmenskommunikation« entwickelt. Das Bachelor-Studium

Österreich

startet vorbehaltlich der Genehmigung durch die zuständigen Gremien mit Beginn des Wintersemesters 2008/2009. *(www.fh-joanneum.ac.at)*

Einige weitere Fachhochschulen bieten Ausbildungen im Medienbereich, allerdings keine breit gefächerte Journalistenausbildung.

Eisenstadt: Bakkalaureatsstudium Informationsberufe *(www.fh-burgenland.at)*

Salzburg: Bakkalaureats- und Magisterstudium MultiMediaArt an der Fachhochschule Salzburg *(www.fh-salzburg.ac.at)*

Dornbirn: Masterstudium InterMedia. Fachhochschule Vorarlberg *(www.fhv.at)*

Hagenberg: Bakkalaureatsstudium Kommunikation, Wissen, Medien der Fachhochschule Oberösterreich, Campus Hagenberg *(www.fh-hagenberg.at)*

Weiterführende Literatur:

Institut für Publizistik- und Kommunikationswissenschaft der Universität Salzburg (Hrsg.), Bericht zur Lage des Journalismus in Österreich. (Jährlich)

Andy Kaltenbrunner, Matthias Karmasin, Daniela Kraus: Der Journalistenreport. Österreichs Medien und ihre Macher (Facultas Verlag, Wien 2007)

Kuratorium für Journalistenausbildung (Hrsg.), Schriftenreihe »Journalistik«, Veröffentlichung von Referaten und Diskussionen der KfJ Kurs- und Seminarveranstaltungen

Gabriele Melischek, Josef Seethaler, Katja Skodacsel, Der österreichische Zeitungsmarkt 2004: hoch konzentriert. In: Media Perspektiven (5/2005, 243–251)

Heinz Pürer, Meinrad Rahofer, Claus Reitan (Hrsg.), Praktischer Journalismus. Presse, Radio, Fernsehen, Online. Mit CD-ROM (5. Auflage, UVK, Konstanz 2004)

Rudi Renger, Hans Heinz Fabris, Elisabeth Rauchenzauner (Hrsg.), Generalisten oder Spezialisten. Wie viel Fach braucht der Journalismus? Heft 17 der Schriftenreihe Journalistik, (Kuratorium für Journalistenausbildung, Salzburg 2006)

Beate Schneider/Walter J. Schütz (Hrsg.): Europäische Pressemärkte. Relation, Band 1/2004.

Wolf Schneider/Helmut K. Ramminger/Katharina Krawagna-Pfeifer/Andreas Trummer, Journalisten für die Zukunft. Analysen zur Journalistenausbildung (Schriftenreihe Journalistik Heft Nr. 1 (Kuratorium für Journalistenausbildung, Salzburg 1993)

Thomas Steinmaurer: Konzentriert und verflochten (Studienverlag Innsbruck 2002)

Thomas Steinmaurer: Medien in Österreich. In: Hans-Bredow-Institut (Hrsg.), Internationales Handbuch Medien. 2007/2008 (Nomos Verlag, Baden-Baden. In Druck)

Universitäten und Fachhochschulen

Stefan Weber, So arbeiten Österreichs Journalisten für Zeitungen und Zeitschriften (Schriftenreihe Journalistik Heft 18, Kuratorium für Journalistenausbildung, Salzburg 2006)

Zeitschriften/Zeitungen:

»APA-Journal Medien« (Wien, monatlich), *www.apa.at*

»Der Österreichische Journalist« (Salzburg, zweimonatlich), *www.journalist.at*

»Medianet«, Tageszeitung mit Schwerpunkt Medien (Wien), *www.medianet.at*

»Medien-Journal«, Vierteljahreszeitschrift der Österreichischen Gesellschaft für Kommunikationswissenschaft (Studien-Verlag Innsbruck, 4 x im Jahr), *www.studienverlag.at*

Weiterführende Webseiten:

Einige Unterlagen zu journalistischen Themen und Einstieg für eine Mailingliste zum Thema Journalistenausbildung sowie eine umfassende Literaturliste mit vielen Besprechungen: *www.kfj.at/*

Homepages mit interessanten Downloads: *www.voez.at; www.orf.at; www.rtr.at*

Eine Plattform für Journalistenausbildung, die über Angebote in Österreich und Deutschland informiert: *publizistik.net*

Schweiz

Der Arbeitsmarkt

Den Arbeitsmarkt für Journalisten sieht der Publizist Karl Lüönd am Ende des Jahres 2007 so:
Nach der brutalen Rezession, die von 2001 bis 2005 gedauert hat, haben sich die meisten Medienhäuser wirtschaftlich erholt. Die wirtschaftliche Entwicklung der gedruckten Medien in der Schweiz verläuft aber uneinheitlich. Die Lebenszyklen der Titel werden kürzer. 2007 verschwanden die Wirtschaftszeitung »Cash« und das Nachrichtenmagazin »Facts«. Dafür wurden zusätzliche Gratis-Tageszeitungen und zwei Sonntagstitel neu gegründet. Es entstanden dadurch zahlreiche neue Arbeitsstellen, freilich mit z. T. unsicheren Aussichten. Der »Tages-Anzeiger« hat massiv in fünf Regionalausgaben investiert und damit ca. 65 neue Stellen geschaffen, davon ca. 50 redaktionelle. Die meisten Lesermärkte sind mit rückläufiger Tendenz stabil. Immer spürbarer wird das Phänomen des »hausgemachten Wettbewerbs«. Aus Angst vor dem Anzeigenrückgang flüchten die Verleger in die Neugründung von Gratiszeitungen, Online-Portalen usw.
Die Objektrechnungen zeigen ein uneinheitliches Bild.
Bei teilweise erholter Anzeigenkonjunktur steigen die Kosten tendenziell weiter. Dies führt manchenorts zu Sparmaßnahmen und damit zwangsläufig zu Stellenabbau und Entlassungen. Inzwischen ist in den meisten Redaktionen der »Speck« weggeschnitten. Die Redaktionen laufen auf dem Zahnfleisch. Dass damit der Einfluss der PR-Industrie auf die redaktionellen Teile der meisten Zeitungen und Zeitschriften wächst, wird von den Verlegern in Kauf genommen.

Gespart wird nach wie vor bei den am schnellsten beeinflussbaren Budgetpositionen. Das sind in der Regel neben den Werbebudgets die Personalkosten, vorwiegend in den Redaktionen.

Der Arbeitsmarkt

Viele Zeitungen haben ihre Seitenzahlen reduziert. Ein Indiz für diese ›Sparpolitik des geringsten Widerstandes‹ sind die anhaltenden Klagen freier Journalistinnen und Journalisten über gedrückte Honorarbudgets.
Immer mehr tüchtige Berufsleute wenden sich deshalb von der freien Berufsausübung ab und lassen sich anstellen, wenn sie nicht in Richtung Public Relations und Öffentlichkeitsarbeit abbiegen.
Unnachgiebig gestrichen oder zurückgefahren werden auch die Arbeitgeberbeiträge an die Aus- und Weiterbildung. Beim MAZ und in den einschlägigen Studiengängen von Fachhochschulen wächst die Quote der Selbstzahler, während die Frequenzen nicht spürbar zurückgehen. Kunststück: Die jungen Leute wollen sich jetzt ausbilden; ihr Curriculum ist ein langfristiges Projekt, das von konjunkturellen Einflüssen nicht so direkt berührt wird.

Auch weiterhin starker Bedarf besteht nach Journalisten und Redaktoren mit *Spezialkenntnissen*, wobei die Bereiche Wirtschaft, Naturwissenschaften, Informatik sowie die Fertigkeiten in der Zeitungsproduktion im Vordergrund stehen. Entsprechend häufiger sieht man in den Journalistenschulen Teilnehmerinnen und Teilnehmer mit eindrücklichen Studiengängen oder Karrieren in anderen Berufen. Journalismus wird auch beim qualifizierten Nachwuchs immer häufiger als Quereinsteiger-Beruf verstanden, was den zusätzlichen Vorteil des etwas fortgeschrittenen Lebensalters und der entsprechend höheren biografischen Erfahrung mit sich bringt.

Radio und Fernsehen: Die meisten privaten *regionalen Fernsehsender* haben die Rentabilitätsschwelle immer noch nicht erreicht. Viele erwarten für 2008 erstmals Zuwendungen aus dem Gebührensplitting, mit dem die politisch gewollte Wettbewerbsverzerrung zugunsten der öffentlich-rechtlichen SRG ausgeglichen werden soll.
Die privaten *Radiostationen* sind wirtschaftlich im allgemeinen stabiler, teilweise sogar hoch rentabel, doch haben die meisten

Schweiz

ihre journalistischen Angebote zugunsten musik-lastiger Formate ausgedünnt.
Insgesamt ist der Arbeitsmarkt für Radio- und Fernsehjournalisten überaus hart; er wird von den SRG-Sendern dominiert.

Wege in die Redaktion

Der Einstieg gelingt am ehesten bei kleineren Redaktionen (Regional- und Wochenzeitungen, Lokalradios) oder unter Ausnützung von Beziehungen. Ist man erst einmal – eigentlich egal, wo und in welcher Funktion – »im Kuchen«, besteht bei solider Ausbildung, konstant guten Leistungen und vorteilhafter Profilierung immer noch die Chance auf eine befriedigende Laufbahn.
In der Praxis führen oft direkte Wege von der Hochschule oder aus verschiedenen Berufen in die Redaktion. Häufig wird man nach längerer freier Mitarbeit Redaktor. Das Volontariat (Stage) hat in den letzten Jahren an Bedeutung gewonnen, ist aber in Sparzeiten wieder gefährdet.

Das Volontariat dauert im Normalfall zwei Jahre, in dieser Zeit hat der Stagiaire (Volontär), während mindestens 90 Tagen Ausbildungskurse zu besuchen. Hat ein Journalist oder eine Journalistin eine abgeschlossene höhere Ausbildung absolviert, kann ein kürzerer Stage von einem Jahr absolviert werden; in dieser Zeit sind während mindestens 45 Tagen Ausbildungskurse zu besuchen.
Ein Berufseinstieg ohne Stage ist ebenfalls möglich, aber nur zulässig, wenn dies zwischen Arbeitnehmer und Arbeitgeber einvernehmlich vereinbart wird und wenn besondere berufliche Qualifikationen vorliegen.
Die theoretische Ausbildung kann unternehmensintern, unternehmensübergreifend, an geeigneten Instituten oder in geeigneten Kursen verschiedener Institutionen erfolgen. Die Ausbildungskosten werden individuell verhandelt, immer mehr wälzen die Verleger die Kosten – ganz oder teilweise – auf die Studierenden ab.

Ein Gesamtarbeitsvertrag GAV für die deutsch- und italienischsprachige Schweiz wurde im Jahre 2004 einseitig durch die Verleger gekündigt. Seither weigern sie sich, mit den Tarifpartnern GAV-Verhandlungen zu führen. Tarifpartner sind impressum – die Schweizer JournalistInnen (*www.impressum.ch*) als größter Berufsverband von Journalisten mit rund 5500 Mitgliedern und comedia – Sektor Presse – mit rund 2500 journalistischen Mitgliedern (*www.comedia.ch*). In der Zwischenzeit haben die Verleger einseitig sogenannte Mindeststandards formuliert, die selbst für sie unverbindlich sind und weit unter den Standards eines GAV's liegen.

Für die Schweizerische Radio- und Fernsehgesellschaft (SRG SSR idée suisse) gilt ein hauseigener GAV; er enthält Sonderbestimmungen für Stagiaires. Tarifpartner ist das Schweizer Syndikat Medienschaffender (SSM, *www.ssm-site.ch*) mit rund 1600 Mitgliedern. Der GAV für die französischsprachige Schweiz besteht nach wie vor. Tarifpartner dort ist impressum – die Schweizer JournalistInnen. Für den privaten Rundfunk gibt es keinen Vertrag über die Volontärsausbildung.

Volontariatsstellen bieten zwar mittlerweile zahlreiche Redaktionen an, viele sind gekoppelt mit einer Ausbildung am MAZ – der Schweizer Journalistenschule. Die Nachfrage jedoch übersteigt das Angebot bei weitem. Deshalb ist es im allgemeinen sehr schwierig, einen Ausbildungsplatz zu finden, besonders bei größeren Zeitungen. Schon deshalb sollte man die mittleren und kleinen Zeitungen nicht übergehen. »Man darf sich nicht zu schnell entmutigen lassen, muss etwas hartnäckig sein, viel an sich selbst arbeiten«, raten Ausbilder und fügen hinzu: »Alles Dinge übrigens, die ja den guten Journalisten kennzeichnen.«

Das Schweizer Radio DRS bietet pro Jahr 6 Stagestellen an. Vakante Stagestellen werden in der Regel im Internet ausgeschrieben. Einzelne Radiopraktikumsplätze dienen der Vorbereitung auf eine freie Mitarbeit bei einer bestimmten Redaktion, oder sie ergänzen Ausbildungsangebote von Journalismusschulen (MAZ Luzern, Zürcher Hochschule für Angewandte Wissenschaften). Stages dauern in der Regel eineinhalb Jahre, Praktika 1–6 Monate. Die angebotenen Ausbildungsplätze sind abhängig von der radiointernen Nachfolgeplanung.

Voraussetzungen bei Stagestellen sind: abgeschlossenes Hochschulstudium oder gleichwertige Berufsausbildung, Alter zwischen 25 und höchstens 30 Jahren, eine für die Arbeit am Mikrofon geeignete Stimme, Sprache in der Regel nebst Hochdeutsch auch Schweizer Mundart, erste Erfahrungen bei Presse oder Privatradio. (*www.srdrs.ch*)

SF, das Schweizer Fernsehen kennt zwei Wege zum Einstieg in den Fernsehjournalismus:

1. den Stage bei einer Stammredaktion (entspricht dem Volontariat in anderen Fernsehanstalten),
2. den Vertrag als Redaktor/Redaktorin in Ausbildung (Azubi, d. h. Auszubildender).

Der 18-monatige Stage vermittelt eine Grundausbildung zum/zur FernsehjournalistIn, off the job (ca. 65 Kurstage in der internen Ausbildung) und on the job (Mitarbeit in einer Stammredaktion mit internen und externen Praktika).

Alle anderthalb Jahre bietet SF Stagestellen an; meist in den Programmabteilungen Information, Sport, Unterhaltung und Kultur. Die Zahl der zu vergebenden Stages wird von Jahr zu Jahr festgelegt. (Zur Zeit sind es 10–13 Redaktionsstages).

Voraussetzungen: Alter 24 bis höchstens 32 Jahre, breite Allgemeinbildung, d. h. Hochschulstudium oder gleichwertige Berufsausbildung. Die Bewerber/innen müssen über erste Medienerfahrungen bei Presse, Radio oder Fernsehen verfügen. Teilweise sind auch spezifische Fachkenntnisse (z. B. im Bereich Sport) nötig.

Die Besetzung erfolgt über eine Ausschreibung (u. a. unter www.sf.tv). Zum Auswahlverfahren gehören u. a. Wissenstest, Kameratest und Bildtest.

Ein Redaktor/eine Redaktorin in Ausbildung (Azubi) muss in der Regel bereits mehrere Jahre Berufspraxis in Printmedien, Radio oder Fernsehen haben und in seinem Fachgebiet über einen eindeutigen und positiven Leistungsausweis verfügen. Auch die

Azubis durchlaufen ein Auswahlverfahren mit Wissenstest, Kameratest und Bildtest. Sie erhalten dann ein Grundausbildungspaket durch die interne Ausbildung, das maßgeschneidert auf ihre Bedürfnisse angepasst ist. *(www.sf.tv)*

Die Lokalradios haben Bedarf an jungen Mitarbeitern, die z. T. auch angelernt oder ausgebildet werden. Größere Lokalradiostationen bieten in der Regel eine besser organisierte Ausbildung als kleine. Immer mehr Privatradios lassen ihre Mitarbeiter auch außerhalb der Redaktion, vor allem am MAZ, weiterbilden. Am besten ist es, sich bei der jeweiligen Station möglichst genau nach den Bedingungen für Mitarbeit und Ausbildung zu erkundigen.

Private Fernsehprogramme brauchen ebenfalls Nachwuchskräfte. Erwähnt seien auch die regionalen bzw. lokalen TV-Sender, z. B. TeleBärn, TeleBasel, TeleM1 und TeleTop.

Die Schweizerische Depeschenagentur (SDA) schickt ihre Volontäre in die Diplomausbildung des MAZ. Unverzichtbare Voraussetzung für deutschsprachige Stagiaires sind gute Französisch-Kenntnisse. *(www.sda.ch)*
Associated Press (AP) in Bern (mit Büro Zürich) nimmt alle zwei Jahre einen Volontär auf. *(www.ap-online.de)*

Mit der Journalistenausbildung in der Schweiz beschäftigt sich eine von der Mediengewerkschaft comedia herausgegebene umfangreiche Broschüre unter dem Titel »Allerhöchste Zeit zum Ausbilden«. Besonders nützlich ist eine Liste der Stage- und Volontariatsstellen in der Deutschschweiz. Sie basiert auf einer Umfrage aus den Jahren 2001/2002 bei über 150 Redaktionen von Presse, Radio und Fernsehen und nennt neben Adresse und Kontaktperson jeweils die Zahl der Redaktions- und Ausbildungsplätze, die Ausbildungsdauer, die Voraussetzungen sowie Ausbildungsmodalitäten und Kursbesuche, schließlich die Entlöhnung pro Monat.

Schweiz

MAZ – Die Schweizer Journalistenschule

Das MAZ – Die Schweizer Journalistenschule in Luzern ist die renommierteste Journalismusschule der Schweiz. Angeboten werden berufs*begleitende* und berufs*vorbereitende* Diplomlehrgänge, Nachdiplomstudien und Fachkurse, sowie Weiterbildungs- und Einstiegskurse. Die Ausbildungen sind kompakt, modular und praxisorientiert. Die Studierenden kommen aus unterschiedlichen Disziplinen, die Gruppen sind klein, die Dozierenden ausgewiesene Medienprofis. Am MAZ treffen sich sowohl Absolventen von Universitäten und Hochschulen als auch Quereinsteiger, Anfänger und erfahrene Medienpraktiker.

Das MAZ, 1984 gegründet, ist eine Stiftung der Verleger, der Schweizerischen Radio- und Fernsehgesellschaft SRG, der Journalismusverbände sowie der Stadt und des Kantons Luzern. Unterstützt wird es auch vom Bundesamt für Kommunikation (BAKOM). Das MAZ ist Mitglied des Hochschulcampus Luzern und der European Journalism Training Association (EJTA). Es ist Partnerinstitut der Universität Luzern, es kooperiert mit dem European Journalism Observatory der Universität Lugano, mit der Universität Hamburg und der Hamburg Media School, em Kuratorium für Journalistenausbildung in Salzburg, mit der Hochschule für Wirtschaft Luzern, der Hochschule für Gestaltung und Kunst Luzern, mit der Schweizerischen Depeschenagentur, mit Schweizer Radio- und Schweizer Fernsehen DRS u. a.

Die zweijährige berufsbegleitende Diplomausbildung Journalismus (90 Kreditpunkte gemäss ECTS, dem European Credit Transfer System) richtet sich an Frauen und Männer mit einer Anstellung in einem Medienunternehmen oder an freie Medienschaffende. Der Lehrgang ist im Baukastensystem konzipiert. Pro Jahr werden rund 300 Kurstage zu Selbst- und Medienkompetenz, Ressortwissen und Redaktionshandwerk angeboten. Davon besuchen die Absolventen mindestens 90 Tage.

Aufnahmebedingungen: Mindestens abgeschlossene Berufslehre mit Berufsmatura oder ähnlichem, Nachweis des Anstellungsverhältnisses bei einem Medienunternehmen, zurückgelegtes 20. Altersjahr, Bestehen der zweitägigen Aufnahmeprüfung. Pro Jahr werden rund 40 Teilnehmende aufgenommen.

Der viersemestrige »Master of Arts in Journalism« ist ein Vollzeit-Studium. Es wird angeboten vom MAZ – der Schweizer Journalistenschule – in Kooperation mit der Hamburg Media School/dem Institut für Journalistik der Universität Hamburg. Im ersten Jahr sind die Studierenden in Hamburg, danach absolvieren sie ein dreimonatiges Praktikum. Das zweite Studienjahr ist am MAZ in Luzern. Der international ausgerichtete Studiengang setzt auf hohen Praxisbezug, kombiniert mit neusten Erkenntnissen der Journalismus- und Medienforschung. Aufnahmebedingungen: Mindestens Bachelor, Bestehen des Aufnahmeverfahrens. Der Abschluss berechtigt zur Dissertation.

Studiengang Pressefotografie (60 ECTS): Pressefotografinnen und -fotografen haben selten eine eigentliche fotografische Ausbildung. Am MAZ können sie diese nachholen.
Verteilt über drei Semester besuchen Interessierte mindestens 80 Ausbildungstage. Der Lehrgang ist im Baukastensystem konzipiert. Zwischen den Unterrichtsblöcken arbeiten die Teilnehmenden fotografisch. Den Abschluss macht ein mindestens dreimonatiges Praktikum auf einer Redaktion oder einer Agentur.
Aufnahmebedingungen: Aufgenommen werden 14 Teilnehmende, die mindestens 20 Jahre alt sind, fotografische Grundkenntnisse besitzen, eine Berufslehre abgeschlossen und das Aufnahmeverfahren bestanden haben.

Studiengang Bildredaktion (60 ECTS): Die Bildredaktion ist Anlaufstelle und Drehscheibe für optische Informationen. Das bedingt solides journalistisches Gespür, Sprachgewandtheit und visuelle Ideen. Der immer wichtiger werdende Beruf Bildredaktorin/Bildredaktor kann erstmals im deutschen Sprachraum in einem anderthalb Jahre dauernden Lehrgang am MAZ gelernt werden. Aufnahmebedingungen: Aufgenommen werden 12 bis 14 Teilnehmende, die mindestens 20 Jahre alt sind, über einen fotografischen, gestalterischen oder journalistischen Hintergrund verfügen und das Aufnahmeverfahren bestanden haben.

Weiterbildung: Das MAZ hat eine eigene Weiterbildungsabteilung, das MAZ-Medienforum. Hier werden journalistische Themen vertieft und mit Profis aus der Branche diskutiert und reflektiert. Ein wichtiger Pfeiler der Weiterbildung sind die Führungskurse, die sich an Ressortleiter bis Chefredaktoren richten.
Im Medienforum stehen die meisten Tages- und Wochenmodule aus dem Programm der Diplomausbildung und der Fotostudiengänge offen zur Weiterbildung.

Leadership: Diesen Kurs hat die Konferenz der Chefredaktoren angeregt – das MAZ führt ihn seit 2005 erfolgreich durch. Er richtet sich an Mitglieder von Chefredaktionen, die besondere Kenntnisse des Managements benötigen. Neben der Mitarbeiterführung und der Auftrittskompetenz beschäftigt sich der zehntägige Leadership-Kurs auch mit der Budgetierung, dem Verlags- und Redaktionsmarketing, der Medienkonvergenz sowie dem Konflikt- und Qualitätsmanagement. Die Teilnehmer erhalten zudem die Möglichkeit, in einem individuellen Coaching konkrete Themen aus ihrem Führungsalltag anzuschauen.

Redaktionsmanagement – Führen in den Medien: Dieser neuntägige Management-Kurs befasst sich mit Führung und Kooperation, Teamentwicklung, Widerständen und Konflikten, mit Projektmanagement und mit Fragen der Arbeitsorganisation. Angesprochen sind Führungsverantwortliche in Zeitungs- oder Senderedaktionen, Ressort- und Teamleiterinnen vor dem Schritt in die Führungsverantwortung oder mit ersten Führungserfahrungen. Der Lehrgang ist aufgeteilt in drei Module, die sich je einem Thema widmen: Führen und Auftreten; Wissen und Handeln; Fördern und Entwickeln.

Inhouse Schulungen: Jede Redaktion hat ihre eigenen Stärken und Schwächen. Das MAZ bietet deshalb vermehrt inhouse Schulungen an, die maßgeschneidert die Bedürfnisse der Redaktionen abdecken. Die Themenvielfalt ist entsprechend groß; sie reicht vom Kommentar, Interview und Titel, Lead und Texteinstieg bis zu Storytelling, Internet-Recherche oder Bildauswahl und Bildschnitt.

Der CAS Fachjournalismus wird in Zusammenarbeit mit der Hochschule Luzern – Wirtschaft durchgeführt. Er dauert 25 Tage. Wer einen Hochschulabschluss hat und die Qualifizierungsschritte erfolgreich absolviert, erhält ein Hochschulzertifikat. CAS bedeutet Certificate of Advanced Journalism.

Der Nachdiplomkurs Wissenschaftsjournalismus wird in Zusammenarbeit mit der Schweizerischen Akademie für Naturwissenschaften angeboten; er dauert 20 Tage.

Der Kompaktkurs Lokaljournalismus wendet sich an Journalistinnen und Journalisten und freie Mitarbeitende bei Lokal- oder Regionalzeitungen. Im Vordergrund steht das journalistische Handwerk; Dauer: 13 Tage.

Kompaktkurs Radiojournalismus: Dieses Grundangebot dauert 7 Tage und richtet sich an NeueinsteigerInnen bei einem Radiosender und angehende Radiojournalistinnen und -journalisten.

Einstiegskurse sind für alle jene, die vom Journalismus fasziniert sind und mehr über diesen Beruf wissen wollen. Sie dauern zwei bis drei Tage.

Die Abteilung Kommunikation: Das MAZ bietet sein Knowhow auch Kommunikationsfachleuten, PR- und Informationsverantwortlichen sowie Führungskräften an. Zu diesem Angebot gehören Medientrainings, Text- und Rhetorik-Workshops sowie die CAS-Studiengänge »Professionelle Medienarbeit« und

»Rhetorik und Moderation«. Diese Studiengänge werden in Kooperation mit der Hochschule für Wirtschaft Zürich, HWZ durchgeführt. (www.maz.ch)

Weitere Ausbildungsinstitute

Die Ringier Journalistenschule betreut die interne Aus-und Weiterbildung für Medienschaffende des größten Verlages der Schweiz. Ringier beschäftigt mehr als 7000 Mitarbeiter in 10 Ländern und verlegt über 120 Zeitungen und Zeitschriften, produziert rund 20 TV-Sendungen und betreibt mehr als 50 Websites sowie 11 Druckereien.
Die Weiterbildungskurse sind nur für Mitarbeiterinnen und Mitarbeiter des Hauses Ringier offen.
Seit März 2007 führt die Journalistenschule neu einen *Volontärs-Lehrgang* in Verbindung mit einem Praktikum auf einer Ringier-Redaktion durch, der 12 Monate dauert und in erster Linie das journalistische Handwerk (Schreiben, Recherchieren, Redigieren etc.) vermittelt. Die Teilnehmer erhalten ein Stagiare-Salär. Der nächste derartige Lehrgang startet im Herbst 2008. Er wird auf der Ringier-Internetseite und in den einzelnen Deutschschweizer Titeln ausgeschrieben.
Leiter der Schule ist Fridolin Luchsinger, ehemaliger Chefredaktor von »BLICK«, »SonntagsBlick«, »SonntagsZeitung«, »Schweizer Illustrierte« und »annabelle«. Die Referenten sind ausschließlich Praktiker, also Chefredaktoren, Publizisten, TV- und Radio-Journalisten, erfahrene Redaktoren und Reporter. (www.ringier.ch)

Bei impressum, dem Schweizer Verband der Journalistinnen und Journalisten erhält man Auskunft über von ihm angebotene Aus- und Weiterbildungsmöglichkeiten. (www.journalisten.ch)

Die Mediengewerkschaft comedia publiziert ihre Ausbildungs- und Kursangebote zu journalistischen, medienpolitischen und gewerkschaftlichen Fragen in ihrer Mitgliederzeitschrift »m« (siehe Medienzeitschriften). Die Teilnahme steht in der Regel auch Nichtmitgliedern offen. (*www.comedia.ch; www.connexxnet.ch*)

Die Schule für Angewandte Linguistik (SAL) in Zürich ist eine höhere Fachschule für Sprachberufe mit staatlich anerkannten Diplomen. Eine der drei Diplomrichtungen ist der Journalismus-Lehrgang.
Das Studium dauert sieben bis acht Semester. Beim Eintritt werden Vorleistungen (z. B. Mittelschulabschluss) berücksichtigt. Die Kurse sind im Modulsystem angeordnet, so dass die Studierenden ihren Stundenplan weitgehend frei zusammenstellen und deshalb auch begleitend einer Berufstätigkeit nachgehen können. In Ergänzung zu ihren Studiengängen bietet die SAL auch Nachdiplomstudien (»Kommunikation im Beruf«; »Audiovisuell arbeiten«) an.
In Zusammenarbeit mit der Hochschule für Technik und Wirtschaft (htw) in Chur führt die SAL einen Lehrgang Medien durch. (*www.sal.ch*)

Die EB Zürich, kantonale Berufsschule für Weiterbildung, bietet einen Lehrgang »Journalismus« an, der jedes Jahr im Mai beginnt. Er dauert rund 300 Lektionen, verteilt auf 3 Semester (18 Monate), und richtet sich an festangestellte oder freie Mitarbeiter/innen von Lokal- und Regionalmedien, Personal- und Hauszeitungen sowie Vereins- und Fachpublikationen.
Der Unterricht dauert 4 Lektionen pro Woche (plus einer zweitägigen Projektarbeit pro Semester), zuzüglich eines Halbtags pro Woche für Hausarbeiten. Schwerpunkte sind: Journalistische Sprache, journalistische Formen, Schreibpraxis, Recherche und Dokumentation, Redaktionsarbeit, Fotografieren, Medienkunde und -recht, Internet für journalistische Arbeit.
Der Lehrgang kostet (Stand 2007) 4 800 Franken exklusive Lehrbücher und schließt mit einem Lehrgangszertifikat des EB Zürich ab.
Außerdem bietet die EB Zürich Lehrgänge zu folgenden einschlägigen Themen an: TextpraktikerIn, WebPublisher, Kommunikation. (*www.eb-zuerich.ch*)

Schweiz

Die Medienschule St. Gallen, ein Angebot der Klubschule, bietet einen berufsbegleitenden »Lehrgang für Journalismus und Medienarbeit« an. Er umfasst 217 Lektionen und dauert von Oktober bis Juni. Der Unterricht findet an 31 Tagen, jeweils am Freitag, statt. Der Lehrgang richtet sich an Journalist/innen im Haupt- oder Nebenberuf (auch Einsteiger), aber auch an Personen, die in einer Organisation (Firma, Behörde, Verein) die Öffentlichkeits- oder Medienarbeit betreuen.
Schwerpunkte sind: Sprache und journalistisches Texten in den diversen Darstellungsformen (von Nachricht bis Kolumne), Recherche, Medienrecht und -ethik, Rhetorik und gesprochene Sprache, Grundkenntnisse der Öffentlichkeitsarbeit. Der Lehrgang kostet 5750 Franken (inkl. Lehrmaterial) und schließt mit dem Zertifikat der Medienschule Klubschule Migros ab. Beim Eintrag in Berufsregister (BR) werden nach erfolgreichem Abschluss der Ausbildung drei Monate angerechnet.
(*www.medienschule.ch*)

Die Medienschule Nordwestschweiz bietet in 25 Modulen meist an Samstagen oder/und Freitagen eine journalistische Ausbildung, vor allem für Quereinsteiger anderer Berufe. Als Journalismus-Grundausbildung wird eine Auswahl von 17 Modulen bezeichnet, z. B. »Einführung Journalismus«, Mediensprache, Textwerkstatt, Recherche & Verarbeitung usw. Der Unterricht findet in Stein AG statt. Die Medienschule ist ein Unternehmen unter der Leitung des Journalisten Fabrice Müller in Stein AG.
(*www.medienkurse.ch*)

klipp & klang-Radiokurse. klipp & klang ist die Radioschule der Freien Radios in der deutschsprachigen Schweiz, die in der Union nicht-kommerzorientierter Lokalradios UNIKOM organisiert sind. Rund 500 SendungsmacherInnen wirken in der Schweiz bei einem Dutzend Freier Radios mit, größtenteils in Freiwilligenarbeit. Ein Teil dieser Radiostationen hat sich in den letzten Jahren zu Ausbildungsradios entwickelt und verpflichtet sich zu einer geregelten Ausbildung der Programm-MitarbeiterInnen. Sie bieten im Tagesprogramm Praktikumsstellen für angehende

JournalistInnen und Kommunikationsfachleute an, die neben der praktischen auch eine solide theoretische Basisausbildung in Radiojournalismus als Inhalt haben.
In den diversen fremd- und mehrsprachigen Sendungen der Freien Radios arbeiten zum Teil hochqualifizierte Journalisten und Journalistinnen aus unterschiedlichsten Kulturkreisen, die über ihre Radioarbeit in der Schweiz auch beruflich Fuß fassen. In diesem Bereich bietet klipp & klang im regulären Kursprogramm oder über spezifische Projekte begleitende Bildungsmöglichkeiten an.
Für alle Mitarbeitenden der UNIKOM-Sender, aber auch für weitere Interessierte hält klipp & klang ein breites Angebot an Grundausbildung und Fortbildungskursen zu allen radiorelevanten Themen und zu spezifischen Fragestellungen im Bereich der interkulturellen, mehrsprachigen und integrativen Radioarbeit zu sehr fairen Preisen bereit.
Der Fachkurs Radiojournalismus ist mit 12 Kurstagen, zwei Abenden und ca. 30 Stunden Selbstlernzeit das intensivste Angebot im Programm, er schliesst mit einem Zertifikat ab. Die Kursorte sind dezentral, in allen Studios der UNIKOM-Sender.
Das Kurswesen von klipp & klang wird unterstützt vom Schweizerischen Bundesamt für Kommunikation, BAKOM. Die eduqua-Zertifizierung der Radioschule steht bevor (2008). Im Lehrmittelverlag von klipp & klang ist eine Reihe von Publikationen erschienen, die sich ergänzend zum Handbuch »Radio-Journalismus« aus der Reihe »Journalistische Praxis« versteht. (*www.klippklang.ch*)

Westschweizer Journalistenschule. Die anerkannte Journalistenschule der Westschweiz ist das *Centre romand de formation des journalistes (CRFJ)* in Lausanne, das getragen wird von den Zeitungs- und Zeitschriftenverlegern, der Schweizerischen Radio- und Fernsehgesellschaft (SRG) und dem Journalistenverband impressum. Ferner erhält das CRFJ Subventionen von verschiedenen staatlichen und wirtschaftlichen Organisationen. Die jungen Journalistinnen und Journalisten besuchen diese Schule während ihres Volontariats und absolvieren insgesamt neun Wochen. Das CRFJ verlangt Kursgelder. Die Unterrichtssprache ist Französisch. Der Stoff bezieht sowohl Theorie wie Praxis mit ein. Das CRFJ bietet auch Weiterbildungskurse an. (*www.crfj.ch*)

PR-Ausbildungen am SPRI, dem Schweizerischen Public Relations Institut: Das *Basisseminar Grundlagen der PR* richtet sich an Personen, die nebenamtlich mit Kommunikationsaufgaben betraut sind, in einem PR-verwandten Bereich arbeiten, oder an Personen, die den beruflichen Einstieg in die PR suchen und sich eine Übersicht über das Tätigkeitsfeld verschaffen möchten. Weitere Basisseminare bieten den Einstieg in Spezialgebiete: Eventorganisation und Medienarbeit etwa.

Die *Fachseminare* vermitteln Übersicht und Lösungen in Theorie und Praxis von ausgewählten PR-Disziplinen. Teilnehmende vertiefen hier ihr Wissen und bereiten sich auf ihren Kommunikationsalltag vor. In Themen die immer aktuell bleiben und solchen, die neu im Kommunikationsalltag auftauchen. Beispielsweise: Sport-PR, Krisenkommunikation, Unternehmenssprecher oder Storytelling.

Der MarKom-Vorbereitungskurs für angehende PR-Fachleute sowie Marketing-, Verkaufs- und Direktmarketing-Fachleute und auch Kommunikationsplaner gibt Einblick in wirtschaftliche Grundlagenfächer und die vier Fachrichtungen Marketing, Werbung, Verkauf und Public Relations. Der SPRI-Lehrgang eignet sich besonders für Personen mit einer hohen Selbstmotivation und dem Wunsch, den Lehrgang mit einem minimalen Anteil an Präsenzunterricht durch einen entsprechend höheren Beitrag an moderierten E-Learning-Einheiten zu kompensieren.

Eine *Ausbildung als PR-Fachfrau/PR-Fachmann* qualifiziert Teilnehmer/innen mit Berufserfahrung mit einem SPRI-internen Zertifikat. Der Lehrgang bietet eine passgenaue Vorbereitung auf die Berufsprüfung für PR-Fachleute mit eidgenössischem Fachausweis. Diese Ausbildung ist auf die optimale Umsetzung von PR-Maßnahmen ausgerichtet.

Qualifizierte Teilnehmer/innen mit Berufserfahrung erhalten nach dem *Lehrgang PR-Berater/in* das SPRI-interne Zertifikat. Absolvent/innen werden intensiv auf die eidg. Diplomprüfungen vorbereitet. Konzeptionelle und strategische Kommunikationsaufgaben auf Managementebene stehen im Vordergrund dieser Ausbildung.

Eine Qualifikation in redaktionellen Fähigkeiten bietet das in Zusammenarbeit mit der Schweizerischen Text Akademie organisierte CAS *PR-Redaktor/in* sowie das Vorbereitungsmodul *Schreibwerkstatt für Kommunikationsprofis*. Hier wird das Handwerk des professionellen Schreibens vermittelt. Corporate Publishing und Corporate Language-Strategien gehören ebenso zum Lehrgang wie PR-Wissen für Redaktoren.

Das CAS *Corporate Publisher* vermittelt alle Aspekte – von der Analyse über die Konzeption und das Projektmanagement bis zur Evaluation – der unternehmenseigenen Printprodukte und der elektronischen Unternehmenskommunikation.

Für Hochschulabsolventen oder Personen mit gleichwertiger Ausbildung bzw. Berufserfahrung, die auf hohem Niveau den Einstieg oder Quereinstieg in die Public Relations suchen, führt das SPRI mit seiner Partnerin, der Hochschule für Wirtschaft Zürich (HWZ), kompakte, berufsbegleitende Lehrgänge mit einem Certificate of Advanced Studies (CAS) durch. Während das CAS *Corporate Communications* eine praxisnahe und systematische Übersicht über die Unternehmenskommunikation bietet, vermittelt das CAS *Interne Kommunikation* ein fundiertes Verständnis für das Beziehungsfeld zwischen dem Unternehmen und seinen Mitarbeitenden. Mit der dritten Partnerin, der Höheren Fachschule für Tourismus Graubünden (HFT), bietet das SPRI ein spezifisches CAS *Corporate Communications für Touristiker* an. Das Basiswissen des regulären Lehrgangs wird im Tourismus vertieft – mit Referenten und erlesenen Fallstudien aus dem Tourismus. (*www.spri.ch*)

Universitäten und Fachhochschulen

Sämtliche 10 kantonalen Schweizer Universitäten kennen in irgendeiner Form einen kommunikationswissenschaftlichen Studiengang. Eigentliche Journalistik-Studiengänge gibt es indessen an den Universitäten der deutschsprachigen Schweiz nicht mehr. Es handelt sich vielmehr um ein theoriegeleitetes Studium der öffentlichen (oder Individual-) Kommunikation und der Medien, das durchaus auch Grundlagen legt für den Journalismus. Die Zahl der Studierenden ist anhaltend hoch.

Universität Zürich: Am Institut für Publizistikwissenschaft und Medienforschung der Universität Zürich (IPMZ) steht die Analyse der öffentlichen Kommunikation im Zentrum. Das sozialwissenschaftlich ausgerichtete Studium bietet Grundkenntnisse, Orientierungswissen und Reflexionswissen der Publizistikwissenschaft und der Medienforschung. Das Fach ist breit angelegt. Als *Berufsfelder* werden ins Auge gefasst: Operative und administrative Tätigkeiten in Bereichen wie angewandte Medien-, Kommunikations-, Markt- sowie Meinungsforschung, Evaluation von Kommunikationsleistungen, Organisationskommunikation/Public Relations, Medienmanagement sowie Fort- und Weiterbildung im Kommunikations- und Medienbereich. Im *Bachelorstudium* kann Publizistikwissenschaft im Hauptfach studiert werden (120 ECTS in Publizistikwissenschaft, 60 ECTS in einem oder zwei Nebenfächern), ebenso im Nebenfach (mit 60 oder 30 ECTS). Im *Masterstudium* fallen 105 ECTS auf das Hauptfach, 15 auf ein Nebenfach. (*www.ipmz.unizh.ch*).

Universität Freiburg: Im Fachbereich Medien- und Kommunikationswissenschaft der Universität Freiburg (MuKW; deutschsprachig) steht ebenfalls die öffentliche gesellschaftliche Kommunikation im Zentrum. Untersucht werden die Rahmenbedingungen, Systeme, Prozesse, Inhalte und Wirkungen der Massenkommunikation.
Als mögliche *Berufsfelder* werden Journalismus und Öffentlichkeitsarbeit genannt, ferner Markt-, Medien- und Meinungsforschung, Medienproduktion und Buchverlagswesen, Kommunikationspolitik, Werbung und Marketing.
Das Fach kann im *Bachelorstudium* als Hauptfach (90 ECTS) oder als Nebenfach (60 oder 30 ECTS) studiert werden. Wer Medien- und Kommunikationswissenschaft im Hauptfach studiert,

muss in den Nebenfächern 30 ECTS aus dem Bereich der Sozialwissenschaften beziehen. Voraussetzung für das *Masterstudium* sind 60 ECTS in Medien- und Kommunikationswissenschaft. *(www.unifr.ch/mukw)*

Universität Bern: Das Institut für Kommunikations- und Medienwissenschaft der Universität Bern (ikmb) beschäftigt sich mit Kommunikations- und Medienwissenschaft sozialwissenschaftlicher Ausrichtung. Im Zentrum steht ebenfalls die öffentliche Kommunikation. Das Fach bezieht seine Relevanz aus der gesellschaftlichen Bedeutung der Medien im allgemeinen und aus den Bedürfnissen der Politik- und Medienstadt Bern im besonderen. Rund um den einzigen Lehrstuhl werden politische Kommunikation, Mediengeschichte, Journalistik, Publikumsforschung und Medienrecht besonders gepflegt.
Mögliche *Berufsfelder* sind Journalismus, Public Relations, Medien- und Marktforschung. Das Fach kann nur als *Minor* im Rahmen des sozialwissenschaftlichen Bachelorstudiums gewählt werden (30 oder 15 ECTS). *(www.ikmb.unibe.ch)*

Universität Basel: Das Institut für Medienwissenschaft der Universität Basel (IfM) befasst sich interdisziplinär orientiert mit allen Medien, von der Schrift über Photographie, Film und Fernsehen bis zum Computer. Sein Profil verbindet den kulturwissenschaftlichen und den sozialwissenschaftlichen Zweig der Medienwissenschaften. Gelehrt werden Kulturtheorien und ästhetische Konzepte der Medien ebenso wie die verschiedenen Ansätze der Mediensoziologie. Medien werden als grundlegende Kulturtechniken untersucht sowie in ihrer Funktion als Massenmedien, insbesondere in der Populärkultur. Schließlich wird das wissenschaftliche Studium ergänzt durch ein reichhaltiges Angebot *medienpraktischer* Kurse.
Im *Bachelorstudium* fallen 75 ECTS auf Medienwissenschaft, 75 auf das zweite Fach und 30 auf einen komplementären Bereich. Zugang zum *Masterstudium* hat, wer 60 ECTS in Medienwissenschaft nachweisen kann. Dort fallen 65 ECTS auf das Haupt-

fach, 35 auf das zweite Fach und 20 auf den Komplementärbereich. (*www.mewi.unibas.ch*)

Universität Luzern: Am Soziologischen Institut der Universität Luzern wird die kommunikationstheoretische Tradition der Soziologie gepflegt; es gibt einen Studiengang Gesellschafts- und Kommunikationswissenschaften, der sich aus theoretischer Perspektive mit Kommunikationsmedien befasst.
Als mögliche *Berufsfelder* werden die Medienindustrie, die Organisationskommunikation, internationale Organisationen, Unternehmensberatung, Verwaltung und Wissenschaft gesehen.
Der *Bachelor-Studiengang* ist interdisziplinär angelegt und umfasst 180 ECTS. Er enthält die Module (1) Grundlagen, (2) Kommunikation und Kommunikationsmedien, (3) Organisationen, sowie (4) Kulturwissenschaften. Daran schliesst ein *Masterstudiengang* in Vergleichender Medienwissenschaft an.
(www.unilu.ch/deu/soziologisches_seminar_22932.aspx)

Universität St. Gallen: Das Institut für Medien- und Kommunikationsmanagement der Universität St. Gallen (MCM) befasst sich mit organisationaler Kommunikation aus der Managementperspektive und legt das Schwergewicht der Ausbildung, Forschung und Anwendung auf Communication Management, Management der neuen Medien, Corporate Communication, Wertschöpfung durch Kommunikation und deren Veränderung durch die Digitalisierung sowie Medien und Kultur.
Ein *Bachelor-Studiengang* ist möglich mit einem Major in Betriebswirtschaftslehre, Volkswirtschaftslehre, Recht oder Staatswissenschaften. Ein *Master-Abschluss* ist in zwei Richtungen möglich: MA in Marketing, Services and Communication Management oder MA in Information, Media and Technology Management. (*www.mcm.unisg.ch*)

Universität der italienischen Schweiz (Lugano): In Lugano besteht eine ganze Fakultät der Kommunikationswissenschaften mit sechs Instituten und acht Laboratorien. Der *Bachelor* in scienze della comunicazione umfasst comunicazione di massa e nuovi media, comunicazione di impresa, tecnologia della comunicazione, comunicazione e formazione sowie comunicazione istituzionale.

Es sind verschiedene *Masterabschlüsse* möglich, so in gestione dei media, tecnologia per la comunicazione, technology-enhanced communication for cultural heritage, formazione oder comunicazione istituzionale. Die Unterrichtssprache ist Italienisch oder Englisch.

Für am Journalismus interessierte Studierende bietet sich vor allem das *Europäische Journalismus-Observatorium (EJO)* an *(www.ejo.ch)*, das zum Istituto media e giornalismo gehört. *(www.com.unisi.ch)*

An den Universitäten Fribourg (französische Abteilung), Lausanne, Neuenburg und Genf werden die Studiengänge nur in Französisch angeboten: Der *Domaine Sociologie et Médias* (Université de Fribourg) *(www.unifr.ch/sociomedia/2007/index.php)*, das *Institut de sociologie des communications de masse* (Université de Lausanne) *(www.unil.ch/iscm)*, das *Institut des sciences du language et de la communication* (Université de Neuchâtel) mit einem eigenen Bachelor-Studiengang für Sciences de l'information et de communication *(www2.unine.ch/islc)* und der interdisziplinäre Master in *sciences de la communication et des médias* (Université de Genève).
(www.unige.ch/ses/socio/icommunication/)

Die Studiengänge sind entweder stark soziologisch (Freiburg, Lausanne, Genf) oder stark linguistisch (Neuenburg) orientiert.

In Neuenburg ist inzwischen an der ökonomischen Fakultät eine *Académie du journalisme et des médias (AJM)* entstanden, die einen *Master* in Journalismus anbietet mit den Schwerpunkten Journalismus, Wirtschaft/Management und Technologie. *(www2.unine.ch/ajm)*

Zürcher Hochschule Winterthur: Das *Institut für Angewandte Medienwissenschaft (IAM)* der Zürcher Hochschule für Angewandte Wissenschaften in Winterhur erzeugt, vermittelt und ver-

wertet Wissen für die Berufsfelder *Journalismus* und Organisationskommunikation.
Im *Bachelor-Studium* Journalismus/Organisationskommunikation erwerben die Studierenden das Wissen und die Praxis für diese Berufsfelder. Das Studium ist modular aufgebaut und bietet individuelle Studienpläne für Einsteiger und Erfahrene. Berufsbegleitendes Studium ist möglich. Weitere Bachelor-Studiengänge sind jene zur mehrsprachigen Kommunikation und zur Technikkommunikation. In der Weiterbildung bietet das IAM einen *Masterstudiengang* in Communication Management and Leadership sowie Zertifikatslehrgänge in Kommunikationsmangement, in Leadership, in Wirtschaftskommunikation und in politischer Kommunikation. *(www.iam.zhwin.ch)*

Die Hochschule Luzern – Wirtschaft, eine Teilschule der Fachhochschule Zentralschweiz, führt seit 2005 den praxisorientierten *Bachelor-Studiengang* in Business Administration, Studienrichtung Kommunikation+Marketing. Das Studium kann sowohl im *Vollzeit*-Modell (3 Jahre) wie im *berufsbegleitenden* Modell (4 Jahre) absolviert werden.
Der zwei Drittel umfassende *generalistisch-betriebswirtschaftliche* Teil (120 ECTS) umfasst folgende Modulgruppen: Strategie, Marketing und Organisation, Finanz- und Rechnungswesen, Volkswirtschaft, Mathematik/Informationsmanagement, Wissenschaftliche Methoden, Kommunikation Deutsch und Fremdsprachen, Kontextwissen.
Im ein Drittel umfassenden *Vertiefungsstudium* (60 ECTS) haben die Studierenden die Gelegenheit, ihr Wissen und Können im Bereich Kommunikation+Marketing auszubauen. Die Studienrichtung umfasst die Module Unternehmens- und Marketingkommunikation, Marketing (Markenführung und Marktforschung), Online-Kommunikation und -Marketing, Journalismus und Medien, Werkstatt Schreiben-Reden-Visualisieren. Das Wahlmodul Campus Radio wird zusammen mit dem MAZ – der Schweizer Journalistenschule Luzern angeboten.
Der Studiengang schließt mit einem Bachelordiplom ab. Darüber hinaus bietet die Hochschule Luzern *Nachdiplomstudiengänge*

(MAS) und Nachdiplomkurse (CAS) im Bereich Communication Management und Corporate Communication an, an denen MAZ-Dozierende beteiligt sind. (www.hslu.ch)

Medienadressen, Schnupperlehren, Berufsregister

Redaktionsadressen findet man im jährlich erscheinenden »Katalog der Schweizer Presse« (Zeitungen, Amtsblätter, Anzeiger, Publikumszeitschriften) und im »Katalog der Schweizer Presse – Fachzeitschriften« (reine Fachzeitschriften, Spezial- und Hobbyzeitschriften); außerdem gibt es das »Schweizer PR- und Medienverzeichnis«. (Edition Renteria SA, *www.renteria.ch*)
Im Internet kann man die Mitgliederliste des Verbands Schweizer Presse abfragen. (*www.schweizerpresse.ch*)

Medienzeitschriften: Jährlich etwa sechsmal gibt der Schweizer Verband der Journalistinnen und Journalisten sein Medienmagazin »journalisten.ch« heraus. (*www.journalisten.ch*)
Die Zeitung der Mediengewerkschaft comedia heißt »m«; sie erscheint ca. 20 Mal pro Jahr. (*www.comedia.ch*)
Von einer Stiftung getragen wird das zweimonatlich erscheinende Schweizer Medien-Magazin »Klartext«. (Stiftung Klartext Ursula Schmid, *www.klartext.ch*)
Der Verleger-Verband Schweizer Presse veröffentlicht zehnmal jährlich den Newsletter »Flash«. (*www.schweizerpresse.ch*)
Analog zum »Medium-Magazin« in Deutschland und zum »Der Österreichische Journalist« erscheint aus dem Verlag Johann Oberauer zweimonatlich das Magazin »Schweizer Journalist«. (*www.schweizer-journalist.ch*)

Schnupperlehre meint das unverbindliche *Kurzvolontariat* während der Semesterferien oder eine stundenweise Tätigkeit während des Semesters. Vor allem mittlere und kleine Zeitungen geben nach wie vor, wenn möglich, Interessierten eine Chance. Wo die Schnupperlehren und/oder freie Mitarbeit möglich sind,

muss jeder Bewerber mit ideenreicher Hartnäckigkeit selbst herausfinden.
Das MAZ bietet dreitägige *Einstiegskurse* an. Sie sind geeignet für Personen, die in ihrem bisherigen Berufsleben nichts mit dem Journalismus zu tun hatten, allerdings davon fasziniert sind und mehr darüber erfahren möchten. Die Teilnehmer erlernen grundsätzliche Arbeitsschritte eines Journalisten und können diese auch praktisch anwenden.

Berufsregister. Die Berufsorganisationen impressum – die Schweizer JournalistInnen, die Mediengewerkschaft comedia und das Syndikat Schweizerischer Medienschaffender (SSM) führen einheitliche Berufsregister nach gemeinsam festgelegten Kriterien. Am 1. Januar 2003 trat das neue »Reglement über den Schweizer Presseausweis und das Berufsregister der journalistisch Medienschaffenden BR« in Kraft.
Die *Eintragung* als (neue Bezeichnung) *Medienschaffende/r BR* beziehungsweise der aufgrund dieser Eintragung ausgestellte *Presseausweis* ist Beleg darüber, dass die/der Eingetragene Journalismus im Hauptberuf ausübt, d. h. mindestens fünfzig Prozent der journalistischen Tätigkeit bei Publikums-Informationsmedien (Zeitungen, Zeitschriften, Nachrichten- und Bild-Agenturen, Radio und Fernsehen usw.) widmet.
Voraussetzung für die Eintragung ist neben der Mitgliedschaft in einer der drei Journalisten-Organisationen und der hauptberuflichen journalistischen Tätigkeit in umschriebenen Funktionen beziehungsweise Tätigkeitsbereichen der Nachweis für eine mindestens zweijährige journalistische Berufspraxis beziehungsweise (berufsbegleitete) Ausbildung.
Außerdem muss der/die Antragsteller/in den Journalistenkodex des Schweizer Presserats (»Erklärung der Pflichten und Rechte der Journalistinnen und Journalisten«, *www.presserat.ch*) mittels Unterschrift anerkennen.
Der Verband Schweizerischer Fachjournalisten (SFJ) führt ein eigenes Berufsregister. (*www.sfj-ajs.ch*)

Medienadressen, Schnupperlehren, Berufsregister

Weiterführende Literatur:

Roger Blum, Die Schweiz als diversifizierter Spätzünder, in: Klaus-Dieter Altmeppen/Walter Hömberg (Hrsg.), Journalistenausbildung für eine veränderte Medienwelt: Diagnosen, Institutionen, Projekte, S. 49–57 (Westdeutscher. Verlag, Wiesbaden 2002)

Roger Blum, Medienstrukturen der Schweiz, in: Günter Bentele/Hans-Berd Brosius/Otfried Jarren (Hrsg.), Öffentliche Kommunikation. Handbuch Kommunikations- und Medienwissenschaft (Westdeutscher Verlag, Wiesbaden 2003, S. 336–381)

Heinz Bonfadelli/Otfried Jarren/Gabriele Siegert (Hrsg.), Einführung in die Publizistikwissenschaft (Verlag P. Haupt, Bern/Stuttgart 2005)

Heinz Bonfadelli/Werner A. Meier/Josef Trappel (Hrsg.), Medienkonzentration Schweiz. Formen, Folgen, Regulierung. (Verlag P. Haupt, Bern/Stuttgart 2006)

Werner Catrina/Roger Blum/Toni Lienhard (Hrsg.), Medien zwischen Geld und Geist. 100 Jahre Tages-Anzeiger 1893–1993 (Werd-Verlag, Zürich 1993)

Patrick Donges (Hrsg), Politische Kommunikation in der Schweiz. (Verlag P. Haupt, Bern/Stuttgart 2005)

Matthias Künzler (Hrsg.), Das schweizerische Mediensystem im Wandel. Herausforderungen, Chancen, Zukunftsperspektiven (Verlag P. Haupt, Bern/Stuttgart 2005)

Karl Lüönd, Ringier bei den Leuten. Geschichte des grössten Schweizer Medienunternehmens 1833–2008 (NZZ-Verlag, Zürich 2008)

Mirko Marr/Vinzenz Wyss/Roger Blum/Heinz Bonfadelli, Journalisten in der Schweiz. Eigenschaften, Einstellungen, Einflüsse (UVK, Konstanz 2001)

Theo Mäusli/Andreas Steigmeier (Hrsg.), Radio und Fernsehen in der Schweiz. Geschichte der Schweizerischen Radio- und Fernsehgesellschaft SRG 1958–1983. (Verlag hier+jetzt, Baden 2006)

Thomas Maissen, Die Geschichte der NZZ 1780–2005. 225 Jahre Neue Zürcher Zeitung (NZZ-Verlag, Zürich 2005)

Conrad Meyer, Das Unternehmen NZZ 1780–2005. 225 Jahre Neue Zürcher Zeitung. (NZZ-Verlag, Zürich 2005)

Daniel Perrin, Wie Journalisten schreiben. Ergebnisse angewandter Schreibprozessforschung (Verlag UVK, Konstanz 2001)

Ulrike Röttger/Jochen Hoffmann/Otfried Jarren, Public Relations in der Schweiz. Eine empirische Studie zum Berufsfeld Öffentlichkeitsarbeit (UVK, Konstanz 2003)

Peter Studer/Rudolf Mayr von Baldegg, Medienrecht für die Praxis. Vom Recherchieren bis zum Prozessieren: Rechtliche und ethische Normen für Medienschaffende (2. Auflage, Saldo Ratgeber, Zürich 2001)

Franz Zölch/Rena Zulauf, Kommunikationsrecht für die Praxis. Ein Hand- und Arbeitsbuch zur Lösung kommunikations- und medienrechtlicher Fragen (Verlag Stämpfli, Bern 2007)

Schweiz

Weiterführende Webseiten:
Europäisches Journalismus-Observatorium Lugano (*www.ejo.ch*)
Schweizer Presserat (*www.presserat.ch*)
Verein Qualität im Journalismus (*www.quajou.ch*)
Journalistenverband impressum (*www.impressum.ch*)
Mediengewerkschaft comedia (*www.comedia.ch*)
Journalistengewerkschaft SSM (*www.ssm-site.ch*)
Verlegerverband VSP (*www.schweizerpresse.ch*)
Medienspiegel von Martin Hitz (*www.medienspiegel.ch*)
Blattkritik (*www.blattkritik.ch*)

Quellen und Anmerkungen

[1] Schätzung nach Angaben des DJV, der DGPR und der Bundesagentur für Arbeit (vgl. www.abis.iab.de)

[2] Willi Kinnigkeit, Recherchieren ist wichtiger als Schreiben; in: Praktischer Journalismus (München 1963), herausgegeben von der Deutschen Journalistenschule München

[3] Werner Friedmann: Vorwort zu Carl Warren, ABC des Reporters (München 1966), Seite 7

[4] Vgl. Anton Simons, Redaktionelles Wissensmanagement. Konstanz 2007

[5] Angaben nach www.dpa.de im Januar 2006

[5a] Zitiert nach: Media Perspektiven Basisdaten, Seite 68 (Frankfurt am Main 2007)

[6] Siegfried Weischenberg/Maja Malik/Armin Scholl, Die Souffleure der Mediengesellschaft. Report über die Journalisten in Deutschland. Konstanz 2006, S. 258

[6a] Definition in Anlehnung an Walter J. Schütz, der seit 1954 die deutsche Presselandschaft statistisch erfasst (vgl. z. B. seinen Beitrag in der Zeitschrift Media Perspektiven 5/2005, S. 205–242)

[7] Auflagenzahlen nach: Bundesverband Deutscher Zeitungsverleger, Zeitungen 2007 (Zeitungs-Verlag, Berlin 2007), S. 410

[8] Auflagenzahlen nach: Bundesverband Deutscher Anzeigenblätter, www.bvda.de

[9] Für den Zeitschriftenmarkt gibt es keine exakten Statistiken. Die Angaben beziehen sich auf den Verband Deutscher Zeitschriftenverleger und den Medienbericht der Bundesregierung 1998.

[9a] Siegfried Weischenberg/Maja Malik/Armin Scholl, Die Souffleure der Mediengesellschaft. Report über die Journalisten in Deutschland. Konstanz 2006, S. 258

[9b] Vgl. die ARD/ZDF-Online-Studie in: Media Perspektiven 8/2007, S. 362–378.

[9c] Vgl. die ARD/ZDF-Online-Studie in: Media Perspektiven 8/2007, S. 393–405.

[10] Rainer Haase, Seitenweise teletexten. In: Medium Magazin 11/1998, S. 72–77.

[11] Die Zahl errechnet sich aus Angaben von Hermann Meyn, Massenmedien in Deutschland (Konstanz 1999), Seite 264

[11a] Deutsche Public Relations-Gesellschaft (Hrsg.), Qualifikationsprofil Öffentlichkeitsarbeit/Public Relations. Bonn o. J., S. 20.

[11b] Elisabeth Noelle Neumann/Renate Köcher (Hrsg.), Allensbacher Jahrbuch der Demoskopie 1998–2002, S. 395

[11c] Vgl. die Fußnote 9a

[12] Gehaltstarifvertrag für Redakteure an Tageszeitungen, Ziffer 2 der Protokollnotiz zu § 1

[13] Egon Jameson, Der Zeitungsreporter (Garmisch-Partenkirchen 1958), Seite 26

[13a] Deutscher Presserat, Richtlinie 4.1 (Grundsätze der Recherche)

Quellen und Anmerkungen

[14] Um der Wahrheit, auf die ich erst bei der Vorbereitung der 6. Auflage stieß, die Ehre zu geben: Der eigentliche Korrespondentenbericht beginnt zwar so; das Extra-Blatt der Vossischen Zeitung hatte aber natürlich eine Schlagzeile (»Der österreichische Thronfolger und seine Gattin ermordet«) sowie einen redaktionellen Vorspann, der das Wichtigste enthält. Er lautet: »Einer grauenvollen Bluttat sind der Erzherzog-Thronfolger Franz Ferdinand von Österreich-Ungarn und seine Gattin, die Herzogin von Hohenburg, zum Opfer gefallen. Durch Schüsse serbischer Fanatiker wurden sie ermordet, nachdem sie einem Bombenattentat, durch das einige Offiziere aus ihrem Gefolge und einige Personen aus dem Publikum verwundet wurden, entgangen waren. Über das furchtbare Ereignis wird uns telegraphiert: ...«. Der Sarajewo-Text ist trotzdem zu einem Lernklassiker geworden.

[15] Report of the Commision on Freedom of the Press, Robert Hutchins u. a., A Free and Responsible Press, Chicago, 1947, zitiert und übersetzt von Heinz Bäuerlein auf Seite 105 seiner Dissertation (vgl. Fußnote 32)

[16] Vgl. Schwiesau/Ohler; Die Nachricht (2003), S. 13. Die Autoren definieren die Nachricht ähnlich: »Die Nachricht ist eine direkte, kompakte und möglichst objektive Mitteilung über ein neues Ereignis, das für die Öffentlichkeit wichtig und interessant ist.«

[17] Dietz Schwiesau, Chef Nachrichten/Zeitgeschehen MDR 1 Radio Sachsen-Anhalt, Co-Autor »Die Nachricht« (vgl. Fn. 16)

[18] Carl Warren, ABC des Reporters, Seite 25

[19] Diese vier Überschriften entnehme ich dem Buch von Carl Warren, ABC des Reporters, Seite 21

[20] Zitiert nach: Herbert Bruckner, Communication is Power (New York 1973), Seite 13

[20a] Woher denn Karl W. Mekiska wisse, dass die Attentäter »serbische Nationalisten« waren, fragte mich Berthold Seewald, der am Institut für Publizistik der FU Berlin den Beitrag der Vossischen Zeitung für die Übung im Nachrichtenschreiben verwendete. Kollege Mekiska antwortete nach Berlin: »Die Frage, ob der Auslandskorrespondent damals die Urheberschaft der serbischen »Schwarzen Hand«, eines auch von Rußland geförderten Geheimbundes, am Attentat von Sarajewo hätte kennen müssen, lässt sich heute natürlich nicht mehr mit Sicherheit beantworten. Der Wiener Publizistik waren die großserbischen und anti-österreichischen Bestrebungen Belgrads und St. Petersburgs durchaus bekannt. So hatte z. B. der serbische Gesandte in Wien den Thronfolger vor Antritt der Balkanreise ausdrücklich vor möglichen Anschlägen auf seine Person gewarnt. Franz Ferdinand nahm diese Gefährdung bewusst in Kauf, weil in seiner Vorstellung ein Krieg die Völker Österreichs nur enger an den Thron der Habsburger binden konnte. Dass der Bericht der ›Vossischen‹ neben dem falschen Aufbau auch noch andere Unzulänglichkeiten aufweist, macht ihn ja zum Lehrbeispiel.«

[21] Josef Ohler, ehemaliger Leiter der Nachrichtenredaktion beim Saarländischen Rundfunk, Co-Autor des Lehrbuchs »Die Nachricht«

[22] Das Thema-Rhema-Prinzip ist die Grundregel des deutschen Satzbaus: Zuerst wird das Bekannte genannt (linguistisch: das »Thema«), dann das Neue, das »Hinzugefügte« (linguistisch: das »Rhema«). Das gilt für Mitteilungen aller Art. Nur so kann der Adressat das Mitgeteilte leicht verstehen.

[23] Rudolf Flesch, Besser schreiben, sprechen, denken (Düsseldorf 1973), Seite 170

[24] Carl Warren, ABC des Reporters, Seite 29

Quellen und Anmerkungen

[25] Hanno Kühnert, Studienplatz-Vertrag teilweise nichtig, Süddeutsche Zeitung Nr. 152 vom 5. Juli 1974, Seite 7

[26] Nach meinem Beitrag »Fürs Hören schreiben« (S. 22f.); in: La Roche/Buchholz (Hrsg.), Radio-Journalismus (8., völlig neu bearbeitete, Auflage, Berlin 2004)

[27] Helmut Hammerschmidt, Der Rundfunkreporter, Seite 79 (Garmisch-Partenkirchen 1957)

[28] dtv-Wörterbuch zur Publizistik, Stichwort Objektivität (München 1969)

[29] Pressekodex des Deutschen Presserats, Ziffer 2

[30] Bayerisches Rundfunkgesetz, Artikel 4, Ziffer 7

[31] Hanns Gorschenek, Probleme der Nachrichtensprache aus der Sicht des Praktikers, Vortrag, gehalten am 24. September 1971 in Baden-Baden

[32] Heinz Bäuerlein, Die Problematik der Objektivität in der Presse-Berichterstattung (Dissertation am Institut für Zeitungswissenschaft der Universität München, 1956)

[33] Aus Ulrich Saxers Einleitungskapitel zu dem von ihm herausgegebenen Sammelband »Fernsehen: Stichwort Objektivität« (Band I der Schriftenreihe der Pressestelle des Fernsehens der deutschen und rätoromanischen Schweiz)

[34] Manfred Heun, Die Subjektivität der öffentlich-rechtlichen Nachrichten; in: Erich Straßner (Hrsg.), Nachrichten (München 1975) Seite 66 ff.

[35] Manfred Steffens, Das Geschäft mit der Nachricht, Seite 40

[36] Egon Erwin Kisch belegt in einer Reportage von der Fahrt mit einem Finkenwerder Fischkutter den Satz »Erstaunlich ist die Zahl der Menschenspuren am Meeresgrund« mit folgenden Details: »Große Kohlenstücke, intakte und leere Konservenbüchsen, ein Sack Mais, Knochen, Holzpantinen, ein zerrissener Strandkorb, Bierflaschen, eine Matrosenmütze, ein Südwester, Antennendraht, ein Seidenschal und ein Eimer kam schon mit dem ersten Fischzug in unser Fundbüro. Reste eines Liegestuhls waren zwischen den Fischen, morsch das Holz, die Leinwand fehlte, und man erkannte die Stellen eines einstigen Eisenbeschlags in einem Hauch von Rost und an unversehrten, golden glänzenden Metallschrauben. Einen Landungssteg erbeuteten wir auf unserer Fahrt und einen Poloball. Die Tafel einer Badeanstalt ließ entziffern: »Schwimmhose 10 Pf., Handtuch 5 ...«. Froh wurde eine Flasche französischen Kognaks, Originalpackung mit Korkbrand, begrüßt, trübselig stimmte es die Fischer, als sie ein Fischernetz im Fischernetz fanden, ein Scherbrett mit sechs Meter leinengeknüpften Rhomben. Ein Krebs hielt ein zusammengeknülltes Stück Papier in der Schere, nur mit Mühe konnte man es ihm entreißen; es war ein in portugiesischer Sprache bedrucktes Blatt ...«
(Egon Erwin Kisch, Schollenjagd und Haifischfang; in: Nichts ist erregender als die Wahrheit, Reportagen aus vier Jahrzehnten von Egon Erwin Kisch; herausgegeben von Walther Schmieding, Band 1, Seite 153)

[37] Martin E. Süskind über die Wahl Helmut Schmidts als Nachfolger von Willy Brandt: Kurzes Zögern beim Ja, Süddeutsche Zeitung Nr. 114 vom 17. Mai 1974, Seite 3

[38] Annelie Stankau, Goldfisch im Gottesdienst, Kölner Stadt-Anzeiger Nr. 231 vom 5./6. Oktober 1974

[39] Wolf Schneider, Was ist eine Reportage? Vervielfältigter Antwortbrief für den 4. Lehrgang der Hamburger Journalistenschule

[40] »Wieder nichts«, Der Spiegel, Nr. 15/1974, Seite 68

Quellen und Anmerkungen

[41] Udo Flade, »Feature: Der charakteristische Zug«, Praktischer Journalismus, (München 1963), Seite 112

[42] Hans-Joachim Netzer, Thesen über das Interview; in: Publizistik, Heft 1, Jahrgang 1970, Seite 37

[43] Alfred Rapp, Strauß vor den Pforten der Kanzlerkandidatur?, Frankfurter Allgemeine Nr. 239 vom 15. Oktober 1974, Seite 2

[44] Hans Reiser, Honecker zielt nach West und Ost, Süddeutsche Zeitung Nr. 127 vom 4. Juni 1974, Seite 4

[45] W. E. Süskind, Glosse und Kommentar; in: Praktischer Journalismus, Seite 129

[46] Der Bundesgerichtshof (BGH) sprach einem Reiter, dessen Bild unbefugt zur Werbung für ein sexuelles Kräftigungsmittel verwendet wurde, Schadensersatz für die damit verbundene Verächtlichmachung zu. (BGH, Entscheidungen in Zivilsachen, Band 26, Seite 349 = Neue Juristische Wochenschrift, Jahrgang 1958, Seite 827)

[47] BGH NJW 1995, Seite 861 – Caroline von Monaco I; BGH NJW 1996, Seite 984 – Caroline von Monaco II; BGH NJW 1996, Seite 985 – Caroline von Monaco III

[48] Deutscher Journalisten-Verband (Hrsg.), Journalist/in werden? (Bonn 2005), Seite 15

[49] Akademie Berufliche Bildung der deutschen Zeitungsverlage (ABZV): Beschäftigtenzahlen und Daten zur Volontärausbildung bei den deutschen Tages- und Wochenzeitungen 1989 bis 2004

[49a] Julia Eggs, Master-Arbeit an der Universität Augsburg »Untersuchung zur betrieblichen Ausbildungssituation des journalistischen Nachwuchses« (zitiert nach einem Interview mit der Autorin in »ABZV aktuell«, März 2007)

[50] Konstanze Rohde, »›Karriere‹ – trotz Dr. phil.?«; in: Publizistik, Heft 3–4/74, 1–2/75

[51] Zentralstelle für Arbeitsvermittlung der Bundesanstalt für Arbeit – Arbeitsmarktinformationsstelle (Hrsg.), Arbeitsmarkt – Information, Qualifizierte Fach- und Führungskräfte: Journalistinnen und Journalisten, Seiten 27/28 (Frankfurt am Main 8/98)

[52] Rüdiger Schulz, Der Journalist als Objekt der Sozialforschung. Fragestellungen und Erkenntnisse. Referat im Rahmen der Informationsbörse für junge Journalisten »Journalist werden – lohnt sich das?«, Hanns Seidel-Stiftung e. V., München, am 31. Januar 1981, Seite 8 des verteilten Manuskripts

[53] Vgl. Anm. 49

Register

Abkürzung 127
Ablauf 156
Abonnementzeitung 27
Absatz 184
Abstraktion 160
Abteilung (Rundfunk) 49
Adressbuch 66
Agence France Press (AFP) 38
Akademie berufliche Bildung der deutschen Zeitungsverlage 249
Akademie der bayerischen Presse 248 f.
Akademie für Neue Medien Kulmbach 260
Akademie für Publizistik 248
Akademie Klausenhof 269 f.
Aktiv 129 f.
Aktualität (Definition) 83
Aktualität 75, 79 ff.
Analyse 160
Analysierender Beitrag 169 ff.
Anfang 97 f.
Anfang (Reportage) 157 f.
Anregungen (Themen) 54 f.
Anschaulichkeit 113, 155, 160
Anzeigenblatt 29
Arbeitsprobe 184
Arbeitstitel 184
Archiv 66
Archiv, persönliches 15
Argumentations-Kommentar 174
Associated Press (AP) 38
Audiatur et altera pars 58
Aufbau (Nachricht) 77, 92 ff.
Aufbau (Reportage) 158
Aufbaustudiengänge 222 ff.
Auflage (Tageszeitungen) 27 f.
Aus-Erster-Hand-Informant 54
Auskunftsrecht (bei Behörden) 64
Auslandskorrespondent 50
Ausspielkanal 35
Auswahl, Auswählen 17, 145 f.
Auswahlkriterien 86 f.
Axel Springer Akademie 255 f.

Bachelor-Studiengänge 212 ff.
BA-Programme 505
Bearbeiten 18
Begabtenförderungswerke 211
Begleitbrief 183
Behörden-Deutsch 124
Beleidigung 196
Bericht 149 ff
Berichtigung 198
Berliner Journalisten-Schule 253
Berufsweg 201 f.
Beschlagnahmeverbot 199
Bildjournalist 51
Blähstil 125
Blog s. Weblog
Boulevardzeitung 27
Burda Journalistenschulen 256

Campusradio 180
Chef vom Dienst 49
Chefredakteur 49
Christliche Medien-Akademie 269
Chronologie 95
Community-Portal 34
Corporate Communication 40
Crossmediale Konzepte 36
Crossmediale Redaktion 35 f.
Crossmediales Arbeiten 35 ff.
Cut – das broadcast-magazin 262

DAA Phoenix Medienakademie 260
Dateiformat 185 f.
Datenbank 15, 68 f.
Deutsche Journalistenschule 252 f.
Deutsche Journalistinnen- und Journalisten-Union 267
Deutsche Presse-Agentur (dpa) 17, 37
Deutsche Public Relations Gesellschaft 41
Deutscher Depeschendienst (ddp) 38
Deutscher Journalisten-Verband 266 f.
Diplomstudiengang 206
Dokumentation 15 f.
Dramatik 90
Duale Rundfunkordnung 30

Einerseits-Andererseits-Kommentar 174

323

Register

E-Mail 70
Evangelische Journalistenschule 253f.
Evangelische Medienakademie 249

Fachbegriff 127f.
Fachgebiet 44
Fachjournalist (Zeitschrift) 262
Fachstudium 207ff.
Fachzeitschrift 29, 265f.
Feature 159ff.
Fernlehrgänge 270f.
Fernsehakademien 232ff.
Fernsehen 21f., 32f.
Festangestellt 46
Filmakademien 232ff.
Folgenschwere 87
Format 86
Fortbildungskurse 247ff.
Fortschritt 89
Fragetechnik 61
Freiberufler 41, 48
Freiberuflich 46
Fremdwörter 126
Friedrich-Ebert-Stiftung 267f.
Friedrich-Naumann-Stiftung 268
Futur 108

Garantiehonorar 48
Gefühl 91
Gegencheck (Recherche) 70
Gegendarstellung 196
Gegenlesen 184
Gehalt 49
Genauigkeit 114
General-Interest-Zeitschrift 29
Georg von Holtzbrinck-Schule 256f.
Georg-von-Vollmar-Akademie 268
Geradeaus-Kommentar 174
Gerichtsreporter 136
Gleichklang 125
Glosse 176f.
Grammatik 130
Grundgesetz 195

Handarchiv 66
Hanns-Seidel-Stiftung 267
Hard News 106f.
Hauptabteilung (Rundfunk) 49
Hauptberuflich 46
Henri-Nannen-Schule 254f.
Herstellung 21

Hintergrund 118
Honorar 47f.
Hörertelefon 23
Hospitanz 245f.
Human Interest 106
Illustration 21

Image 41
Imperfekt 109
Informant 53
Informationsdienst 38
Informationsziel 149
Initiative Tageszeitung 269
Institut für Journalistenausbildung 250
Institut zur Förderung publizistischen Nachwuchses 250
Intendant 50
Interesse 76, 84ff.
Internet 22f.
Internet-Magazin 33
Internet-Nutzung 33
Interview 163ff.
Issue Management 40

Journalist (Zeitschrift) 262
Journalist 13
Journalistenakademie Dr. Hooffacker & Partner 258f., 269
Journalisten-Akademie, Stuttgart 249
Journalistenausbildung Österreich 275ff.
Journalistenausbildung Schweiz 294ff.
Journalistenbüro 25
Journalistenschule Ruhr 257
Journalistenschulen 251ff.
Journalistenzentrum Haus Busch 269
Journalistik als Nebenfach 227f.
Journalistik-Journal 262
Journalistische Darstellungsformen 16, 73ff.

Klara 250
Kommafehler 20
Kommentar 173ff.
Kommunikationsstrategie 41
Kommunikationswissenschaft 229ff.
Konflikt 89f.
Konjunktiv 151
Konkret 155
Kontakt mit der Redaktion 181

Register

Koppelung 140
Korrekturzeichen 188 f.
Korrespondent 50 f.
Korrespondentenbericht 169 ff.
Kreise, gut informierte 63
Kundenzeitschrift 29
Kuratorium für Journalistenausbildung/
  Österreichische Medienakademie
  283 f.
Kuriosität 90
Kurse für Berufseinsteiger 247 ff.
Kurzkurse 266 ff.

Landesmedienanstalt 31
Landesrundfunkanstalt 30
Lead 94, 96 ff.
Lead-Satz 99 f.
Lehrbücher 261
Lehrgänge zur beruflichen Weiterbildung 258 ff.
Lesertelefon 23
Lexikalische Varianz 123
Linke Medienakademie 268
Lokalfernsehen 180
Lokalradio 180
Lokalredakteur 28
Lokalzeitung 180

M – Menschen machen Medien
  (Zeitschrift) 262
Mailingliste 71
Management 23
Mantel (Tageszeitung) 28 f.
MA-Programme 205
Masterstudiengänge 206
Master-Studiengang, konsekutiv
  212 ff.
Master-Studiengang, nichtkonsekutiv
  222 ff.
MAZ – Die Schweizer Journalistenschule 300 ff.
Media Perspektiven (Zeitschrift) 262
Media Relations 39
Mediathek 32
Medienbüro Hamburg 268
Mediennutzung 26
Medienwissenschaft 228 f.
Medienzeitschriften 261 ff.
Medium Magazin 262
Meinungsäußernde Darstellungsformen 173 ff.
Meinungsäußerung 134 f.

Meldung 78
Message (Zeitschrift) 262
Mibeg-Institut 260
Mindesthonorar 48
Mitarbeiterzeitschrift 29
Mitgliederzeitschrift 29
Mitteilung 77
Mobilfunk 26
Moderator 31 f.

Nachricht (Definition) 78
Nachricht 75 ff.
Nachrichtenagentur 37 ff., 55 f.
Nachrichtenfaktoren 85 ff.
Nachschlagewerke 68
Nähe 87 ff.
Namen 115
Nebenberuflich 46
News-Alerts (E-Mail) 55
Newsdesk 24, 36
Newsgroup 71
Newsletter 54 f., 263
Newsroom 24, 36
Nutzen 87

Objektivität 132 ff.
Objektivität, äußere 143
Objektivität, innere 147
Offener Kanal 180
Öffentlichkeitsarbeit 39 ff.
Offertenblatt 29
Ombuds-Redakteur 23
Online-Datenbank 68
Online-Journalismus 26, 33 f.
Online-Journalist 34
Online-Magazin 180
Online-Medium 33 ff.
Online-Recherche 68 ff.
Online-Trends 34
Organisieren 23 ff.

Pauschalhonorar 48
Pauschalsatz 47
Perfekt 108 f.
Planen 23 ff.
Plattform 35
Plusquamperfekt (Präteritumperfekt)
  110
PR-Agentur 41
Praktikum 245 f.
Präsens 108
Präsentation 22

Register

Präsentieren 20 ff.
Präteritum 109
PR-Ausbildung 41 ff.
PR-Berater 41 f.

Presse 27 ff.
Presse- und Informationsamt der Bundesregierung 39
Pressearbeit 39 ff.
Pressedienst 38, 54
Pressekodex 190 ff.
Pressekonferenz 54
Pressereferent 39
Pressestelle 39, 64
Privatfernsehen 31
Privatradio 31
Produkt-PR 40
Profil 86
Projektredaktion 44
Prominenz 90
Protokoll 95
PR-Referent 39
Public Relations 40 f.
Publikum 23
Publikumszeitschrift 29
Publizistikwissenschaft 229 ff.
Publizistische Einheit 28

Quelle 53
Quereinsteiger 261

Radio 31 f.
Radio-Journalist 31
Recherche 14 f., 57 ff.
Recherchefrage 61 f.
Recherchen bei Behörden 63 f.
Recherchieren 13 ff.
Recht am eigenen Bild 198 f.
Rechtschreibung 130
Redaktion 23
Redaktionsarchiv 66
Redaktionsaufenthalt 264
Redaktionskonferenz 24
Rede, direkte oder indirekte 150 ff.
Redigieren 16 f.
Regionalkorrespondent 30
Regionalstudio 30
Reportage 153 ff.
Ressort 43 ff.
Ressortleiter 49
Ressortübergreifend (Redaktionsarbeit) 44

Reuters 38
Rezension 178 f.
RTL-Journalistenschule 257
Rundfunk, öffentlich-rechtlich 30 f.
Rundfunk, privat 31

Sarajewo 76 f.
Satzzeichen 131 f.
Sauregurkenzeit 17
Schadensersatz 198
Schluss (Reportage) 158
Schülerzeitung 266
Seminarprogramm Journalismus 259
Sex 90
Soft News 106 f.
Sommerloch 17
Sondergebiet (Ressort) 44
Sonntagszeitung 27
Special-Interest-Zeitschrift 29
Sponsoring 41
Sprachbücher 71 f.
Stilkorrektur 20
Stipendien 271 ff.
Strafgesetzbuch 195 f.
Straßenverkaufszeitung 27
Studienbegleitende Journalistenausbildung 209 ff.
Studium 203 ff.
Suchmaschine 69

Tageszeitung 27 f.
Tarifvertrag 49
Teamarbeit 23
Teletext 35
Termin 54
Terminkalender 66
Textformatierung 186 f.
Thema 53
Trennung von Information und Meinungsäußerung 74

Umbruch 20 f.
Umfrage 168 f.
Ungewissheit 134
Unter drei 62
Unter zwei 62
Unterlassungsanspruch 196
Urheberrechtsgesetz 199

V. i. S. d. P. (Newsletter) 263
Verständlichkeit 78, 112 ff.
Videojournalist (VJ) 32

Register

Vollständigkeit (der Information) 134
Volontariat (allgemein) 235 ff.
Volontariat (Funk und Fernsehen) 241 f.
Volontariat (PR) 42
Volontariat (Sonstiges) 243 f.
Volontariat (Zeitung und Zeitschrift) 235 ff.
Volontär-Kurse 247
Vorgeschichte 94, 116

Wahrnehmung berechtigter Interessen 196
WBS-Training AG 260
Weblog 34, 71
Wege in die Redaktion (allgemein) 180 ff., 264 f.
Wege in die Redaktion (Österreich) 279 ff.
Wege in die Redaktion (Sschweiz) 296 ff.
Weiterbildung 258 ff.
Weiterbildungskurse 247 ff.
Wellenchef 50
Wettbewerbe 271 ff.

W-Fragen 97 ff.
Wichtigkeit 87
Wichtigstes an den Anfang 92
Widerruf 198
Wiederholung 119
Wikipedia 34
Wirklichkeit 142
Wissensmanagement 16
Wochenzeitung 27

YouTube 34

Zeilenhonorar 47
Zeilenschinden 47
Zeitenfolge 108
Zeitenspiegel-Reportageschule Günter Dahl 259
Zeitschrift 29 f.
Zeitung 27 ff.
Zeitungsente 134
Zeitungsredaktion 48 f.
Zeugnisverweigerungsrecht 199
Zielgruppe 86
Zitat 102, 150
Zusammenhang 117
Zustände 156

Journalistische Praxis

Dietz Schwiesau, Josef Ohler

Die Nachricht

**in Presse, Radio, Fernsehen,
Nachrichtenagentur und Internet**

Ein Handbuch für Ausbildung und Praxis

317 Seiten, Broschur

Jeder Journalist muss Nachrichten schreiben können. Deshalb lernt jeder angehende Journalist zuerst, was eine Nachricht ist. Wer Nachrichten schreiben kann, beherrscht die Grundlagen des Journalisten-Handwerks.

Das Handbuch »Die Nachricht« vermittelt diese Grundlagen systematisch, ausführlich und praxisnah. Es ist das erste, das anschließend in eigenen Kapiteln die Besonderheiten der Nachricht in den verschiedenen Medien behandelt: von Presse bis Internet.

Aus dem Inhalt:
Nachrichtenbegriff – Nachrichtenauswahl – Nachrichtenaufbau – Nachrichtenproduktion – Nachrichtensprache – Nachrichtenrecht – Agenturnachrichten – Pressenachrichten – Radionachrichten – Fernsehnachrichten – Internet-Nachrichten – Wie werde ich Nachrichtenjournalist? – Geschichten aus der Nachrichtengeschichte

Mehr zum Buch und Thema: www.journalistische-praxis.de

Econ

Journalistische Praxis

Ele Schöfthaler
Die Recherche
Ein Handbuch für Ausbildung und Praxis
256 Seiten, Broschur

Erfolgreich recherchieren lernen, um mehr Erfolg zu haben im Journalismus: »Die Recherche« ist das erste journalistische Lehrbuch, das Methoden der klassischen und der Online-Recherche kombiniert vermittelt.

Wie weit dürfen Journalisten gehen bei der Recherche? Wie lästig dürfen sie sein? Was leistet das Internet, wo liegen seine Grenzen? Wie werden Informanten geschützt?

Ele Schöfthaler gibt Antworten aus der praktischen Recherchearbeit auf Fragen aus dem journalistischen Alltag; Gabriele Hooffacker hat das Buch, dessen Vorläufer »Recherche praktisch« erstmals 1997 erschienen ist, um Tipps zur Online-Recherche erweitert.

Aus dem Inhalt:
Themen nebenbei entdecken – Knigge für Journalisten – Vorab-Recherche online – Quellen prüfen – Einen Rechercheplan aufstellen – Vertiefte Recherche online – Fragen, bluffen und mit Rollen spielen – Perlen finden im unsichtbaren Netz.

Von den Webseiten zu diesem Buch kann man direkt per Link durch die Suchmaschinen, Datenbanken und Archive surfen (www.journalistische-praxis.de, Service-Seiten zu »Die Recherche«).

Econ

Journalistische Praxis

Wolf Schneider/Detlef Esslinger
Die Überschrift
Sachzwänge – Fallstricke – Versuchungen – Rezepte

178 Seiten, Klappenbroschur

Die Überschrift ist die Nachricht über der Nachricht.

Nirgendwo sonst im Journalismus drängen sich so viele Fragen in so wenigen Wörtern zusammen: Was eigentlich ist die Kernaussage des Beitrags? Wie lässt sie sich in 30 oder 40 Anschläge fassen, sprachlich sauber und bei alldem auch noch interessant?

»Die Überschrift« gibt präzise Antworten; illustriert mit einer verblüffenden Fülle von Beispielen für gute und schlechte, peinliche und brillante Überschriften

Die Kapitel:
Vom Handwerk des Übertreibens
Die Aussage der Überschrift
Die Sprache der Überschrift
Der Presserat und die Überschrift
Die Einteilung der Überschrift
Die Zukunft der Schlagzeile

Mehr zum Buch und Thema: www.journalistische-praxis.de

Econ

Journalistische Praxis

Michael Meissner

Zeitungsgestaltung

Typografie, Satz und Druck, Layout und Umbruch

271 Seiten, Klappenbroschur

Auch der beste Text kommt beim Leser besser an, wenn er gut präsentiert wird. Jeder Journalist sollte sich daher Kenntnisse über Schriftarten, Auszeichnungsregeln und Umbruchprinzipien, Satztechniken und Druckverfahren aneignen. Der großzügig illustrierte Band orientiert sich an den steigenden gestalterischen und layouterischen Anforderungen, wie sie heute an Blattmacher gestellt werden.
Das Buch eignet sich für alle, die erfahren wollen, wie sich der Bogen spannt: vom Handsatz Gutenbergs bis zum Umbruch am Bildschirm.

Aus dem Inhalt:
Schriftarten und Schnitte – Der Lesevorgang – Das Wort und die Zeile – Vom Bleisatz zum Digitalsatz – Hochdruck, Tiefdruck, Flachdruck, Laserdruck – Auszeichnen – Fotos und Illustrationen – Umbruchprinzipien und Umbrucharten – Die Tabloids

Ein deutsch-englisches/englisch-deutsches Glossar der einschlägigen Fachbegriffe rundet den Inhalt ab.

Mehr zu Buch und Thema: www.journalistische-praxis.de

Econ

Journalistische Praxis

Gerhard Schult/Axel Buchholz (Hrsg.)

Fernseh-Journalismus
Ein Handbuch für Ausbildung und Praxis

489 Seiten, Broschur

»Fernseh-Journalismus« ist das Lehrbuch für die FS-Praxis. Den (zukünftigen) Machern im Medium ist es ein wichtiger Begleiter, immer wieder aktualisiert seit 25 Jahren. Auch die von Axel Buchholz vollständig neu überarbeitete 7. Auflage erfüllt diesen Anspruch.

Der immer bedeutsamer werdenden Arbeit der Video-Journalisten (VJs) widmet die Neuauflage ein ausführliches Kapitel. Ebenso berücksichtigt das Buch, dass moderne journalistische Fernseh-Arbeit heute digitale Produktion bedeutet.

Erfahrene Praktiker und Ausbilder, darunter Amelie Fried, Peter Kloeppel, Sandra Maischberger, Jörg Schönenborn und Anne Will, helfen dabei, schnell in die (digitale) Fernsehpraxis hineinzufinden, sich dort zu bewähren oder zu verbessern.

Von der Planung über den Dreh bis zum Schnitt lehrt »Fernseh-Journalismus« das Konzipieren und Umsetzen von Fernseh-Beiträgen. Das Internet-Angebot »Online plus« ergänzt das Buch durch zusätzliche Aufsätze, Beispiele und Übungen, zusammen mit weiteren Website-Informationen.

Webadresse: www.journalistische-praxis.de/fern

Econ

Journalistische Praxis

Walther von La Roche/Axel Buchholz (Hrsg.)
Radio-Journalismus
Ein Handbuch für Ausbildung und Praxis im Hörfunk
479 Seiten, Broschur

Sprache und Sprechen: Fürs Hören schreiben – Das Manuskript sprechen – Frei sprechen – Moderation

Beiträge: Umfrage – Aufsager – O-Ton-Bericht – Mini-Feature – O-Ton-Collage – Comedy und Comics – Interview – Reportage

Sendungen: Nachrichten – Magazin – Feature – Dokumentation – Diskussion – Radio-Spiele – Radio-Aktionen

Programme: Formate für Begleitprogramme – Formate für Einschaltprogramme – Aircheck – Verpackungselemente – Radio und Internet

Produktion und Technik: Mit Mikrofon und Recorder richtig aufnehmen – Schneiden – An der Workstation produzieren – Sendung fahren

Beim Radio arbeiten: Die Radio-Landschaft – Der Sender, die Jobs – Fest oder frei

Aus- und Fortbildung: Ausbildung in der ARD und beim Privatfunk – Auf Hospitanz und Praktikum vorbereiten – Radio-Kurse – Ausbildung in Österreich und der Schweiz

Mehr zum Buch und Thema: www.journalistische-praxis.de

Econ

Journalistische Praxis

Rolf Sachsse

Bildjournalismus heute

Beruf, Ausbildung, Praxis

304 Seiten, Broschur

Bildjournalismus beginnt vor dem Fotografieren: Wie kommt man an Aufträge? Was muss vor dem Fototermin vereinbart worden sein? Welche Ausrüstung brauche ich?
Die Abläufe im Bildjournalismus haben sich beschleunigt. Wie verändert die Digitalisierung die Arbeitsschritte von der Aufnahme über die Bildbearbeitung und -übermittlung bis hin zur Bildarchivierung?

Die Kapitel: Der Beruf – Die Ausbildungswege – Das Bild – Der Text – Die Technik – Der Computer – Das Geschäft – Das Recht – Das Netzwerk – Die Vorbilder – Anhang: Musterverträge und Allgemeine Geschäftsbedingungen für Bildjournalisten

Mehr zum Buch und Thema: www.journalistische-praxis.de

Econ

Journalistische Praxis

Gabriele Hooffacker

Online-Journalismus

Schreiben und Gestalten für das Internet

Ein Handbuch für Ausbildung und Praxis

254 Seiten, Broschur

Online-Journalismus ist als eigener Bereich neben Presse-, Radio- und Fernsehjournalismus getreten.

Wie wird man Online-Journalist?
Wo arbeiten Online-Journalisten? Was müssen sie beherrschen: an journalistischem Handwerk, an Online-Technik, an Online-Recht? Wie schreibt und konzipiert man für Online-Magazine? Wie organisiert man eine Community? Wer liefert den Content?

Das Handbuch enthält pragmatische Definitionen und einen Überblick über das gesamte Tätigkeitsgebiet, die Stilformen und Formate des Mediums, das Berufsbild und die Arbeitsfelder des Online-Journalisten.

Mehr zum Buch und Thema: www.onlinejournalismus.org

Econ

Journalistische Praxis

Michael Rossié

Frei sprechen

in Radio, Fernsehen und vor Publikum
Ein Training für Moderatoren und Redner

248 Seiten, Broschur

Vor Mikrofon, Kamera und der Gruppe frei zu sprechen: Dieses Buch zeigt, wie es geht.

Es ist ein Trainingsprogramm für Moderatoren in Radio und Fernsehen, für Pressesprecher und Politiker, Referenten, Professoren, Lehrer, Studenten, Manager, Verkäufer oder Vereinsvorsitzende – für jeden, der öffentlich spricht.

Frei sprechen im Sinne dieses Buchs bedeutet, die Sätze erst im Augenblick der Rede zu formen, damit sie authentischer, glaubhafter und fesselnder werden.
Reden als spontane Kommunikation.

»Dies ist«, so Michael Rossié, »kein Buch über das Manipulieren oder Sich-durchschlagen, sondern übers Ehrlich-sein, ohne dabei sein Ziel aus den Augen zu verlieren.«

Die beiliegende CD illustriert die Übungen anhand von guten und schlechten Beispielen aus der Praxis, die der Autor für das Buch eingesprochen hat.

Mehr zum Buch und Thema: www.journalistische-praxis.de

Econ